应用型本科保险学专业系列教材

人身保险学 （第二版）

杜鹃　万晴瑶　主编

立信会计出版社
LIXIN ACCOUNTING PUBLISHING HOUSE

图书在版编目(CIP)数据

人身保险学 / 杜鹃,万晴瑶主编. —2 版. —上海:
立信会计出版社,2022.6
ISBN 978 - 7 - 5429 - 7078 - 7

Ⅰ.①人… Ⅱ.①杜… ②万… Ⅲ.①人身保险学
Ⅳ.①F840.62

中国版本图书馆 CIP 数据核字(2022)第 147325 号

策划编辑　　王艳丽
责任编辑　　王艳丽

人身保险学(第二版)

RENSHEN BAOXIANXUE

出版发行	立信会计出版社		
地　　址	上海市中山西路 2230 号	邮政编码	200235
电　　话	(021)64411389	传　　真	(021)64411325
网　　址	www.lixinaph.com	电子邮箱	lixinaph2019@126.com
网上书店	http://lixin.jd.com		http://lxkjcbs.tmall.com
经　　销	各地新华书店		

印　　刷	常熟市华顺印刷有限公司
开　　本	787 毫米×1092 毫米　　1/16
印　　张	16.5
字　　数	362 千字
版　　次	2022 年 6 月第 2 版
印　　次	2022 年 6 月第 1 次
印　　数	1—2100
书　　号	ISBN 978 - 7 - 5429 - 7078 - 7/F
定　　价	45.00 元

如有印订差错,请与本社联系调换

应用型本科保险学专业系列教材

编写委员会

总主编

徐爱荣

编　委

（按姓氏拼音排序）

陈　玲　杜　鹃　李　鹏　凌　云
沈　丹　万晴瑶　徐　英　杨青骥
张　杰　张　蕙　周佳妮

第二版前言

"人身保险学"是从我国人身保险业发展的实践出发,在新的经济背景和经济形势下,研究我国人身保险行业理论与实务的一门课程。为达到课程教学目的和培养目标,本书在体系上按照人身保险基础理论知识、人身保险产品和人寿保险公司运作三大部分内容,依次介绍人身保险的理论和市场发展。

针对我国人身保险行业发展状况,结合保险学专业教育人才培养目标,本书在2019年第一版的基础上进行了修改、补充和完善。在章节内容安排上,每章设置了本章要点、思政目标、本章小结、关键概念索引等模块,以提炼本章内容要点和重点。同时,本书充分运用专栏形式扩展相关背景知识和数据资料,以帮助学生加深对相关内容的理解。

本书具有以下几方面的特点。

1. 应用性。本书立足培养应用型金融保险人才的培养目标,充分吸收和借鉴相关教材的优点和经验,在人身保险相关业务和理论介绍中引入大量保险案例、产品实例和业务规定,以满足应用型人才培养的需求。

2. 先进性。本书在第一版基础上,根据保险相关的最新法律法规对本书相关内容作了调整,根据政策市场的变化修订了如重大疾病保险、企业年金、保险资产管理等内容,力争保证本书内容的先进性。

3. 加入课程思政内容。为了践行"三全育人"理念,将"思政育人"贯彻到保险课程的教学中,本书在每章开头增加了课程思政目标,以期培养学生正确的人生观和价值观。同时,编者还配合教材制定了课程思政教学大纲和思政教学指南。

本书的编者是上海立信会计金融学院多年从事保险教育工作的专职老师,具有扎实的教学经验,同时也具有丰富的实务工作经验。本书编写具体分工如下:上海立信会计金融学院杜鹃副教授编写第一章、第二章、第三章、第四章、第六章、第七章、第九章和第十二章,万晴瑶教授编写第八章、第十章和第十一章,张蕙副教授编写第五章。本书可以作为高等院校金融和保险专业的教学用书,也可以作为保险从业人员的学习用书。

本书在编写过程中得到了立信会计出版社领导和相关编辑的大力支持和认真指导,编者在此深表感谢!

限于时间和精力,书中可能存在疏漏和不足,期望各位读者批评指正,以便我们今后再次对本书进行修订。

编者

2022 年 4 月

目　录

第一章　人身风险与风险管理

本章要点

- 人身风险的主要种类
- 人身风险的风险管理流程
- 寿险保额的确定方法
- 个人/家庭生命周期理论下的寿险需求规律

思政目标

（1）树立正确的世界观、人生观和价值观，以客观的、科学的态度认识人身风险。

（2）帮助学生科学认知商业人身保险制度的优势和局限性，客观选择最优风险管理技术，养成理性思维的习惯。

> 若要了解保险，首先需要了解什么是风险。现代风险管理理论一般认为，风险是某一事件发生的不确定性。在保险业中，风险是指损失发生的不确定性，即损失发生与否、发生的时间及结果的不确定性。风险的存在是保险存在的前提。
>
> 人的一生中会面临许多风险，人身风险事故的发生不仅会导致个人或家庭经济收入的减少或中断，还会导致相关家庭成员精神上的痛苦和创伤。因此，自古以来，如何管理人身风险成为人们一直探讨的问题。

第一节　人身风险

一、人身风险分析

人身风险是指在日常生活以及经济活动中，个人或家庭成员的生命或身体遭受各种损害，或因此而造成医疗费用支出以及收入能力降低或灭失的风险，包括死亡、残疾、疾病、意外伤害等损失形态。由于人身风险的客观存在,每一个人都时刻生活在风险之中。人身风险的存在给个人、家庭和社会带来了各种类型的物质成本、经济成本以及无形的成本,如日常生活中我们面对的焦虑和恐惧感给生活带来的损害,下面我们将对其逐一进行分析。

(一) 死亡风险

死亡是我们面临的最主要的人身风险,而由于亡故人在家庭中所扮演的角色不同,其对家庭生活的影响是有很大区别的。从无形的情感损失角度来看,任何一名家庭成员的故去,对家庭其他成员而言都会造成巨大的情感损失;从有形的经济损失角度来看,家庭的收入来源者和纯粹的消费者或受抚养人的亡故,对家庭经济的影响是截然不同的。纯粹的消费者或受抚养人,如年幼子女或无收入长者的死亡,虽然会带来感情和心理上的损失,但对家庭经济收入却没有任何影响,不会造成家庭经济的损失;而家庭收入来源者,尤其是主要收入来源者的死亡,不仅会对家庭造成感情上的损失,而且会因为家庭收入的终止或减少,对家庭生活造成重大的经济影响。因此,对于家庭而言,主要收入来源者的死亡风险是其面临的首要风险。

(二) 健康风险

健康风险包括疾病风险和残疾风险,它们对个人和家庭产生的经济影响主要表现在收入损失和医疗费用两个方面。收入损失风险是指疾病或残疾使个人失去收入能力,丧失生命经济价值的可能性;医疗费用风险是指个人遭遇疾病或身体伤害可能给家庭带来巨额医疗费用以及其他附加费用的可能性。

在人类所面临的各种人身风险中,疾病风险是一种直接危及个人生存利益,可能给家庭造成严重危害的特殊风险。首先,疾病会给个人的生活和工作带来困难、造成损失,甚至让人失去生命;其次,疾病对个人或家庭而言都是无法回避的。在现代社会中,由于生活方式的改变、心理压力增大、环境污染以及社会风险因素增多,种类繁多的各种疾病开始出现,很多疾病的发病率提高,发病时间出现低龄化,一些社会性的传染疾病随时危害我们的生活,从而造成严重的经济损失。

残疾风险是指由于疾病、伤害事故等导致人的机体损失、组织器官缺损或出现功能障碍等的可能性。在现实生活中,人们往往轻视残疾风险,高估死亡风险。事实上,人们在不同年龄段致残的可能性通常高于死亡的可能性。

疾病和残疾的发生都会使家庭遭受收入损失和医疗费用增加的双重威胁。如果患病者或残疾者是家庭的主要收入来源者,则由此造成的家庭财务压力将远远高于死亡的情形。个人残疾后收入下降,在全残时甚至收入完全丧失,而康复和护理费用居高不下,这对家庭财务影响极其严重,可以用"雪上加霜"来形容。

(三) 退休养老风险

如果说人身保险业在发展之初要考虑的人身风险主要是死亡风险,尤其是青壮年劳动力过早死亡的风险,那么到了21世纪,人类社会所面临的最主要、最紧迫的人身风险则变为"活得太长"的养老风险。人类预期平均寿命的延长使人们在退休之后仍要考虑20年左右的养老生活费用和医疗护理成本。由于老年人退休期间所得的退休金往往不足以满足老年生活的开支需要,而且传统的代际赡养和家族抚养的作用也随着家庭的小型化、生育率下降和人口流动性加大而削弱,个人养老除了依靠社会保险和企业年金外,主要靠个人"未雨绸缪",即个人在年轻时就需要为养老做储蓄准备。老龄化社会的形成更使养老风险问题成为一个全球性的焦点话题。

 专栏 1-1

我国老龄化社会问题

2021 年 12 月 28 日,中国社会科学院发布了《积极应对人口老龄化战略研究报告2021》。该报告认为,从第七次全国人口普查数据看,中国人口老龄化表现出以下几个特点。

一是人口老龄化程度继续提高,高龄化趋势明显。普查结果显示,截至 2020 年 11 月1 日,中国 60 岁及以上人口为 26 402 万人,占我国大陆总人口(不含港澳台地区)141 178 万人的 18.70%,比 2010 年第六次全国人口普查数据上升了 5.44%;65 岁及以上人口为19 064 万人,占比为 13.50%,比 2010 年第六次全国人口普查数据上升了 4.63%;80 岁及以上人口占比为 2.54%,比 2010 年第六次全国人口普查数据上升了 0.98%。

二是人口老龄化速度明显加快。普查结果显示,与 2000—2010 年相比,2010—2020 年60 岁及以上和 65 岁及以上人口上升幅度分别提高了 2.51% 和 2.72%。

三是人口老龄化城乡差异扩大。普查结果显示,从全国看,乡村 60 岁及以上和 65 岁及以上老年人口的占比分别为 23.81% 和 17.72%,比城镇分别高出 7.99% 和 6.61%。与 2010 年相比,60 岁及以上和 65 岁及以上老年人口占比的城乡差异分别扩大了 4.99% 和 4.35%。

四是人口老龄化地区差异加大。普查结果显示,65 岁及以上老年人口占比最高地区和最低地区之间的差异接近 12%,与 2010 年相比,扩大了 5.28%。从整体差异看,人口老龄化地区差异指数从 2010 年的 0.14 上升至 2020 年的 0.17。

五是人口老龄化程度与经济发展水平出现一定程度的背离。发达地区吸引大量劳动年龄人口流入,延缓了其人口老龄化发展速度,从而造成中国各地区人口老龄化程度与经济发展水平出现了很大程度的背离。2020 年各地区 60 岁及以上人口比例排名与人均地区生产总值排名之间的相关系数仅为 0.31,而 65 岁及以上人口比例排名与人均地区生产总值排名之间的相关系数则仅为 0.25。

该报告认为,积极应对人口老龄化战略是一项全局性、综合性国家战略,"十四五"时期我国应继续系统推进经济转型升级、积极落实三孩政策、推动养老金制度改革和社会养老服务体系建设,为积极应对人口老龄化建立有效的制度机制。

资料来源:根据中国社会科学院发布的《积极应对人口老龄化战略研究报告 2021》改编。

(四) 生育风险

生育风险一方面是指生育本身带来的风险。例如,妇女在怀孕、分娩、育婴期间由于不能参加劳动,可能失去正常收入来源;生育需要增加医疗保健费用支出;生育期间不仅体力、心理和精神上承受负担和消耗,甚至存在生命或肌体伤残等风险。目前,我国为了保障女性公民在生育期间的基本权益,提高人口素质,设立了生育保险制度。同时,为促进男女平等就业,职业妇女生儿育女时,能从国家和社会获得一定的经济补偿,以保证其正常的生活和基本医疗保健需要,解除其后顾之忧。但是,即便如此,妇女生育仍旧面临一定的社会不能提供充足保障的医疗和健康风险。

生育风险另一方面体现为家庭所面临的子女成长风险,主要是夭折、先天性疾病及重病的风险。如果婴幼儿患有遗传病或先天畸形等,家庭将需承担长期的特殊护理、手术及治疗费用。幼儿万一在成长中途出现意外,那么这个家庭的幸福感和未来保障将大受影响。如果这样的风险发生在父母已过生育年龄的中老年家庭,打击将是毁灭性的。中国人身保险业经验生命表(2010—2013 年)相关数据显示,男性和女性在 25 岁前死亡的概率分别为 1.03％和 0.61％。这就意味着部分家庭会经历孩子夭折或早逝的风险。由此可见,生育风险是每个家庭所面临的重要人身风险之一。

二、人身风险的特性

(一)人身风险是偶然的、不可预料的

人身风险是客观存在的,同时也是偶然的、不可预料的。人身风险的偶然性表现在下述两个方面。

1. 风险发生与否不可预料

人身风险虽然是客观存在的,但其既可能会发生,又不一定会发生,如意外伤害的风险、重大疾病的风险、早亡的风险等。如果人身风险是必然要发生的,或者是已经存在的事实,那就不能称为风险了,而且保险人也不会以小额的保费收入来承担必然要支出的较大的经济给付责任。

2. 风险必然会发生,但发生的时间和损失程度不可预料

对于人的一生而言,人的死亡风险事故的发生具有必然性,只是事故发生的时间具有不确定性,而且人的一生当中大大小小的意外和疾病的发生通常也是具有必然性的,只是发生的时间和造成的损失程度不同,且难以预料。

(二)人身风险事故的发生具有分散性

相对于物质财产面临的风险而言,人身风险事故的发生比较分散,一般不会出现大量人群同时发生事故的情况,其发生基本遵循人的生命规律。在同一时间段内,人身风险事故一般分散于不同的家庭及地区。只有意外的巨灾出现时,大量人群才会同时遭受损失。但随着人类防灾技术的提高,巨灾风险导致的死亡人口数不断下降。

(三)人身风险具有整体稳定性和个体变动性

人身风险与财产损失风险相比,一方面具有整体稳定性,另一方面具有个体变动性。国家和社会鉴于对人的重视,成立专门的机构研究和管理人身风险。每隔一定时期,国家还要进行人口普查,编制国民生命表,研究分析人口发展变动规律。保险人对其承保的被

保险人也要进行专门的研究和统计,编制经验生命表,作为厘定人寿保险纯费率的依据。生命表是指根据一定时期的特定国家和地区或特定人口群体(如寿险公司的全体被保险人)的有关生命统计资料,经整理、计算编制的体现不同年龄、不同性别人口的死亡率、生存率的统一表格。由于生命表积累了大量被保险人的生命资料,根据生命表汇总的数据,人身风险从整体上来看是具有稳定性的,保险人可以据此较精确地估测未来被保险人的生死概况。但人身风险从另一个角度来看则具有个体变动性。人身风险,特别是死亡风险和疾病风险,其风险事故的发生与年龄的大小紧密相关。经验显示,人的死亡率随着年龄的增长而增大,特别是人到了一定年龄后,死亡率呈加速增长的状态,因而从个体上来看人身风险具有变动性。

第二节　人身风险管理

风险管理是指经济单位通过对风险的识别和衡量,采用必要且可行的经济手段和技术措施对风险加以管理,以一定的成本实现最大安全保障的一种管理活动。人身风险管理则是专指利用风险管理技术和方法来处理人身风险的管理活动。在人身风险管理中,管理主体可以是企业、个人或家庭,也可以是其他团体乃至国家和社会。以下我们主要针对个人/家庭的人身风险管理进行介绍。

一、个人/家庭人身风险管理

(一) 个人/家庭风险管理目标

个人/家庭风险的管理目标是最大限度地满足个人或家庭的效用,即以较小成本获得尽可能大的安全保障。个人/家庭的风险管理目标可以分为损前目标和损后目标。

损前目标是指在损失发生前,比较各种风险处理工具、各种安全计划以及各种防损技术,并进行全面、细致的财务分析,谋求最经济、最合理的处置方式,实现以最小的成本,获得最大安全保障的目标。风险管理计划可以保障个人/家庭的安全、避免个人/家庭的风险损失,同时减轻个人/家庭对风险的担忧,使得个人/家庭保持平和的精神状态。

损后目标是指当损失一旦出现,风险管理者应及时采取有效措施予以抢救和补救,防止损失的扩大和蔓延,将已出现的损失降到最低限度。当实际损失发生后,风险管理措施应能够及时向个人/家庭提供经济补偿,以维持家庭的生活秩序,实现个人/家庭收入的稳定性,并在最大限度内保持家庭关系的连续性,防止家庭的破裂。

(二) 个人/家庭风险管理流程

在个人/家庭风险管理目标明确后,风险管理者一般可以通过以下四个步骤依次管理个人/家庭风险。这四个步骤构成一个风险管理流程,并且动态循环、周而复始。

1. 风险识别

风险识别是风险管理的第一步,是指对风险管理主体面临的和潜在的风险加以判断、归类并对风险性质进行鉴定的过程。存在于个人/家庭周围的风险多种多样、错综复杂,风险管理者通过风险识别可以对尚未发生的、潜在的和客观存在的各种风险系统地、连续地进行识别和归类,并分析产生风险事故的原因。例如,个人/家庭面临的风险包括财产风险、人身风险等纯粹风险,也包括市场风险、信用风险等投机风险,而具体到人身风险管理时,人身风险又可细分为死亡风险、健康风险等。我们一般可以应用针对个人/家庭设计的风险调查表来识别个人/家庭风险。

2. 风险评估

风险管理者在识别个人/家庭面临哪些可能的损失或风险后,需要进一步对收集到的个人/家庭信息进行分析,以便估计特定风险事故发生的概率及其对个人/家庭可能造成的经济后果。

风险事故是指引起损失的直接或外在的事件,如个人可能因意外事故、疾病等出现残疾或死亡。风险评估主要是针对不同风险事故的一般发生概率进行估测。例如,死亡风险评估可以参考人口统计的生命表数据,同时联系个人职业及健康状况、经济收入状况来进行;健康风险评估可以参考一般的疾病发生概率和疾病治疗费用来进行;意外风险评估则可以参考主要意外事故的发生概率来进行。

在各种风险事故中,有的可能造成轻微的后果,有的可能造成严重的后果,在对个人/家庭风险进行评估时,我们可以将风险分为损失概率高/低和损失程度高/低等不同的类型进行评价。

3. 选择风险管理技术,制订风险管理计划

完成了对风险的识别和评估等工作后,风险管理的下一个步骤就是研究和选择风险管理技术并制订风险管理计划。从某种意义上讲,风险管理技术的选择过程就是风险管理计划的制订过程。

风险管理技术主要包括控制型和财务型两大类。

1) 控制型风险管理技术

控制型风险管理技术是指在风险评估的基础上针对所存在的风险因素采取控制技术,以消除风险因素,或降低风险因素的危险性。该技术主要表现为:在事故发生前降低事故发生的概率;在事故发生时将损失降低到最低限度。控制型风险管理技术主要包括下列三种方法。

(1) 风险回避。风险回避是指设法回避损失发生的可能性,是一种从根本上消除特定风险的措施。风险回避一般用于以下两种情况:①某特定风险所致损失概率和损失程度相当高;②处理风险的成本大于其产生的效益。该方法简单易行,但有时采用该方法意味着丧失利益,且回避方法的采用通常会受到限制。例如,试图回避某种风险是不可能的,采用回避方法在经济上是不适当的,或在回避某一风险的同时可能产生新的风险。

(2) 损失预防。损失预防是指在损失发生前为了消除或减少可能引起损失的各种因素而采取的具体措施,其目的在于通过消除或减少风险因素降低损失发生的概率。预防人身风险的措施通常包括:保持健康的生活方式,加强日常锻炼和保健;定期检查车况、维修保养,养成良好的开车习惯等。

(3)损失抑制。损失抑制是指在损失发生时或发生后,为降低损失影响而采取的各项措施。它是处理风险损失的一种有效技术。例如,在发现疾病初期症状或健康不良指标后,不讳疾忌医,积极配合治疗,按时服用控制病情的药物,防止疾病的恶化等。

2)财务型风险管理技术

由于种种因素的制约,人们对风险的预测不可能绝对准确,防范损失的各项措施都具有一定的局限性。因此,风险管理者需要在某些风险事故发生前作出财务安排,以解除事故发生后给人们造成的经济困难和精神忧虑,恢复家庭财务状况,维持正常生活。其主要方法包括以下三种。

(1)风险自留。风险自留是指对风险的自我承担,即风险管理主体自我承受风险损害后果的方法。它是一种非常重要的财务型风险管理技术。风险自留有主动自留和被动自留之分。风险自留通常是在风险所致损失概率和程度低,损失在短期内可以预测,以及最大损失不影响个人/家庭财务稳定时采用的一种方法。风险自留的成本低,方便、有效,可减少潜在损失,节省费用,取得自留基金运用收益,但有时会因自我承受能力的限制而无法实现其处理风险的功效,即风险的发生会导致财务调度上的困难。例如,对于一些日常轻微的门诊疾病和微小意外导致的收入损失和医疗费用支出,个人/家庭完全可以采用风险自留的方法,通过预留应急基金来应对风险和损失。

(2)财务型非保险转移。风险转移是指个人/家庭为避免承担风险损失,而有意识地将损失或与损失有关的财务后果转嫁给另一些人或企业去承担的一种风险管理方法。财务型非保险转移是指个人/家庭通过订立合同或协议的方式将损失后果转移给非保险机构或个人的一种风险管理方法,如个人工伤损害的经济补偿可以通过劳动合同转移给雇主承担。

(3)保险。从风险管理角度来说,保险是单位或个人通过订立保险合同,将其面临的财产风险、人身风险和责任风险等转移给保险人的一种风险管理技术。保险作为风险转移方式之一,有很多优越之处,在社会上得到了广泛运用。

个人/家庭可以利用保险将损失的经济后果转移给商业保险公司或政府机构承担。个人/家庭的保险保障一般包括社会保险、团体福利计划和个人商业保险三个层面。

第一个层面是社会保险,其通常为个人因早逝、疾病、伤残、退休、失业等特殊事件而发生的经济损失提供基本的保障。社会保险的覆盖面比较广,在发达的工业化国家,社会保险几乎覆盖全体国民。我国因受经济发展的制约,社会保险虽然基本做到全覆盖,但广大的非城镇居民所享受的社会保险水平较低。我国的社会保险包括养老保险、医疗保险、失业保险、工伤保险和生育保险五大险种。

第二个层面是团体福利计划,即企业或工作单位因劳动关系而以团体形式为员工提供不同的福利保障,通常包括团体寿险计划、团体意外保险计划、团体健康保险计划和退休计划等,它可以为个人/家庭经济安全提供必要的补充。

第三个层面是个人商业保险,这是个人/家庭保险保障的最后一道防线。个人可以通过购买商业保险来弥补以上两个层面的保障缺口。个人可以自主选择保险公司、保险产品和保险金额。商业人身保险的介绍正是本书的主要内容。

如上所述,人身风险管理技术是多种多样的,保险只是人身风险管理技术中的一种,而不是唯一的技术。因此,个人/家庭在日常风险管理中,应适当地根据风险的类型和特性合理选择风险管理技术,以达到规避风险、合理保障的目的。事实上,在一般情况下,选择风险管理技术的原则包括:对于损失程度小的风险可以综合运用风险自留、损失预防、损失抑制技术;对于损失概率低而损失程度大的风险可以综合运用财务型非保险转移、保险以及损失预防、损失抑制技术;对于损失概率高且损失程度大的风险则尽量实施风险回避技术。

4. 实施和调整风险管理计划

在选择了风险管理技术并制订了风险管理计划后,个人/家庭就应当及时实施既定的计划,如购买保险,执行锻炼和饮食计划,安装灭火器、防盗门和报警器等。人身风险管理计划的实施要求个人有足够的执行力和自我约束感,尤其是保持良好的饮食和锻炼计划等,以保证实现自己的目标。

随着环境、职业、财务状况和社会制度的变化,我们在制订风险管理计划后,还需要定期关注自身面对的风险状况和承受能力的重大改变。在情况发生变动时,原来的风险管理计划可能不再是最合适、最有效的,需要根据新的形势进行必要的调整。因此,风险管理的过程是一个周而复始、循环往复的过程。

二、人身保险规划

如上所述,保险是一种非常重要的风险管理技术,而保险计划是个人/家庭人身风险管理的核心内容。在长期的个人/家庭风险规划实践中,人们形成了许多一般性的规划方法和原则,用以分析不同个人/家庭生命阶段的保险需求。下面我们对这些个人/家庭保险规划中的常用工具进行介绍。

(一) 生命周期理论下的人寿保险需求分析

个人/家庭在购买人寿保险之前需要考虑的因素有许多,这些因素包括:现在和将来的收入来源,储蓄与其他收入保障措施,单位提供的团体人寿保险、团体年金保险(或其他种类的退休金计划)以及社会保障等。但是保险人在设计、安排人寿保险产品时,首先应确定人们是否需要人寿保险,然后再合理确定适当的寿险产品。

把家庭作为消费决策的基本单位来分析,以说明消费者行为的变化和消费结构的问题,是第二次世界大战结束以后,西方经济学界关于消费行为和消费结构研究的趋势。所以,保险人在考虑被保险人对人寿保险保障需求的大小时,首先应明确地对被保险人进行角色定位——在家庭中的地位、责任、作用以及对家庭经济贡献的大小,然后基于其面临的各种风险估算出可能产生的最大费用需求。

"家庭生命周期"是指一个以家长为代表的家庭生活的全过程,它从建立家庭开始,到家长死亡,或家长年老后与成年子女共同居住、并入子女的家庭为止。这其中又分为若干阶段,个人在不同阶段的消费行为是不一样的。

1. 单身期——单身阶段

时间:从参加工作至结婚,一般为2~5年。

特点:①经济收入比较低且花销大,这个时期是建立未来家庭所需资金的积累期;②年龄主要集中在20~28岁;③健康状况良好;④无家庭负担,但需要对父母承担一定的责任;⑤收入低,但稳定增长;⑥保险意识一般较弱。

人身保险需求分析:保险需求不旺,通常要考虑意外风险保障和必要的医疗保障,以减少意外事故或疾病导致的直接或间接经济损失。若父母需要赡养,则要购买短期的定期寿险,以最低的保费获得最高的保障,确保一旦发生不测时,用死亡保险金来支持父母的生活,报答父母的养育之恩。

2. 家庭形成期——新婚阶段或"满巢"阶段Ⅰ

时间:从结婚到新生儿诞生,一般为1~5年。

特点:①这一时期是家庭的主要消费期,家庭经济收入增加而且生活稳定,家庭已经拥有一定的财力和基本生活用品;②为提高生活质量,这一时期的家庭建设支出较多,如购买一些较高档的用品以及贷款买房等;③夫妇双方年纪较轻,健康状况良好,家庭负担不重,收入增长较为迅速;④保险意识和需求有所增强。

人身保险需求分析:为保障一家之主在遭受意外或其他不测后房屋供款不会中断,参保人可以选择交费低的定期寿险(可以是保险金额递减的定期寿险)、意外伤害保险和健康保险等,但保险金额最好大于购房贷款中尚未偿还的金额以及足够家庭成员5~8年的生活开支。此时人们处于家庭和事业的新起点,有强烈的事业心和赚钱的愿望,渴望迅速积累资产,投资倾向一般较为激进,个人/家庭可购买储蓄成分较高的传统人寿保险和非传统的投资型保险,在规避风险的同时,又使资金增值。

3. 家庭成长期——"满巢"阶段Ⅱ

时间:从子女出生到子女参加工作,一般为18~22年。

特点:①家庭成员不再增加,获得收入的家庭成员年龄都在增长;②这一时期家庭的最大开支是医疗保健费用、购买固定资产按月偿还贷款所需的费用、子女的教育和智力开发费用;③子女的自理能力逐渐增强,父母精力充沛,健康状况尚可,时间相对充裕,又积累了一定的社会经验,工作能力大大增强,收入稳定增长;④家庭保险意识和需求进一步增强。

人身保险需求分析:在这一时期,家庭面临子女接受教育的经济压力,购买教育年金保险可以为子女的教育提供经济保障,使子女在任何情况下(包括父母不幸早逝)都能享受到良好的教育。此外,父母作为主要家庭成员肩负重大家庭责任,更应注重自身的保险保障,可购买意外伤害保险、健康保险和定期寿险等,也可适当地考虑购买两全保险和养老保险。

4. 家庭成熟期——"空巢"阶段

时间:子女参加工作到家长退休为止,一般为15年左右。

特点:①在这一阶段,夫妇双方的工作能力、工作经验、经济状况都达到顶峰状态;②子女已完全自立,债务负担已逐渐减轻,理财的重点是扩大投资;③父母年纪较大,健康状况有所下降,家庭负担较轻,家庭收入稳定在较高水平;④家庭保险意识和需求强烈。

人身保险需求分析:在这一阶段,家庭中的父母人到中年,身体的机能明显下降,在保险需求上,对养老、医疗和护理的需求变得较为突出。该阶段已进入家庭生活的后期,万一投资不慎,会葬送一生所积累的财富,所以不宜过多选择风险投资的方式,而是要存储一笔养老资金,且不可轻易挪用这笔资金。人寿保险作为强制性储蓄,对于家庭积累养老资金和进行资产保全来说是最好的选择。

5. 退休期

时间:退休以后。

特点:①个人/家庭在这段时期应以安度晚年为目的,理财原则是身体、精神第一,财富第二;②不富裕的家庭应合理安排晚年医疗、保健、娱乐、锻炼、旅游等开支,投资和花费有必要更为保守;③保本在这段时期比什么都重要,最好不要进行新的投资,尤其不能再进行风险投资。

人身保险需求分析:在这一阶段,父母年纪较大,健康状况较差,收入较低,家庭财产逐渐减少,个人/家庭应认真分析已经拥有的保险产品,并作适当调整。例如,可适当购买终身寿险,以其死亡保险金作为丧葬费用的来源,同时达到合理避税(遗产税)的目的。

(二) 估算人寿保险需求

估算人寿保险需求是指确定适当的寿险保额。一个适当的寿险保额对每位已拥有或欲购买人寿保险的人来说都是非常重要的。由于各种各样的因素影响着人们对人寿保险的需求,人寿保险需求难以用简单的数学公式来计算,保险实务中一般采取下述三种方法。

1. 生命价值理论下的年收入资本化法

生命价值概念最早是由经济学家威廉·配第于17世纪提出的,它属于人力资本理论的一个方面,早期主要被法庭用来决定当第三者造成受害人死亡时向死者家庭进行赔偿的依据。1853年,经济学家兼统计学家威廉·法尔提出了描述生命价值的一系列估算公式。19世纪80年代,在美国康涅狄格互助保险公司董事长雅各布·L.格林的努力下,生命价值概念被首次应用到人寿保险中。1924年,美国保险学教授休伯纳提出了人的生命价值理论,标志着这一学说的真正确立。

休伯纳认为,从定性角度来看,一个人拥有两种财产:一种是已获得的财产;另一种是潜在的财产。前者是指一个人已经拥有的物质财产和金融资产;后者是指人作为经济来源的货币价值。从定量角度来看,人的生命价值是一个人预期净收入的现值,即资本化价值。衡量该资本化价值的基本步骤如下。

(1) 确定个人的工作或服务年限。

(2) 估计未来工作期间的年收入。

(3) 从预期年收入中扣除税收、保费及自我消费后,得到净收入。

(4) 选择适当的贴现率,计算个人预期净收入现值,得出个人的经济价值。

评估生命价值所需的个人预期收入随着职业、意愿、年龄、性别、教育、婚姻状况、亲属数量等因素而变化。同时,人的生命价值将会因早逝、失能、退休和失业而降低或消失。人的死亡或失能将导致潜在财产的全部损失,因此,人们应当为防范此类风险而足额购买死亡、伤残和长期护理保险等。在现代寿险业务实践中,保险公司推出了一些更复杂的与收入增长、消费递增、通货膨胀因素有关的动态生命价值评估方法。

专栏 1-2

使用生命价值理论方法估算个人寿险保额

小王今年 30 岁,预计工作至 60 岁退休,当前年薪为 5 万元,个人消费支出为 1.5 万元,预计未来工作期间年收入和个人消费支出均按每年 5% 递增。假定年贴现率也为 5%,请计算小王的生命价值,并据此确定他所需的寿险保额。

计算方法如下。

(1) 预期工作年限为 30 年,预计年收入按 5% 递增,则小王未来工作期间的预期年收入为:

$$5 \times (1+5\%) + 5 \times (1+5\%)^2 + \cdots + 5 \times (1+5\%)^{30}$$

(2) 由于未来工作期间个人消费支出也按每年 5% 递增,未来小王对家庭提供的净收入为:

$$3.5 \times (1+5\%) + 3.5 \times (1+5\%)^2 + \cdots + 3.5 \times (1+5\%)^{30}$$

(3) 年贴现率为 5%,即小王每年预期净收入的现值均为 3.5 万元,那么,30 岁的小王的生命价值为 105 万元(3.5×30)。

综上可知,按生命价值理论确定小王应购买的寿险保额为 105 万元。如果小王不幸死亡,那么他的家庭可以获得 105 万元的保险金,而这笔保险金在年贴现率为 5% 的条件下,每年可以为其家庭提供现值为 3.5 万元的收入,可以连续支取 30 年,相当于小王在其退休之前的潜在收入依次被支付。因此,小王的家庭不会因为小王的死亡而遭受严重的损失。

参考资料来源: 魏巧琴. 新编人身保险学[M].3 版.上海:同济大学出版社,2015.

2. 收入置换法

收入置换法的原理类似于生命价值理论下的年收入资本化法,它是简单地将保险金额用个人年收入的一定倍数表示。收入置换法相当简单,容易操作,它是寿险公司根据销售经验总结出来的一种方法。由于各家保险公司采用的收入置换法均有所不同,在此,我们介绍以下几种常见的方法。

(1) 寿险保额换算表法。在美国,一些寿险公司根据收入置换法编制了各种年龄段客户需要的寿险保额换算表,供投保人确定保险金额时参考。

 专栏 1-3

表 1-1 寿险保额换算表

年龄	推荐倍数	最大倍数
20～30 岁	20	25
31～40 岁	15	20
41～50 岁	10	15
51～60 岁	7	10
61～65 岁	5	7
66 岁及以上	3	5

注：被保险人的寿险保险需求＝个人目前的年收入×从上表中选择的对应倍数。

资料来源： 赵猛.人寿保险个人理财新工具[M].北京：中国金融出版社，2006.

（2）"双十定律"法。所谓"双十定律"法，是指简单地将保险金额确定为家庭年收入的 10 倍，以及将总保费支出确定为家庭年收入的 10% 的一种方法。

（3）7—7 法。该方法认为，一个标准家庭（有双亲和孩子）大约需要某个主要家庭成员（家主）7 年薪水的 70% 才能够缓解由于其身故所带来的经济压力。根据这种方法，一个标准家庭所需的寿险保额为：

$$寿险保额＝被保险人当前年收入×7×70\%$$

除上述介绍的几种常见的收入置换法外，实践中还存在一些其他的方法，比如被保险人所需的保险金额为其当年年收入的 4 倍，再加上其子女人数与当前年收入的乘积等。总之，确定寿险保额的方法有多种，个人/家庭可以根据自身的具体情况和风险偏好加以选择。

3. 家庭需求法

生命价值理论下的年收入资本化法和收入置换法的优点是比较简单，计算简便，但利用其确定保额的缺点是这些方法忽视了个人家庭背景情况的不同。按上述两种方法，只要是年收入相同、年龄相同的客户所需要的寿险保额就是相同的。但在实际中，不同的家庭结构、子女生养数量、父母赡养情况以及个人负债情况是不同的，相同收入的客户面临的经济压力和负担可能完全不同。因而保险人从被保险人的家庭情况出发，分析被保险人的寿险保额可能更加客观和全面。

家庭需求法是根据家庭的主要收入来源者死亡后，家庭为恢复或维持原有的生活水平而产生的各种财务需求来确定保额。采用家庭需求法时，保险人一般应先考虑被保险人身故后其家庭产生的现金需求和收入需求，如丧葬费用、应急基金、子女抚养费用和教育费用、配偶的生活费用以及父母的赡养费用等，再扣除家庭其他收入或资产，如社会保险、职工福利、家庭资产等，得到必要的家庭财务净需求，最后按照这个净需求来确定保险金额，购买人身保险,以满足家庭因被保险人死亡所引起的财务需要。具体方法参见专栏1-4。

专栏 1-4

表 1-2　人身保险需求分析工作表

经济需求

1. 临终费用(因为身故发生的费用,包括丧葬费用、法律服务费用以及遗产税等)_____

2. 未结清的债务(身故时需要偿还的)_____

3. 调整费用(在过渡期里的花费,包括照顾孩子费用、保姆费用和健在配偶的培训费用)_____

4. 家庭生存者的花费(直到孩子们能自力更生为止)
4a. 估计家庭目前每年的花费_____
4b. 计算分析对象个人的花费(通过将一家人目前每年的花费乘以下列相应的系数来得到)
　　0.30(家庭剩下一位生存者)
　　0.26(家庭剩下两位生存者)
　　0.22(家庭剩下三位生存者)
　　0.20(家庭剩下四位生存者)
　　0.18(家庭剩下五位生存者)
　　_____(4a)×_____(上面对应系数)=_____
4c. 生存配偶的年收入_____
4d. 分析对象身故后家庭生活费用的缺口(4a−4b−4c)=_____
4e. 确定未来的总花费(用4d乘以最小孩子到自力更生时的年数)
　　_____(4d)×_____(年)=_____
4f. 如果还要赡养父母,那么必须再加上这部分费用(用每年须提供的赡养费乘以打算赡养老人的年数)
　　_____×_____(年)=_____
4g. 家庭未来所需总费用(4e+4f)_____

5. 教育费用
5a. 目前上大学每年所需费用_____
5b. 乘以大学教育年数和小孩数
　　_____(5a)×_____(年)×_____(小孩数)=_____

6. 期望生存配偶的年金补贴(自孩子都自力更生以后至生存配偶退休以前)
6a. 期望的年金补贴数_____
6b. 生存配偶在这期间能够挣得的收入_____
6c. 须提供的部分(上面两项的差额)_____
6d. 再用6c乘以从最小孩子独立到配偶退休可以享受社会保障和其他退休收入时的年数
　　_____(6c)×_____(年)=_____

7. 期望生存配偶退休后的收入
7a. 每年期望的收入(除去社会保障及其他退休金)_____
7b. 乘以期望退休后收入年数
　　_____(7a)×_____(年)=_____

8. 需要考虑的总费用:1+2+3+4g+5b+6d+7b=_____

参考资料来源: 赵猛.人寿保险个人理财新工具[M].北京:中国金融出版社,2006.

本 章 小 结

（1）人身风险主要包括死亡风险、健康风险、退休养老风险和生育风险。

（2）为保障个人及家庭生活的安定，我们需要利用风险管理手段来处理人身风险。一般来说，我们按照风险识别、风险评估、制订风险管理计划及实施和调整风险管理计划四个步骤进行个人/家庭的风险管理。

（3）为了充分发挥人身保险的保障目的，我们可以按照年收入资本化法、收入置换法或家庭需求法来分析被保险人所必需的人身保险金额。

关键概念索引

风险　人身风险　风险管理　风险识别　风险评估　控制型风险管理技术
财务型风险管理技术　生命价值理论　收入置换法　家庭需求法

复习思考题

1. 请阐述个人/家庭风险管理流程。
2. 请分析主要的个人/家庭风险管理技术及其运用。
3. 请分析确定适当寿险保额的主要方法及其运用。

第二章　人身保险概述

本章要点

- 人身保险的概念
- 人身保险的特征
- 人身保险的分类
- 人身保险的作用

思政目标

（1）树立正确的历史观，在对历史发展规律正确的掌握下理解人身保险的发展历史。

（2）介绍我国保险行业先驱们建立民族保险公司、发展民族保险业务的历程，介绍改革开放以来我国保险行业取得的快速进步，激发学生的爱国热情。

人身保险是处理人身风险的对策之一。它起源于古代的互助团体，随着商品经济的发展及寿险精算技术的产生，人身保险制度不断演化、完善。1762 年在英国成立的公平人寿保险公司（the Society for Equitable Assurance on Lives and Survivorship）被认为是近代人身保险制度形成的标志。其第一次依据生命表采用均衡保费的理论科学地计算保费，并在保单中列出了关于交纳保费宽限期以及保单失效、复效的条款。人身保险业务形成以后获得迅速发展，在保险业务中占有重要地位。据中国银行保险监督管理委员会公布的统计数据，2021 年我国原保险保费收入总计 44 900 亿元，其中寿险业务为收入 23 572 亿元，意外险收入为 1 210 亿元，健康险收入为 8 447 亿元，人身保险业务原保险保费收入占总原保险保费收入的比例为 74%，且健康保险业务发展速度加快。人身保险市场的不断发展使人身保险产品不仅能满足人们的保障需要，而且逐渐演变为个人或团体投资理财的工具。

第一节　人身保险的概念、特征及分类

一、人身保险的概念

人身保险是指以人的生命与身体作为保险标的的一种保险,即投保人按照保单约定向保险人交纳保费,当被保险人在合同期限内发生死亡、伤残、疾病等保险事故或达到人身保险合同约定的年龄、期限时,保险人依照合同约定承担给付保险金的责任。从上述定义中我们可以看出,人身保险具有以下三个基本特征。

(1) 人身保险的保险标的是人的生命与身体。人的生命是一个抽象的概念,当生命作为保险保障的对象时以生存和死亡两种状态存在。当人的身体作为保障对象时,人身意外伤害保险、健康保险保障的就是被保险人由于身体上的伤害所产生的经济需要。

(2) 人身保险的保险范围是人们在日常生活中以及成长过程中可能遭受到的种种不幸事故或疾病、衰老等原因造成的人的生、老、病、死、伤残。

(3) 人身保险的给付条件是保险期内保险事故发生造成人的伤残、死亡、丧失劳动能力等,或是保险期满时被保险人生存。

人身保险的概念还可以从多个角度来理解。从经济的角度来看,人身保险是分摊人身风险损失的一种财务安排;从法律角度来看,人身保险是一种合同行为,体现了民事法律关系主体之间的权利和义务关系;从社会的角度来看,人身保险是社会保障制度的重要组成部分,是社会的稳定器和经济的助动器;从风险管理的角度来看,人身保险是人身风险管理的一种方法,人身保险能起到分散风险、分摊损失的作用。

二、人身保险的特征

(一) 人身保险合同的特征

我国保险业务主要分为人身保险和财产保险。由于人身保险是对人的生命和身体提供保障,而人的生命、身体不同于一般的可用货币来衡量的财产,人身保险与财产保险相比在合同上具有下列一些特征。

1. 保险金额确定方法的特殊性

人身保险是以人的生命及身体作为保险标的的一种保险,由于人的生命及身体遭受到的损害不能直接用货币量化衡量,人身保险业务不能像财产保险那样依据标的物的货币价值来确定保险金额。人身保险的保险金额是投保人依据自身对保险的需求程度和交费能力与保险人协商订立的。为防范道德风险,保险人对投保人所提出的投保金额按生命价值理论进行合理的限制,通过核保程序最终确定适当的保险金额。另外,一些保险合同中还存在没有确定的最高给付总金额,而只规定由保险人在一定时期内定期给付保险金的情况。例如,养老金保险受益人通常在约定的领取期开始后领取保险金,直到被保险人死亡,所以保险金领取总额是不确定的。

2. 人身保险的保险金支付属于约定给付

与财产保险的补偿赔付方式不同,人身保险的保险金通常采用约定给付方式。人身保险为定额保险,人身保险合同为给付性合同。当发生保险事故时,保险人按照合同约定的保险金额给付方法承担保险金给付责任,而不存在依据实际损失金额进行赔偿一说。因此,人身保险合同的给付不参照损失补偿原则进行,不实行比例分摊,不适用代位追偿原则。

需要注意的是,人身保险中的医疗保险是个特例。因其对被保险人发生的确定货币量的医疗费用进行补偿,其保险金既可以约定采用损失补偿原则,也可以约定为定额给付。当医疗保险采取补偿合同方式时,适用以下损失补偿原则:保险人对被保险人赔付的医疗保险金不超过被保险人实际支出的医疗费用;如果是第三者责任导致医疗费用支出,在得到第三者赔偿的情况下,保险人不再赔付;两个以上保险人提供保障的情况,适用协调给付条款,投保人不能得到重复赔付。

3. 人身保险合同多属于长期合同

人身保险合同特别是人寿保险合同一般都是长期合同,保险期限一般为二三十年,甚至有的品种保险期限则从人的出生至人的死亡。而财产保险合同的保险期限多为1年或1年以下。由于人身保险合同的长期性,其合同的条款中具有了不同于财产保险合同的特殊规定,如人身保险中除短期意外险、短期健康险等短期性业务外,长期性业务人身保险合同的保费可以选择采用趸交或期交方式。同时,由于合同的长期性,人身保险的保全服务和业务管理更加复杂、严格,其保单有宽限期、中止、复效等一系列特殊的合同规定。

(二) 人身保险业务经营管理上的特征

1. 人身保险业务通常采取均衡保费制度

死亡率是人寿保险费率厘定的基本要素之一。依据生命规律,人的死亡风险随着人的年龄逐年增加。在寿险业务中,如果按照投保人当年的死亡率来收取自然保费的话,就会出现年轻人保费负担轻、老年人保费负担重的情况。而从人的收入规律看,到了一定阶段,随着年龄的增大收入能力下降,所以当人年老时保费负担过重,将造成其在最需要保险保障时却因丧失交费能力而不能获得保障。同时,寿险业务中投保人也容易出现逆选择,即身体健康的人考虑到保费上升、负担加重而选择退出保险,体弱多病的人考虑到风险程度高而坚持投保,从而使正常情况下计算出的保险费率难以维持。

自然保费的这种特点必将阻碍寿险业的开展。为此,寿险业摒弃了1年期业务,改变了按自然保费,即按投保人当年死亡率厘定保费逐年收取的方法,大量地采用了长期业务和均衡保费的方式。寿险业将保单中的保险期限设计为几十年,在保单交费期内,将各年所需的自然保费进行均衡,使每年保费的数额相等。均衡保费在保单早期高于自然保费,在保单后期低于自然保费,从而使投保人每年交费负担均衡。也就是说,保险人将保单前期多交的超出自然保费部分的超额保费积累起来,用以弥补保单后期自然保费不足的部分。这种技术手段使投保人保费负担合理化,年轻时未雨绸缪多交保费,以保证其晚年能享受到充分的保险保障。

 专栏2-1

表2-1　自然保费与均衡保费对比

（以 35 岁男子参加保险金额为 1 000 元、年利率为 3% 的寿险为例）

年龄（岁）	死亡率	自然保费（元）	均衡保费（元）
35	2.51‰	2.44	16.29
40	3.53‰	3.43	16.29
45	5.35‰	5.19	16.29
50	8.32‰	8.08	16.29
55	13.00‰	12.62	16.29
60	20.34‰	19.75	16.29
70	49.79‰	48.33	16.29
80	109.98‰	106.77	16.29
90	228.14‰	221.49	16.29

资料来源：魏华林，等.保险学[M].北京：高等教育出版社,1999.

 专栏2-2

人身保险业精算技术的起源与历程

17 世纪中叶，伦敦流行疫病，各教区每周公布死亡人数的记录。英国数学家约翰·格兰特对各教区公布的死亡人数记录进行了研究，于 1661 年发表了关于生命表思想的论文。

1671 年，荷兰数学家约翰·德威特运用概率论原理，提出了生命年金理论，并依据人的生存和死亡概率计算出年金的现值。

1693 年，著名的天文学家埃德蒙·哈雷以西里西亚的勃来斯洛市的市民死亡人数统计结果为基础，编制了第一张完整的生命表，精确表示了每个年龄段人口的死亡率，提供了寿险计算的依据。

18 世纪初，英国数学家托马斯·辛普森主张按不同年龄分别计算人寿保费，并以伦敦市民的死亡人数统计结果为基础编制了生命表。

1746 年，德国的巴尔修以联合养老保险年金和寺院的记录为基础，出版了关于生命概率论的著作。

1756 年，英国数学家詹姆斯·道德森根据哈雷的生命表和辛普森的理论，计算了各年龄组的人投保定期寿险的自然保费。在此基础上，他又提出了均衡保费理论，从而促进了人身保险的发展。但是,他提出的设计方案并未被当时的保险组织所采纳。

　　资料来源: 魏巧琴.新编人身保险学[M].上海:同济大学出版社,2005.

　　2. 人身保险具有储蓄性和投资性

　　人身保险既具备保障性也具有储蓄性。一方面,人身保险的储蓄性是由险种本身特性决定的,如生存险的投保人在生存至期满时可以得到一笔保险金,这笔保险金实质上是被保险人群体储蓄性保费的积存。另一方面人身保险的储蓄性是由其长期性业务性质决定的,即投保人分期交纳保费,保费由保险人按复利计算体现其储蓄性。同时,在人身保险合同中,由于保费采纳均衡保费制度,前期保费高于实际业务给付所需的自然保费,超额部分及其利息实际上是投保人的储蓄。因为人身保险具有储蓄性,其通常具备一定的货币积存值,具体体现为保单的现金价值,其保单是有价证券的一种。

　　人身保险虽然有储蓄性,但它并不等同于银行储蓄。首先,银行储蓄是一种自助行为,依靠自身力量来解决自己的困难;人身保险则是互助与自助的结合,其储蓄性以保障性为基础,被保险人得到的保险金不是自己所交保费的本利和,而是包含了他人的分摊,也扣除了分摊他人保险事故的成本。其次,银行储蓄较为灵活自如,可以随时改变储蓄计划;而人身保险合同一旦生效,投保人不能随意变更合同内容,因而人们往往称人身保险是一种半强制性的储蓄。

　　人身保险在具有储蓄性的同时衍生了投资功能。例如,保险公司所销售的分红保险、投资连结保险以及万能寿险等使投保人不仅能享受到保险保障,还可以享有保险人在运用保险基金投资和保险业务经营过程中所产生的收益。

　　3. 人身保险与财产保险的经营管理方式不同

　　相对而言,人身保险业务多是长期业务,其业务的经营效益不能在短期内确定,因而其在保费厘定方法、责任准备金提留方法、偿付能力计算及资金运用方面都不同于财产保险。长期人身保险产品的费率受预定利率水平的影响,并且每单业务要逐年提取责任准备金。此外,法律及政府保险监管机关对寿险公司的监管体系和偿付能力评价标准和方法也不同于财产保险。

　　4. 人身保险业务的经营稳定性较强

　　人身保险的经营建立在生命表基础上,保险事故发生率相对稳定,而财产保险业务由于标的数量、质量不均衡,标的损失率的稳定性较差,不时会发生较大的风险损失。但需要注意的是,人身保险业务中寿险业务费率的核算受利率因素影响较大,而利率在长期业务持续期间常受客观金融环境的影响而不断波动,因而寿险业务的经营稳定性受利率影响程度较大。

三、人身保险的分类

　　人们对人身保障需求的多样性及可变性决定了人身保险产品的多样性及新产品的层出不穷。在实务中,人身保险产品根据不同要求,从各个角度可以有不同的划分方法。

（一）按保障范围分类

按保障范围分类，人身保险可以分为人寿保险、人身意外伤害保险和健康保险。

人寿保险是以人的生命为保险标的的保险，其保险合同的给付条件包含被保险人的生存、死亡或生死两全。人寿保险是人身保险的主要种类，由于其自身的特性，通常在保险业务统计及业务监管中被单列为寿险业务，而人身保险中的人身意外伤害保险及健康保险则与财产险被并列为非寿险业务。

人身意外伤害保险是以被保险人因遭受意外伤害造成的死亡或残疾为保险事故的人身保险，其主要特征是保费低、保障性强，通常不具备储蓄性。

健康保险是以被保险人因意外事故、疾病所致的医疗费用支出、工作能力丧失、收入减少及护理费用支出为保险事故的人身保险。健康保险包括医疗保险、疾病保险、失能收入损失保险及长期护理保险四个品种。

（二）按投保方式分类

按投保方式分类，人身保险可以分为个人人身保险、团体人身保险及联合人身保险。

个人人身保险是以个人为投保者，一张保单承保一个被保险人人身风险的人身保险。它可以满足个人对保险保障的需求。

团体人身保险是以团体为投保人，一张总保单承保一个团体的全部或大部分成员人身风险的人身保险。团体保险包括团体人寿保险、团体人身意外伤害保险和团体健康保险。

联合人身保险是把有一定利害关系的两人或两人以上的人视为一个被保险人，如父母、夫妻、子女或合作人等，用一张保单对多人提供人身风险保障的人身保险。

（三）按被保险人的风险程度分类

按被保险人的风险程度分类，人身保险可以分为优选体保险、标准体保险和次健体保险。

优选体保险是指由于被保险人的风险程度较低，风险事故概率明显低于标准体，保险人可以用优惠承保条件或优惠费率承保的人身保险。

标准体保险是指被保险人的风险程度与保险人订立的正常标准费率相适应，保险人可以用标准条件承保的人身保险。标准体又称健体，是指身体健康状况、职业、道德等各方面没有显著的风险增加，可以用正常费率来承保的被保险人。

次健体保险是指保险人不能用正常费率来承保，而只能用特殊条件如加费、增龄或限制保障范围等方式加以承保的人身保险。次健体也称为弱体或非标准体，当被保险人的风险程度，如健康状况、职业等要素超过标准体的风险条件时，其只能参与次健体保险。

（四）按产品的设计形态分类

按产品的设计形态分类，人身保险可以分为普通型人身保险和新型人身保险。

普通型人身保险是指保单签发时保费和保单利益确定的人身保险。普通型人身保险的特征具体体现为在保单签发时，合同中的保额确定、保费确定和利率确定。普通型人身保险属于传统人身保险产品，是人身保险的最初产品形态。

新型人身保险包括投资连结保险、万能保险、分红保险。这类产品最主要的特点是在保单签发时,保险金额、保费和保单利益不再确定,在合同有效期内保额可以调整,保费可以灵活交纳或者保单收益率浮动可变。在我国,新型人身保险产品在 1999 年开始出现,主要存在于人寿保险中。

(五)按人身保险的作用分类

按人身保险的作用分类,人身保险可以分为保障型人身保险、储蓄型人身保险和投资型人身保险。

保障型人身保险主要体现保险的保障功能,基本不含储蓄性,其保单不含现金价值,如定期寿险、意外险和短期的健康险等。

储蓄型人身保险既有保障功能,又能体现保险的长期半强制性储蓄功能,其保单具有现金价值,如终身寿险、两全保险、年金保险、子女教育金保险等。

投资型人身保险在基本保障功能基础上凸显保险投资功能,投保人可以享受保险人经营的业务利润或投资利润,如分红保险、万能寿险和投资连结保险。

四、人身保险与社会保险

人身保险和社会保险是应对人身风险的两种对策。它们之间有共性,也存在本质的区别,在发展过程中两者还存在相互作用和相互影响的关系。

(一)社会保险概述

社会保险是指通过国家立法的形式,以劳动者为保障对象,以劳动者的年老、疾病、伤残、失业、死亡等特殊事件为保障内容,以政府强制实施为特点的一种社会保障制度。社会保险与社会福利、社会救济、社会优抚共同组成了社会保障体系,被称为稳定社会的"安全网"。社会保险可以为丧失劳动能力、暂时失去劳动岗位或因健康原因造成损失的人口提供收入或补偿。社会保险计划由政府举办,强制某一群体将其收入的一部分作为社会保险税(费),形成社会保险基金,在满足一定条件的情况下,参保人可从基金中获得固定的收入或损失的补偿。社会保险是一种收入再分配制度,它的目标是保证物质及劳动力的再生产和社会的稳定。社会保险主要包括养老保险、医疗保险、失业保险、工伤保险、生育保险等。

作为国家社会保障体系的重要组成部分,社会保险具有以下五方面的特征。

1. 强制性

社会保险属于强制性保险。所谓强制性,是指国家通过立法强制实施社会保险制度,劳动者个人和所在单位都必须依照法律的规定参加社会保险。社会保险的交费标准、待遇项目和保险金的给付标准等,均由国家或地方政府的法律、法规统一规定。劳动者个人作为被保障的一方,对于是否参加社会保险、参加的项目和待遇标准等,均无权任意选择和更改。社会保险的强制性是其顺利实施的有力保障。只有这样,才能确保社会保险基金有可靠的来源。

2. 非营利性

社会保险是非营利性保险,它不以营利为目的,而以实施社会政策为目的。虽然社会保险在运作上也需要借助于精确的计量手段,但社会保险不能以经济效益的高低来决定保险项目的取舍和保障水平的高低。如果社会保险财务出现赤字影响其运作,国家财政负有最终责任。

3. 保障的普遍性

社会保险对社会参保成员具有普遍的保障责任,覆盖面广,以对全体国民提供保障为目标。无论参保人的年龄、就业年限、收入水平和健康状况如何,其一旦丧失劳动能力或失业,政府即依法提供收入损失补偿,以保障其基本生活需要。社会保险除了现金支付以外,通常还为劳动者提供医疗护理、伤残康复、职业培训、老年活动等多方面的服务。也就是说,保障大多数劳动者的基本生活需要,由此稳定社会秩序,是社会保险的根本目的。

4. 互济互助性

社会保险的互济互助性体现在参保人之间经济上的互济、行业之间的互济以及不同经济水平地区之间的互济。社会保险税(费)一般按照个人收入比例交纳,但社会保险待遇水平一般不与个人交费额度直接关联、严格对应,而是按照统一的制度确定。社会保险分配制度是以有利于低收入阶层为原则的,因为同样的风险事故对低收入劳动者所造成的威胁通常要高于高收入者。

5. 保障水平的基本性

社会保险的待遇水平过低,不能达到社会保险的目的,发挥不了社会保险保障基本生活、稳定社会秩序的作用;社会保险保障水平过高,又会造成社会保险资源的滥用,增加社会保险支出压力和道德风险。因此,社会保险的保障水平以满足公民的基本生活需要为标准。

(二) 人身保险与社会保险的共性

人身保险与社会保险是两种不同的人身风险管理方式,两者之间存在着若干共性,主要体现在以下两个方面。

1. 保险标的相同

人身保险和社会保险都以人的身体和生命为保险标的。具体而言,人身保险是在保险期限内,当被保险人发生死亡、伤残、疾病、年老等保险事故或者生存至保险合同约定年龄时,保险人向被保险人或者指定的受益人给付保险金。社会保险是在参保人员发生年老、疾病、伤残、死亡、生育、失业等人身风险事件时为其提供经济补偿。

2. 经营技术相同

人身保险和社会保险都采用保险方式,以建立保险基金的形式为参保人提供经济保障。同时,两者都以概率论和大数法则作为经营的数理基础,汇集大量被保险人,发挥分散风险和经济补偿的作用。此外,为了使被保险人在遭受人身风险事故后获得及时可靠的经济保障,人身保险和社会保险都要对保险基金进行投资运作,以确保保险基金的保值和增值。

(三) 人身保险与社会保险的区别

人身保险和社会保险虽然有很多的共性,但是也存在很多本质上的区别。

1. 保险性质不同

社会保险由国家政府机构办理,目的是维护社会公平和稳定,其运作不以营利为目的。人身保险属于商业保险范畴,由取得监管部门批准的商业保险公司经营,保险公司与被保险人之间遵循平等自愿、对价有偿原则,保险公司的经营以营利为目的。

2. 实施方式不同

社会保险是强制性保险,由国家指定机构办理,只要是法律规定范围内的参保对象都必须参加,参保人无权选择保险产品以及保险期限、保额高低等。

人身保险属于商业保险,投保是自愿的,保险权利义务关系的建立以保险合同为依据。投保人可以自行决定是否投保、向谁投保、投保险种类别以及保额高低。同样,保险公司对投保人的要约也可以作出是否承保、以何种条件和费率承保的决定。

3. 法律依据不同

社会保险适用《中华人民共和国社会保险法》(以下简称《社会保险法》),是国家为了规范社会保险关系,维护公民参加社会保险和享受社会保险待遇的合法权益,使公民共享发展成果、促进社会和谐稳定而根据宪法制定的。《社会保险法》涉及政府、劳动者、企业三方利益关系的协调与调整,归属于社会法。

人身保险合同以诚实信用、平等自愿为前提订立,双方的具体权利义务以保险合同规定为准,受《中华人民共和国保险法》(以下简称《保险法》)、《中华人民共和国民法典》等民商法律调整。

4. 遵循的公平原则不同

社会保险以贯彻国家的社会政策和劳动政策为宗旨,以保障国民的生活安定为目的,体现一定的收入再分配——参保人员的交费水平与所享受的保障水平并不直接关联,同时也体现对老弱病残弱势群体的照顾——费率并不严格与参保人员的年龄和健康状况挂钩,强调的是稳定秩序和社会公平原则。

人身保险以民商合同体现了保险双方当事人的权利、义务对等关系,保险人承担的给付保险金责任完全取决于投保人是否交纳保费以及交费金额和选择的保险金额的多少,而且保险费率高低直接与被保险人的风险等级、健康程度相关,如年龄高、体质差的客户购买寿险保障的保险费率就较高。可见,人身保险作为商业制度,强调的是等价交换的个人公平原则。

5. 交费负担主体不同

社会保险的保费来源为参保者个人交费、用人单位交费和国家财政补贴三部分,其交费义务并不完全由参保人承担,社会保险的费率取决于国家政策。

人身保险的保费交费义务由投保人个人承担,保险公司通过科学厘定费率,控制承保风险,积极运用保险资金来实现自身运营。

6. 保障范围不同

社会保险作为社会保障的重要组成部分,目标是为全体参保公民提供生、老、病、死、失业等人身风险的保障,稳定社会秩序,保护社会安定。因此,社会保险的保障群体范围很广,很多国家把全体国民纳入社会保险的保障范围。我国随着经济水平的提高和国力的不断增强,社会保险也迈入政策全覆盖阶段,为所有的城乡居民和职工提供基础保障。

人身保险作为商业保险,其保障范围较窄,只有交纳保费并与其订立保险合同的人才能依据合同享受保障。它只是对参加了保险的人提供对等性的经济补偿,只能解决部分被保险人临时、急迫的困难,弥补其部分损失,不具有普遍保障的功能,同样也不具备调节收入水平、维护社会公平的职能。

7. 保障水平不同

在我国,社会保险待遇水平以保障公民基本生活和基本需要为原则,这是由我国现阶段经济发展水平决定的。在确定各项社会保险待遇,既要防止超出现实可能的标准造成国家财政、用人单位和个人负担过重,又要避免有劳动能力的人过分依赖社会保险而妨碍其主动性、创造性的发挥。由于地域和城乡的区别,我国广大农村和落后地区的社会保险待遇还极其有限。

人身保险的保障水平由投保人的保障需求和交费能力决定,投保人选择可以满足其保障需求的保险金额,在发生保险事故时,保险人依约给付保险金。因此,人身保险可以满足投保方多层次的保障需求。

(四) 人身保险与社会保险的关系

人身保险和社会保险都对人身风险提供保障,两者之间虽然存在本质的区别,但又密切联系,相互补充。我国社会保障的发展方针是"全覆盖、保基本、多层次、可持续",社会保险制度的目标在于为广大参保人员提供养老、医疗、工伤、失业、生育等方面的基本保障,而在构建多层次的社会保障体系方面,商业性的人身保险具有重要的地位和作用。因此,商业人身保险行业要根据我国社会保障制度改革发展的需要,积极促进各类补充性人身保险的发展,研制开发适应中高收入阶层社会保障需求的商业养老、健康等保险产品,不断拓展商业保险在社会保障领域中的广阔发展空间,在构建多层次社会保障体系建设中发挥重要作用。社会保险是基础,人身保险是补充,两者有机结合,共同组成健全完善的社会保障体系,为保障个人生活、稳定社会秩序发挥作用。

第二节　人身保险的作用

人身保险作为一种转移人身风险的方法,充分体现了保险的基本职能和派生职能,对个人和家庭、企业和国家发挥了非常重要的作用。

一、对个人和家庭的作用

(一) 提供风险保障

个人及家庭都面临人身风险这一客观事实。疾病或意外伤害的发生将会使个人及家庭遭受沉重的经济打击,而婴儿的诞生、子女的成长也会使家庭产生必要的、可观的抚养费及教育费的开支,因此,出生、衰老、疾病、死亡或残疾,都是个人和家庭在安排收入和开支计划时必须要考虑的问题。人身保险既可在被保险人遭遇意外伤害、疾病时提供强大的经济保障,又可为其子女教育、婚嫁等提供预先的储蓄保障,所以在现代社会中,购买人身保险是个人和家庭享受经济保障,获得家庭"保护伞"和"安全网"的重要渠道。

(二) 增加储蓄投资

与其他保险产品相比,人身保险合同多为长期性合同,人身保险产品具有储蓄性的特点。由于人身保险的保费收取与保险金给付之间存在较长的时间差,在保单存续期间,保险人可以将责任准备金进行资金运作,而投保人可以享有保险人提供的保单收益。同时,随着人身保险的发展,具有投资性质的新型人身保险产品开始出现,从而使购买人身保险对个人和家庭来说,不仅成为获得经济保障的渠道,也成为投资理财的重要渠道。保险公司作为专业金融机构,其投资能力具有许多个人投资者无法企及的优势,如资金规模大、信息来源广、操作专业规范,从而可以很好地分散风险,及时化解许多个人投资者无法克服的投资风险,保证资金的安全。随着保险业的发展,购买人身保险日益成为个人和家庭的重要储蓄和投资手段之一。

(三) 享受税收优惠

由于人身保险可以发挥社会"稳定器"和"安全网"的功能,各国政府为推动人身保险业的发展,都大力采取税收优惠政策鼓励个人和家庭采用人身保险方式转移人身风险。很多国家的税法规定:个人购买特定的健康保险和养老保险产品,其保费可以税前抵扣,并免交个人所得税;保单指定受益人领取的死亡保险金可以免交遗产税;保单持有人获得的所有保险给付,包括期满生存给付、年金给付、红利等免交个人所得税。在税收优惠政策的推动下,在很多国家的人身保险成为个人或家庭的合法有效的避税工具。

二、对企业的作用

(一) 提高员工保障,增加员工福利,增强企业对人才的吸引力

劳动力和人才是推动企业发展的重要因素。吸引劳动力与人才的一个重要条件是企业完善的员工保障制度与福利制度。企业在雇用员工的过程中,员工会面临伤残、疾病等人身风险。企业通过办理团体人身保险为员工提供生、老、病、死、残等人身保障,可以解除员工的后顾之忧,稳定员工队伍。

同时,企业为员工办理补充医疗保险、企业年金等,能够为员工在享受基本医疗、养老之外提供更多的福利,从而增加员工的凝聚力,激发创造力。只有提高员工福利,充分调动其劳动积极性,才能更好地促进企业的迅速发展。

(二) 补偿企业因重要员工死亡或伤残而遭受的损失

在现代企业经营中,个人的能力、经验和技术等都被视为企业有价值的资产,如高级经营管理人员、技术骨干等关键员工,对企业的生存和发展具有重大的影响。关键员工一旦死亡或丧失工作能力,会给企业带来重大经济损失,影响企业发展前景。因此,为保障企业的发展,企业可以为这些关键员工购买如"关键人物保险"等人身保险产品,以重要员工为被保险人,以企业为受益人,以便在关键员工突然死亡或丧失工作能力时,企业可以得到保险人提供的经济补偿,从而保证企业的正常运营,减少不利影响。

三、对社会的作用

(一) 支持和推动我国社会保险制度改革

随着我国经济体制改革的不断深入,劳动就业制度改革、医疗制度改革、养老制度改革等社会保险制度改革都在不断深入。社会公众生活压力逐步加大,个人与家庭经济生活不稳定因素大大增加,各项人身风险对家庭生活的破坏作用日趋显著,而基本的社会保险难以全面应对这些风险。因而,我国经济体制改革的深入需要商业人身保险的配套支持,以补充社会保险制度的不足,解决一部分社会问题,保障国民的基本生活。

(二) 实现融资职能,促进经济发展

保险企业在经营中通过收取保费积聚了巨额的保险基金。同时,由于人身保险风险发生的不确定性,保费收入与保险金给付之间存在一定的时间差和规模差。因此,保险企业可利用其中的时间差,通过国家规定的各种渠道,将闲置中的保险基金投入金融市场或生产领域,从而弥补社会总资金的不足,促进经济的发展。

本 章 小 结

(1) 人身保险与财产保险在合同性质以及经营管理上存在很多差异。人身保险合同是定额给付合同,多为长期性合同;人身保险通常采用均衡保费制度,具有储蓄性。人身保险与财产保险在监管方式上也有重大差异,而且两者的经营稳定性也不同。

(2) 人身保险按保障范围可以分为人寿保险、健康保险和人身意外伤害保险,按投保方式可以分为个人人身保险、团体人身保险和联合人身保险,按被保险人的风险程度分为优选体保险、标准体保险和次健体保险,按作用分为保障型人身保险、储蓄型人身保险和投资型人身保险。

(3) 人身保险和社会保险有区别也有联系,社会保险是基础,人身保险是补充。

关键概念索引

定额给付　均衡保费　自然保费　社会保险

复习思考题

1. 人身保险在业务经营管理上有哪些特点?
2. 人身保险可以分为哪些种类?
3. 请比较人身保险与社会保险的不同。
4. 人身保险在现代社会中发挥的主要作用是什么?

第三章　人身保险合同

📚 **本章要点**

- 人身保险合同的概念与特征
- 人身保险合同的要素
- 人身保险合同的订立、变更和终止

📖 **思政目标**

(1) 教育学生在处理相关人身保险案例的过程中,严格遵守我国民商法的相关规定,坚持有法必依、公正、合理的精神。

(2) 帮助学生树立遵守保险职业道德、维护保险消费者权益的价值理念。

> 保险是一种经济活动,在这种经济活动中,当事人之间的权利义务是通过订立保险合同产生的。保险合同是联系保险人与投保人及被保险人之间权利义务关系的纽带。各国保险制度也主要是依靠保险合同这一法律形式而运转起来的。因此,保险合同在保险补偿制度中起着重要的作用。同理,人身保险合同也是确立人身保险主体之间权利义务关系的纽带,它通过调整和规范投保人、被保险人及受益人之间的权益保证人身风险保障的目标实现。

第一节　人身保险合同概述

一、人身保险合同的概念

合同是经济生活中经常使用的概念,也称契约,是指平等主体的自然人、法人或其他组织之间设立、变更、终止民事权利义务关系的协议。合同一经订立,双方当事人必须受其约束,任何一方不得擅自变更或解除。《保险法》第十条规定:"保险合同是投保人与保险人约定保险权利义务关系的协议。投保人是指与保险人订立保险合同,并按照合同负有支付保险费义务的人。保险人是指与投保人订立保险合同,并按照合同约定承担赔偿或者给付保险金责任的保险公司。"由此可见,保险合同就是约定投保人和保险人之间权利义务的协议。根据合同规定,投保人有向保险人支付保费的义务,而保险人则应在合同约定的保险事故发生后赔偿或者给付保险金。

《保险法》第二条规定:"本法所称保险,是指投保人根据合同约定,向保险人支付保险费,保险人对于合同约定的可能发生的事故因其发生所造成的财产损失承担赔偿保险金责任,或者当被保险人死亡、伤残、疾病或者达到合同约定的年龄、期限等条件时承担给付保险金责任的商业保险行为。"同时,《保险法》第十二条第三款规定:"人身保险是以人的寿命和身体为保险标的的保险。"因而,人身保险合同是投保人按照人身保险合同的约定向保险人交纳保费,当被保险人死亡、伤残、疾病或者达到合同约定的年龄、期限等条件时,由保险人承担给付保险金的义务的合同。

二、人身保险合同的特征

(一) 人身保险合同是射幸合同

射幸合同是和确定合同相对而言的。确定合同也称实定合同,是指在合同订立时当事人的给付义务即已确定的合同,而射幸合同是指在合同订立时当事人的给付义务尚未确定的合同。保险合同,尤其是财产保险合同,是一种典型的射幸合同。在保险合同订立时,投保人一方交纳保费后,保险人是否履行赔偿或给付保险金的义务,取决于约定的保险事故是否发生。如果保险标的在保险期限内发生损失,被保险人可以从保险人那里得到远远超出其所支付保费的赔偿或给付金额;反之,如无保险事故发生,则投保人只支付保费而无任何经济收入。

人身保险合同的射幸性并不意味着保险人可能不履行合同。如果被保险人在保险期限内发生保险事故后,保险人给予了损失补偿或保险金给付,即为履行了保险合同规定的义务。即使被保险人在保险期限内没有发生保险事故,保险人在保险期限内承诺承担风险,也是在履行合同。因而保险合同的射幸性是就单个合同而言的,是由保险事故发生的偶然性决定的;就某类保险合同的总体来说,保险事故的发生是确定的,因为从所有同类保险合同的总体来看,保险人收到的保费总额与赔款、给付金额原则上是相等的。

(二) 人身保险合同是双务有偿合同

合同有双务合同和单务合同之分。单务合同是指仅由合同当事人一方负担给付义务的合同,双方当事人并不互相享有权利和负担义务,如赠与合同。双务合同则是双方当事人互负对等给付义务的合同,或者说,一方当事人所享有的权利即为另一方当事人所负担的义务,如买卖合同、租赁合同。

合同又有有偿合同和无偿合同之分。有偿合同是指当事人一方享有合同规定的权益,必须向对方当事人偿付相应代价的合同,如买卖合同、租赁合同。一般来说,双务合同都是有偿合同。无偿合同是指当事人一方享有合同规定的权益,但不必向对方当事人偿付相应代价的合同,如赠与合同。

在保险合同中,投保人负有交纳保费的义务,被保险人享有当保险事故发生时请求赔偿或给付保险金的权利;保险人负有当保险事故发生时对被保险人的损失赔偿的义务,同时享有收取保费的权利。在这里,投保人所负的义务和保险人所承担的义务之间存在着对价关系,符合双务有偿合同的特征。

(三) 人身保险合同是非要式合同

要式合同与非要式合同是以合同的成立是否采用法律或当事人要求的形式为标准而区分的。所谓要式合同,是指合同的成立必须要履行特定的程序或者采取特定的形式。反之,法律或当事人不要求必须具备一定的形式的合同,即为非要式合同。应注意,非要式合同并非排斥合同采取书面、公证、登记等形式,只是不强求特定的形式。

《保险法》第十三条规定:"投保人提出保险要求,经保险人同意承保,保险合同成立。保险人应当及时向投保人签发保险单或者其他保险凭证。保险单或者其他保险凭证应当载明当事人双方约定的合同内容。当事人也可以约定采用其他书面形式载明合同内容。"从该法律规定来看,人身保险合同成立的要件是双方达成合同协议,因而人身保险合同在保险单或其他保险凭证签发以前就已经成立,出具人身保险单或其他保险凭证只是保险人的合同义务。如果保险人没有及时向投保人出具保险单或者其他保险凭证,由此产生的法律后果应由其自行承担。因此,人身保险合同是非要式合同。

(四) 人身保险合同是最大诚信合同

每个合同的订立、履行都应当遵守诚实信用的原则。保险合同较一般合同对当事人的诚实信用有更严格的要求。保险合同是约定保险人对未来可能发生的保险事故进行损失补偿或保险金给付的合同。人身保险合同的订立与履行在很大程度上依赖于投保人和保险人的诚实信用。一方面,投保人在订立合同时,对保险人的询问及有关被保险人的情况要如实告知,在风险增加时通知保险人,并履行与保险人约定的保证;另一方面,保险人在订立保险合同时,要向投保人说明保险合同的内容,特别是合同免责条款,并在约定的保险事故发生时履行补偿或给付保险金的义务。

(五) 人身保险合同是定额给付性合同

作为人身保险合同标的的人的生命或身体无法用经济价值加以衡量,因此保额的确定没有确定的评判标准,而当保险事故发生时,被保险人所遭受的人身伤害从客观上讲也不能获得真正的补偿。与此同时,在生存保险等保险合同中,只要保险期限届满时被保险人仍然生存,保险人即应向投保人支付合同约定的保险金。在这种情况下,既无意外事故的发生,也无确定经济损失的发生,保险金的支付仅仅是为了满足个人对生活安定保障的特殊需要。因此,我们把人身保险合同定义为定额给付性合同,保额由双方协商约定,并且只要保险合同约定的特定事件出现或者期满,保险人就必须支付保险金。值得注意的是,医疗保险合同可以是给付性合同,也可以是补偿性合同,这是因为医疗保险合同是针对确定的可以用货币来衡量的医疗费用提供保障。

(六) 人身保险合同通常是附合合同

附合合同又称格式合同或标准合同,是与协商合同相对的。协商合同是双方当事人经过协商,在意愿一致的基础上订立的。附合合同则是指由一方预先拟定合同的条款,另一方只能在此基础上进行取舍决策的缔约方式。人身保险合同通常属于附合合同,保险人根据被保险人的性质和风险状况,对不同产品分别拟订了若干保险条款,供投保人选择。对此,投保人只有依照保险条款,表示同意投保或不同意投保,不能提出自己所需要的保单条件,或修改其中的内容。投保人即使有某种特殊要求,也只能采用保险人事先准备的附加条款作为对原有条款的补充,或另附特别约定批单。

附合合同的优点在于节省时间,有利于事先分配风险,降低交易成本;缺点在于提供商品或服务的一方在拟定格式条款时,经常利用其优越的地位,制定有利于自己而不利于对方的条款,如免责条款等。因此,法律通常会对附合合同的非起草者进行保护。

《保险法》第十七条规定:"订立保险合同,采用保险人提供的格式条款的,保险人向投保人提供的投保单应当附格式条款,保险人应当向投保人说明合同的内容。对保险合同中免除保险人责任的条款,保险人在订立保险合同时应当在投保单、保险单或者其他保险凭证上作出足以引起投保人注意的提示,并对该条款的内容以书面或者口头形式向投保人作出明确说明;未作提示或者明确说明的,该条款不产生效力。"该条法规体现了对投保方的特殊保障,是我国《保险法》对保险人在订立和履行保险合同中应遵循的最大诚信原则的具体规定。

《保险法》第十九条规定:采用保险人提供的格式条款订立的保险合同中的下列条款无效:①免除保险人依法应承担的义务或者加重投保人、被保险人责任的;②排除投保人、被保险人或者受益人依法享有的权利的。该条法规即俗称的"霸王条款无效"在保险法规中的体现。

《保险法》第三十条规定:"采用保险人提供的格式条款订立的保险合同,保险人与投保人、被保险人或者受益人对合同条款有争议的,应当按照通常理解予以解释。对合同条款有两种以上解释的,人民法院或者仲裁机构应当作出有利于被保险人和受益人的解释。"该条法规对格式条款制定不清引起的纠纷规定了对非起草人的有利解释原则,同样也体现了人身保险合同对投保方的特殊保障。同时,保险业也会利用同业协会等组织对附合合同进行审查,或提供标准示范合同,以保障消费者利益。

虽然大部分人身保险合同是附合合同,但也并不排除人身保险合同可以以协商合同方式订立。例如,对某些特殊人体器官提供保障的人身保险合同,对特别人身风险提供保障的人身保险合同,等等。

第二节　人身保险合同的要素

保险关系属于民事法律关系的范畴,任何一项民事法律关系都包括主体、客体和内容三个要素,人身保险合同的民事法律关系也由这三大要素组成。

一、人身保险合同的主体

人身保险合同的主体是参加人身保险这一民事法律关系,并享有权利和承担义务的个人或组织,包括当事人、关系人和中介人。

(一) 人身保险合同的当事人

1. 保险人

保险人也称承保人,是指依法成立的,与投保人签订保险合同、经营保险业务、收取保费并建立保险基金,在保险事故发生时负责履行损害赔偿或给付保险金义务的个人或组织。保险人一般为法人,在世界上,只有少数国家和地区允许以个人身份经营保险业务,如英国劳合社的自然人承保人等。我国《保险法》将保险人定义为"保险人是指与投保人订立保险合同,并按照合同约定承担赔偿或者给付保险金责任的保险公司"。按《保险法》的规定,保险公司的组织形式主要包括两类:股份有限公司和有限责任公司。但是根据《保险法》第六条和第一百八十一条的有关规定,除依法设立的保险公司外,法律、行政法规规定的其他保险组织经营的保险业务,同样适用《保险法》。因此,广义的保险人还包括依法设立的其他保险组织,如相互保险组织。

人身保险合同中的保险人是指获得许可经营人身保险业务的保险公司或其他组织。我国法律规定,保险人经营保险业务,必须事先取得政府有关部门的批准。保险公司的业务范围由保险监督管理机构依法核定,保险公司只能在被核定的业务范围内从事保险经营活动,同一保险人不得同时兼营财产保险业务和人身保险业务。因此,我国人身保险合同中的保险人一般是专营人身保险业务的人寿保险公司,但是经营财产保险业务的保险公司经国务院保险监督管理机构核定,可以经营短期健康保险业务和人身意外伤害保险业务。

人身保险合同中的保险人作为一方当事人与投保人签订人身保险合同,收取保费,在人身保险事故发生时负责履行损害赔偿或人身伤亡给付保险金的义务。保险人在保险合同中的法律义务主要包括订约说明义务、风险承担和保险给付义务、及时签发保险单证义务和客户信息保密义务。

专栏 3-1

《保险法》对人寿保险公司解散、破产的特殊规定

由于人身保险业务具有涉及大量社会群体利益的特殊性,各国对经营人身保险业务的保险人有特殊的规定。我国《保险法》第八十九条规定:"经营有人寿保险业务的保险公司,除因分立、合并或者被依法撤销外,不得解散。"第九十二条规定:"经营有人寿保险业务的保险公司被依法撤销或者被依法宣告破产的,其持有的人寿保险合同及责任准备金,必须转让给其他经营有人寿保险业务的保险公司;不能同其他保险公司达成转让协议的,由国务院保险监督管理机构指定经营有人寿保险业务的保险公司接受转让。转让或者由国务院保险监督管理机构指定接受转让前款规定的人寿保险合同及责任准备金的,应当维护被保险人、受益人的合法权益。"

----

2. 投保人

投保人也称要保人,是指与保险人签订保险合同,并按照保险合同负有支付保费义务的人。投保人可以是自然人,也可以是法人或非法人组织,但投保人必须具备民事权利能力和民事行为能力,同时在人身保险合同中,投保人也必须对被保险人具有保险利益。无民事权利能力和民事行为能力的组织不能成为保险合同的投保人,无完全民事行为能力的自然人也不能成为保险合同的投保人。无民事权利能力和民事行为能力的投保人签订的合同是无效的。保险合同生效后,投保人承担最基本的交纳保费义务,还承担告知义务、出险通知义务和损失证明义务等其他重要合同义务,同时也享有变更、终止保险合同和领取退保金的权利。

(二) 人身保险合同的关系人

人身保险合同的关系人是指与人身保险合同有经济利益关系,而不一定直接参与人身保险合同订立的人。人身保险合同的关系人包括被保险人和受益人。

1. 被保险人

《保险法》第十二条规定:"被保险人是指其财产或者人身受保险合同保障,享有保险金请求权的人。投保人可以为被保险人。"在人身保险合同中,被保险人只能是自然人,是以其生命或身体作为保险标的,且当保险事故发生时享有保险金请求权的人。因此,按我国保险法律的规定,生存保险金、养老金、伤残保险金、疾病保险金、医疗保险金等都应由被保险人领取。

被保险人与投保人的关系通常有两种情况:当投保人以自己的身体、生命及财产作为保险标的,为自己的利益投保时,投保人即被保险人;如果投保人是为他人的利益,以他人的身体、生命及财产作为保险标的,和保险人签订保险合同的,则投保人和被保险人是两个不同的行为主体。法律对被保险人的资格并无特别限制,但由于在人身保险合同中,被保险人是保险人承保的风险标的,为了控制经营风险,保险合同一般对被保险人的年龄、健康和职业等有特别的约定。

为了保护未成年人的合法权益,各国保险法禁止以未成年人为被保险人订立死亡保险合同。《保险法》第三十三条规定:"投保人不得为无民事行为能力人投保以死亡为给付保险金条件的人身保险,保险人也不得承保。父母为其未成年子女投保的人身保险,不受前款规定限制。但是因被保险人死亡给付的保险金总和不得超过国务院保险监督管理机构规定的限额。"

2. 受益人

受益人是指人身保险合同中由被保险人或者投保人指定的享有保险金请求权的人。在保险合同中,受益人享受了保险金请求权这一最主要的合同权利,而不承担支付保费的义务。实际上,除了出险通知义务和索赔时提供单证的损失证明义务,受益人几乎不承担合同其他义务。按照保险合同的规定,被保险人在保险事故发生时作为享受合同保障的人当然享有保险金请求权,所以受益人一般仅指身故保险金受益人,即只是在被保险人死亡时享有死亡保险金请求权的人。

人身保险合同中的受益人必须由被保险人或投保人指定,投保人可以为受益人。由投保人指定受益人的,合同须经过被保险人同意方才有效。我国法律对受益人资格并无限制,因此,受益人可以是自然人,也可以是法人或其他组织团体,但在实务中以自然人为主。受益人可以是有民事行为能力人,也可以是无民事行为能力人或限制民事行为能力人。在国外,未出生的胎儿也可以被指定为受益人,若出生时为死体,受益资格自然消失。当受益人犯罪被剥夺政治权利时,其享有保险合同的受益权并不因此而丧失。《保险法》仅对保单中受益人的指定有一条法律限定,即投保人为与其有劳动关系的劳动者投保人身保险的,不得指定被保险人及其近亲属以外的人为受益人。通常情况下,受益人如果不是投保人,则多为与其有亲属关系、利害关系的自然人,保单中也要注明受益人与被保险人身份关系。由于婚姻关系存在变动的可能性,关于受益人与被保险人的身份关系发生变动的情况,在合同未作其他约定的时候,应按我国保险法律相关规定:受益人仅约定为身份关系,投保人与被保险人为同一主体的,根据保险事故发生时与被保险人的身份关系确定受益人;投保人与被保险人为不同主体的,根据保险合同成立时与被保险人的身份关系确定受益人;但是如果受益人的约定包括姓名和身份关系,保险事故发生时身份关系发生变化的,则认定为未指定受益人。

人身保险合同的受益人可以是一人,也可以是数人。合同指定的受益人为一人的,保险金请求权由该人行使,并获得全部保险金。受益人为多人的,其受益顺序和受益份额由被保险人或投保人在合同中事先确定,保险金请求权按合同约定的顺序和份额可以由多人共同行使;合同中未确定顺序或份额的,受益人按照相等份额享有受益权。

保险合同生效后,被保险人或者投保人可以中途变更受益人,或撤销受益人的受益权,但投保人变更受益人时须经过被保险人同意。被保险人或投保人所作的受益人变更应当书面通知保险人,变更通知在发出时生效。在收到变更受益人的书面通知后,保险人应当在保单或保险凭证上批注或附贴批单。如果被保险人或投保人变更受益人但未通知保险人,保险人则可以主张变更对其不发生效力,在已对原指定受益人给付保险金的情况下,保险人不必向新受益人再承担给付责任。

受益人的受益权以被保险人死亡时尚生存为条件,若受益人先于被保险人死亡,则受益权应回归被保险人,而不能由受益人的继承人继承受益权。但若被保险人先死亡,受益人后死亡,则受益权由受益人的继承人继承。为了解决因受益人和被保险人同时遇难而没有证据表明谁先死亡的情况下造成的保险金给付难题,国际上有通行的"共同灾难条款",在我国,《保险法》第四十二条也作了相应规定:当受益人和被保险人共同遇难无法判断死亡顺序时,推定为受益人先死亡,身故保险金作为被保险人的遗产由保险人履行给付义务,并按照保险法律的相关规定确定其归属。

受益人的身故保险金请求权直接来自人身保险合同的规定,受益人在被保险人死亡后领取的保险金是根据合同的约定而取得的,不得作为死者遗产,不得纳入遗产分配,也不能用来清偿死者生前的债务,受益人以外的他人无权分享保险金。《保险法》第四十二条规定,被保险人死亡后,有下列情形之一的,保险金作为被保险人的遗产,由保险人履行给付义务：①没有指定受益人，或者受益人指定不明无法确定的；②受益人先于被保险人死亡，没有其他受益人的；③受益人依法丧失受益权或者放弃受益权，没有其他受益人的。

同时，《保险法》第四十三条规定，受益人故意造成被保险人死亡、伤残、疾病的，或者故意杀害被保险人未遂的，该受益人丧失受益权。

专栏 3-2

谁是"法定"受益人？

小李在某建筑工地当铆工。2021年4月19日，小李在斜井指挥轨道施工运料小车下行时，不慎坠入斜井底部，事发后，小李被送往医院经抢救无效而死亡。后经当地劳动保障部门认定，小李为因工死亡。建筑公司已向他的亲属支付款项37万元，其中包含工伤保险的相关费用25万元。

小李所在的建筑公司曾于2020年7月向保险公司投保了建筑施工人员团体意外伤害保险，保险公司出具了保单和建筑施工人员团体意外伤害保险条款。该保单载明：投保人为建筑公司项目部，被保险人为该项目的全体员工，赔偿限额为每人（死亡、伤残）30万元，受益人一栏内容为"法定"。

建筑公司称，小李死亡后，建筑公司已向其家属支付37万元的丧葬费、抚恤费、抚养费等费用，建筑公司投保的目的就是在向家属承担赔偿责任以后，用保险金弥补公司的损失，故认为该笔保险金应当由建筑公司取得。法院判决认定，该笔保险金应当由小李的法定继承人取得，该建筑公司无权取得该笔保险金。

（三）人身保险合同的中介人

保险合同的中介人也称为辅助人，是指在保险合同的订约、履约过程中起辅助作用的人，包括保险代理人、保险经纪人和保险公估人。人身保险合同的中介人主要包括保险代理人和保险经纪人。

1. 保险代理人

《保险法》规定，保险代理人是根据保险人的委托，向保险人收取佣金，并在保险人授权的范围内代为办理保险业务的机构或者个人。保险代理人是保险人的代理人，其根据与保险人签订的委托代理合同，在保险人授权的范围内代表保险人办理保险业务，帮助保险人招揽客户，如代理销售保险产品、代理收取保费、代理检验理赔工作等，保险人则以佣金的形式给予保险代理人一定的劳务报酬。保险代理人在授权范围内，以被代理人的名义独立实施法律行为，代为办理保险业务，其行为后果由被代理人即保险人承担责任。但代理人不得超出其权限范围，也不得滥用代理权。若因代理人的无权以及滥用代理权行为造成的损失后果，代理人应独自承担赔偿责任。但保险代理人在没有代理权、超越代理权或者代理权终止后的情况下以保险人名义订立合同，使投保人有理由相信其有代理权的，该代理行为有效。在此种情况下，保险人对保险代理人的行为需承担责任，但此时保险人仍可以依法追究相关保险代理人的责任。

各国法律对取得保险代理人资格和代理人的业务范围都有所规定。根据我国《保险法》的规定,保险代理人包括个人代理人、兼业代理机构和专业代理机构三类。

2. 保险经纪人

保险经纪人是指基于投保人的利益,为投保人与保险公司订立保险合同、提供中介服务,并依法收取佣金的机构,包括保险经纪公司及其分支机构。保险经纪机构可以为投保人拟订投保方案、选择保险公司并办理投保手续、协助被保险人或者受益人进行索赔、办理再保险经纪,或为委托人提供防灾、防损或者风险评估、风险管理咨询等保险经纪业务。在我国,保险经纪机构可以以股份有限公司或有限责任公司的形式设立。

保险经纪人与保险代理人不同,他是基于投保人的利益为投保人提供风险管理咨询和办理投保索赔等事宜。保险经纪人在得到投保人的委托授权时可以代为订立保险合同,但经纪人对合同的洽订必须基于投保人的利益,故必须在最优惠的条件下为投保人订立保险合同。

保险经纪公司的设立,应当符合保险监管机关规定的资格条件,取得经营保险经纪业务许可证,向工商行政管理机关办理登记,领取营业执照,并交存保证金或投保职业责任保险。保险经纪人在办理保险业务中因过失给投保人或被保险人造成损失的,保险经纪人应承担赔偿责任。

二、人身保险合同的客体

人身保险合同的客体是指人身保险合同当事人双方权利和义务所共同指向的对象。人身保险合同的客体既不是保险标的(被保险人)本身,也不是简单的补偿或给付行为,而是投保人对被保险人所具有的合法的利害关系,即保险利益,也叫可保利益。所谓合法的利害关系,是指因被保险人的健在而使投保人获得利益;因被保险人遭受伤害而使利害关系人遭受损失和痛苦。保险利益是投保人投保签约的起因,也是保险人决定是否可以承保的标准。人身保险的保险利益将在保险利益原则中进行介绍。

三、人身保险合同的内容

人身保险合同的内容是指双方当事人依照法律,经过协商一致明确记载于合同中的权利、义务的总和。其一般体现为保险条款,即反映保险合同内容的条文。它规定了保险双方当事人的具体权利和义务及其他有关事项,是当事人双方履行合同义务、承担法律责任的依据。保险条款分为基本条款和特约条款。

(一) 基本条款

对于人身保险合同的基本条款,各国规定不一。我国《保险法》规定,人身保险合同应当包括下列事项。

1. 保险人的名称和住所

保险人是指获准经营人身保险业务的人寿保险公司以及允许经营短期健康保险和人

身意外伤害保险的财产保险公司。保险人的名称须与保险监督管理机构批准和工商行政机关登记的名称一致,其住所为保险公司或分支机构的主要营业场所。

2. 投保人、被保险人、受益人的姓名和住所

当投保人为法人时,其名称须与工商行政机关登记的名称一致,其住所为其主要办事机构或主要营业场所。当投保人、被保险人、受益人为自然人时,其须使用真实姓名,其住所为户籍所在地或经常居住地。

被保险人的身体和生命是人身保险合同的保障对象,因此,人身保险合同中必须详细列明被保险人的年龄、性别、身体健康状况、职业、家族病史、与投保人的关系等事项。在特殊寿险产品中,为了进行核保,保险人也要求投保人提供其详细资料。

3. 保险金额

保险金额是保险人计算保费的依据和负责赔偿或给付保险金的最高限额,是指投保人对被保险人实际投保的金额。人身保险的保险金额是根据被保险人的实际需要和投保人交付保费的能力来确定的,可以参照生命价值法、家庭需求法或收入置换法等方法来确定。

4. 保险责任和责任免除

保险责任是指人身保险合同约定的保险事故或事件发生后,保险人所应承担的保险金赔偿或给付责任。其法律意义在于确定保险人承担风险责任的范围,通常包括基本责任和特约责任。基本责任是指保险人对基本险承担的保险责任,特约责任是指保险人对附加险和特约危险所承担的保险责任。保险责任和保险事故是密切联系在一起的,保险人承担保险责任的前提是保险事故的发生。保险事故是指保险合同约定的在保险责任范围内能够引起保险人对被保险人或者受益人承担赔偿或给付保险金责任的各种事故或者事件。保险事故由保险合同约定。

责任免除也称除外责任,是指保险人依照法律规定或合同约定,不承担赔偿或给付保险金责任的范围。每一份人身保险合同都有保险责任和免责条款,并且随产品的不同而不同。保险人通常在人身保险合同中以列举方式体现免责条款,其法律意义在于进一步明确保险责任的范围,剔除部分责任以及避免误解,防止保险人过度承担责任,以维护公平和最大诚信原则。

 专栏 3-3

《保险法》规定的人身保险合同的法定免责条款

第四十三条 投保人故意造成被保险人死亡、伤残或者疾病的,保险人不承担给付保险金的责任。投保人已交足二年以上保险费的,保险人应当按照合同约定向其他权利人退还保险单的现金价值。

受益人故意造成被保险人死亡、伤残、疾病的,或者故意杀害被保险人未遂的,该受益人丧失受益权。

第四十四条 以被保险人死亡为给付保险金条件的合同,自合同成立或者合同效力恢

复之日起二年内,被保险人自杀的,保险人不承担给付保险金的责任,但被保险人自杀时为无民事行为能力人的除外。

保险人依照前款规定不承担给付保险金责任的,应当按照合同约定退还保险单的现金价值。

第四十五条 因被保险人故意犯罪或者抗拒依法采取的刑事强制措施导致其伤残或者死亡的,保险人不承担给付保险金的责任。投保人已交足二年以上保险费的,保险人应当按照合同约定退还保险单的现金价值。

---

5. 保险期间和保险责任开始时间

保险期间又称保险期限,是指保险合同的有效期,是保险人和投保人依合同规定享受权利和承担义务的期间。在人身保险合同中,保险期间通常按年、月、日计算,一般是从保险合同签发日的次日零时起算,以合同期满日的 24 点为终止时间。人身保险合同也可以按事件确定保险期间,如特种意外伤害保险。人身保险合同的保险期间有长有短,从几个小时到几十年甚至终身,各不相同。

保险责任开始时间即保险人开始承担保险责任的时间。一般情况下,人身保险合同的保险责任从保险生效日开始,但是也有一些产品规定了免责期,若被保险人在免责期内若发生约定事故,保险人不负赔偿或给付责任。例如,健康保险一般规定有 3 个月或 6 个月的免责期,其保险责任在签发日 3 个月或 6 个月以后才开始生效。将保险期间和保险责任开始时间作为保险合同基本条款的法律意义在于:声明保险合同的有效期和当事人在合同中享有权利和承担义务的起止时间,以便保险双方当事人履行权利和义务。

6. 保费以及支付办法

保费是指投保人或被保险人为取得保险保障,按合同约定向保险人支付的费用。保费是保险基金的来源。交纳保费是投保人应履行的基本义务,其多少取决于保险金额的大小、保险期限的长短和保险费率的高低等。在人身保险合同中,投保人交纳首期保费通常被约定为人身保险合同生效的要件。人身保险费的支付方式有趸交(一次性交清)、分期交清、限期交清等,由当事人双方在人身保险合同中约定,在合同有效期内可以选择变更。

7. 保险金赔偿或者给付办法

当保险合同约定的保险事故发生时,被保险人或受益人有权要求保险人赔偿或给付保险金。对于给付性的人身保险金,投保人可以约定是一次性现金给付,还是以年金方式给付或其他方式给付等。约定的保险金给付方式可以在保险条款规定的选择范围内进行变更。人身保险合同一般应规定赔偿或给付保险金数额的计算方法、保险金的申请人、应提交的证明及资料、保险金给付的期限和索赔诉讼时效等。

8. 违约责任和争议处理

违约责任是指人身保险合同的当事人因过失不履行或故意不履行合同规定的义务所应承担的法律后果。在我国的人身保险合同中,违约责任主要表现在两方面:①投保人未履行如实告知义务、出险通知义务、交费义务;②保险人未履行说明义务、及时签发保险单证义务、按合同规定给付保险金义务以及为投保方保密义务。

争议处理是指人身保险合同发生争议后的解决方法,通常有协商、仲裁和诉讼三种。

保险合同除了前述基本条款,往往还包括其他一些基本条款,如保险合同构成、投保范围和投保人解除合同的处理等。尤其是人身保险合同,还包括一些特有的基本条款,如年龄计算及错误处理条款,自杀条款,宽限期条款,中止、复效条款,退保处理条款,合同变更条款,红利领取条款等,这些其他条款是全面确定各类保险合同双方当事人权利义务的重要组成。人身保险合同的这些特有基本条款,将在第四章中进行介绍。

(二) 特约条款

特约条款是指在基本条款以外,保险合同双方当事人根据特殊需要协商约定的其他条款。广义的特约条款包括附加条款和保证条款,狭义的特约条款仅指保证条款。

1. 附加条款

附加条款是指保险人和投保人为满足其特殊需要,在保险合同基本条款的基础上增加补充内容的条款。附加条款一般以在保单上加批注或批单的形式成为人身保险合同的一部分。附加条款是对基本条款的修改或变更,增加或限制了双方当事人的权利和义务,其效力优于基本条款。

2. 保证条款

保证条款是指投保人或被保险人就特定事项进行担保的条款,即保证某种行为或事实真实性的条款。保证条款一般由法律规定或同业协会制定,是投保人或被保险人必须遵守的条款,如有违反,保险人有权解除合同或拒绝给付保险金。

第三节　人身保险合同的订立、变更与终止

一、人身保险合同的订立与效力

(一) 人身保险合同的订立及成立

合同订立的过程就是双方当事人之间就合同内容通过协商达成协议的过程,任何合同的订立都必须经过要约和承诺两个阶段。保险合同的订立则是保险人和投保人为了建立保险合同关系,就合同内容达成合意的过程。合同的成立则意味着双方当事人之间的意思表示一致,标志着合同的产生和存在。根据《保险法》的规定,投保人提出保险要求,经保险人同意承保,保险合同成立。因此,保险合同的订立一般包括投保人提出保险要求和保险人同意承保两个阶段,即要约和承诺两个程序。

1. 要约

要约是一方当事人以缔结合同为目的,向对方当事人提出合同条件,希望对方当事人接受合同条件的意思表示。发出要约的人称为要约人,接收要约的人称为受要约人。一个有效的要约应具备以下四个要件:①要约必须向相对人提出;②要约应明确合同的主要内容;③要约应明确表示缔约愿望;④要约在有效期内对要约人具有约束力。

要约具有一定的法律意义，要约生效后，要约人不得撤回或变更其要约。因为在要约有效期内，受要约人可能因接到要约而拒绝他人的要约，或已为履行合同做了某些准备，如果要约人随意撤回或变更其要约，受要约人可能为此而蒙受损失。要约生效后，受要约人即获得承诺的权利，但受要约人没有必须承诺的义务。要约发生后，在下列情况下，要约人不再受要约的约束：①要约被受要约人拒绝；②承诺期限已过；③要约在其发生效力之前由要约人撤回。

保险合同的要约又称为要保或投保。在订立保险合同的过程中，一般由投保人向保险人提出投保的请求。虽然在保险业务中，保险公司及其代理人进行展业时会主动开展业务，希望潜在客户订立保险合同，但这并不构成法律上的要约，保险合同在投保人填写投保单时并不成立，因此，保险人及其代理人的展业活动只能被认为是要约邀请。而投保人填写投保单，提出投保申请时，则构成要约，只要保险人同意承保，保险合同就成立。同时，人身保险合同比一般合同的要约内容更为具体和明确。人身保险合同具有的长期性、保障性和储蓄投资性，其内容关系到当事人的重大经济利益，投保人与保险人都需要明确合同的细节内容。

投保人在投保时应注意以下事项：第一，考虑自己需要何种保障，可能面临的风险有哪些，进而通过咨询等方式明确所要投保的险种；第二，选择经营稳健、有良好信誉的保险人，询问其是否可提供所需的险种，并索取有关条款或资料进行认真研究；第三，提出投保要求，并按照保险人的要求如实告知被保险人的主要风险情况及所需的风险保障，同时要求保险人提供有关保险条款，并对合同主要内容特别是免责内容进行明确说明。

保险合同要约一般为投保单或者其他书面形式。在人身保险实务中，保险公司设计并印制标准格式的投保单，提供给投保人，由投保人填写。投保人有特殊要求的，也可与保险公司协商，约定特约条款。

2. 承诺

承诺是指受要约人作出的同意要约全部内容的意思表示。承诺要约的人称为承诺人，承诺人一定是受要约人，但受要约人不一定是承诺人。承诺一般要具备以下条件：①承诺必须由受要约人本人或有订立合同代理权的人向要约人作出；②承诺的内容应当与要约的内容完全一致；③承诺必须在要约规定的期限内作出；④承诺必须以要约要求的形式予以答复。

承诺的法律效力表现为要约人收到受要约人的承诺时合同即告成立。承诺和要约一样，可以在送达对方之前撤回。

人身保险合同一般由保险人予以承诺，在投保人提出投保要约后，保险人在审查被保险人是否符合投保要求及其主要风险情况的基础上，认为符合承保条件的，一般予以接受，作出承保承诺，此时保险合同成立。但人身保险合同在签订过程中，双方当事人往往有一个协商的过程。如果投保人对保险人提出要约，保险人对投保人的要约提出修改或附带一些条件，这时保险人的行为就被认为是提出新的要约，原要约人和受要约人的法律地位互换，投保人为新的受要约人，保险人成为新的要约人，投保人无条件接受新要约后，投保人即为承诺人，人身保险合同随之成立。由此可知，人身保险合同的订立过程也可能是一个反复要约，直至一方承诺，合同最终成立的过程。人身保险合同成立后，保险人应及时签发保单或其他保险凭证。

(二) 人身保险合同的效力

1. 人身保险合同的生效

合同的成立与生效是两个不同的法律概念。合同的成立意味着缔约当事人之间的意思表示一致。人身保险合同是在受要约人（一般为保险人）作出承诺时成立。合同的生效是指已经成立的合同因符合法定或约定的有效要件，其所具有的法律效力得以实际发生。人身保险合同的生效是指保险合同对当事人双方发生约束力，即保险合同条款产生法律效力。

合同的生效要件包括法定生效要件和约定生效要件两大类。法定生效要件是法律明确规定的合同生效条件。在我国，法定生效条件按《民法典》规定，包括当事人有相应的民事权利能力与民事行为能力，双方意思表示真实，合同内容不违反法律、行政法规的强制性规定及违背公序良俗等情况。凡不符合法定生效条件的合同，即使双方当事人已经达成了合意，合同也不能产生的效力，此类合同应属于无效合同、可撤销合同或效力待定的合同。人身保险合同作为合同的一种，上述法定合同生效要件原则上都适用于人身保险合同，即人身保险合同的一般法定生效要件。但《保险法》还规定了人身保险合同的特别生效要件，特别生效要件主要有三点：①人身保险合同订立时投保人对被保险人必须具有保险利益；②死亡保险合同必须经被保险人同意并认可保险金额；③只有父母才可以为无民事行为能力的子女投保以死亡作为保险金给付条件的人身保险合同。

合同除了法定生效要件外，当事人还可在合同中规定一定的约定生效要件，即将该要件的成立作为合同效力产生的依据。合同中所附的约定生效要件可以是条件，也可以是期限。在约定生效要件存在的情况下，合同必须在法定生效要件和约定生效要件均符合的情况下才能生效。就保险合同而言，一般来说，依法成立的保险合同，自成立时生效。但我国《保险法》第十三条明确规定："依法成立的保险合同，自成立时生效。投保人和保险人可以对合同的效力约定附条件或者附期限。"因此，保险合同的生效除了要符合法定生效要件外，还需要符合约定生效要件。在实务中，人身保险合同多为附条件和附期限生效的合同，通常都以签发保单、交纳保费为合同生效的要件，同时又常以签单次日或约定日零时为合同生效起始期限。也就是说，人身保险合同往往是在合同成立后才生效。

2. 人身保险合同的无效

按照无效的程度，保险合同可分为无效合同和部分无效合同两种。无效合同是指合同的全部内容都不产生法律约束力，如无民事行为能力人订立的合同，违反强制性规定及违背公序良俗订立的合同，恶意串通、损害他人合法权益订立的合同等，均为无效合同。而根据《保险法》规定，违反保险利益原则的保险合同也为无效合同。部分无效合同是指合同的部分内容不具有法律约束力，但合同的其余内容仍然有效。例如，在保险合同中，善意的超额保险的超额部分无效，但非超额部分仍然有效；提供格式条款一方免除责任、加重对方责任、排除对方主要权利的条款无效,但其他条款仍然有效。

对于无效保险合同,合同的处理方式一般有两种。第一种是返还财产。保险合同被确认无效后,因其自始无效,当事人双方应将合同恢复到履行之前的状态,即保险人应将收取的保费退还投保人;发生保险金额赔偿或给付的,被保险人应将该项金额返还给保险人。第二种是赔偿损失。无效保险合同给当事人造成损失的,过错的一方负责赔偿;如果是双方的过错,则相互赔偿。

二、人身保险合同的形式

人身保险合同成立后,保险人需及时签发保单,以证明合同关系的存在,并记载双方权利义务内容。在人身保险实务中,书面保险合同的签发通常被约定为合同生效的要件。但在实践中,人身保险合同的证明文件并不仅仅体现为保单,一般而言,人身保险合同的书面证明文件包括投保单、体检报告书、保单、保费收交凭证或营业发票、保险凭证、暂保单和批单等多种形式。

1. 投保单

投保单也称要保书,是投保人向保险人提出人身保险要约的书面形式。投保单经保险人签章同意承保后,保险合同即告成立,投保单成为保险合同的一部分。投保单原件由保险人保存,作为保险合同的证明,保险人应向投保人出具保单,保单中一般附有投保单的影印件。

不同人身保险产品的投保单格式不同,但不同的投保单一般都包括以下几个部分。

(1) 投保方资料,包括投保人、被保险人、受益人的姓名或名称、住所、通信方式、身份证号、年龄、健康状况、职业、收入及相互关系等。

(2) 投保事项,包括投保的主险和附加险、保险金额、保险期限、交费期限、交费方式,以及现金红利的领取方式和保险金的领取方式等。

(3) 告知事项。人身保险合同的告知事项较为复杂,包括投保人、被保险人的健康告知、财务告知和其他告知等,如是否拥有其他公司的保单,以往的拒保记录或索赔记录等。

(4) 投保人和被保险人的声明、授权、签字及签署日期。

在一般投保单中,投保人或被保险人的声明为:"本人向贵公司申请投保上述保险,对投保须知、本保险合同条款、费率、责任免除事项、退保规定均已了解并同意遵守。本人对投保单上所填的各项内容及被保险人各项告知均属事实,如有隐瞒或日后发现与事实不符,贵公司可依法解除本保险契约,不负任何给付责任。"

授权事项主要涉及授权保险人可以向被保险人所诊治的医院、医师或有关机构查询有关记录和诊断证明。

投保人签字则意味着投保人确认申请订立合同,确认如实告知和确认已了解保险条款。被保险人签字则意味着该合同尤其是死亡保险合同已获得被保险人同意,同时确认履行了如实告知义务。投保单的签署日期也非常重要,是确认保险利益存在与否以及保险事故发生时间是否在投保之后的重要依据。

2. 体检报告书

体检报告书是由保险公司指定的医疗机构对被保险人的身体进行检查后出具的关于被保险人健康状况的书面证明。体检报告书是保险人决定是否承保以及保险费率高低的依据，也是人身保险合同的重要组成部分。由于体检报告书上记录的被保险人身体健康状况属于个人隐私，保险人有义务替被保险人保密。

体检报告书并不是每份人身保险合同的必备要件，如年金保险等生存保险合同就不需要被保险人的体检报告书。在人身意外伤害保险中，意外事故发生的概率与被保险人的身体健康状况也无关，因此此类险种的被保险人也不需要进行体检。人寿保险和健康保险产品则非常重视被保险人的身体健康状况，对于保额较低、被保险人年龄在40岁以下的被保险人，保险公司一般进行抽检，而对于保额较高或年龄超过40岁的被保险人，保险公司通常要求其进行体检。

3. 保单

保单是在人身保险合同成立后由保险人向投保人签发的正式书面凭证，也是投保方和保险人履行权利和义务的依据。人身保险合同的保单完整地记录了合同内容，一般由承保表、保险条款及条款释义、现金价值表构成。被保险人或受益人在保险事故发生后，可以凭保单向保险人索赔。此外，对于具有现金价值的保单，投保人可以办理质押转让。

4. 保费收交凭证

在人身保险合同中，交纳保费是保险合同生效和持续有效的前提条件。投保人交纳保费后，保险人会开具保费收交凭证。保费收交凭证是投保人已经履行合同交费义务的证明，也表明了人身保险合同的持续有效，因此它也是人身保险合同的组成部分。在被保险人或受益人向保险人索赔时，最后一期交费凭证也是索赔证明文件。

5. 保险凭证

保险凭证简称保险证，俗称"小保单"，指保险人签发给被保险人的承保凭证，是保单的一种简化形式，与保单具有同等的法律效力。保险凭证中只记载投保人和保险人约定的主要保险内容，如保险金额、保险有效期、保费等。凡是保险凭证中没有列明的事项，均以同类保单上所载内容为准。目前，我国在特种人身意外伤害保险等极短期保险业务中经常使用保险凭证。

6. 暂保单

暂保单是在保单或保险凭证未出立之前由保险人出具的临时单证。暂保单上一般只列有保险的基本条件，包括被保险人、保险金额、保险责任范围、保险费率等重要事项以及双方的特别约定。暂保单经保险人或保险代理人签章后，交付投保人。暂保单在保险人出立保单以前，具有与保单同等的效力，但其有效期限较短，通常以30天为期限，并在正式保单签发时自动失效。在正式保单签发前，保险人可以终止暂保单，但须提前通知投保人。在人身保险业务中，暂保单在如下情形时签发：①签订保险合同的分支机构受经营权限或经营程序的限制，需要经过保险公司批准，在未批准之前，以暂保单为保险证明；②保险人与投保人在洽谈或续订合同时，就合同的主要事项已达成协议，但还有一些条件尚待商洽的,以暂保单为保险临时证明;③保险代理人承揽到业务后,暂时还没有办妥全部手续时,以暂保单为保险证明。

7. 批单

批单是保险合同双方对保险合同进行修改、补充或增删内容的证明文件,是由保险人出立的一种凭证。人身保险合同订立后,在合同有效期内,双方当事人都有权通过协议更改保险合同的内容。如投保人更改险别、交费方式、保险期限、保险金额等,均须经保险人同意后出立批单。批单的形式既可以是在原保单或保险凭证上批注,也可以另外出立一张单证变更保险合同的内容。批单一经签发,自动成为保险合同的组成部分,需加贴在原保险单证中。批单的法律效力优于保单,当批单内容与保单不一致时,保险人应以批单所规定的内容为准,多次批改的,应以最后批改为准。

三、人身保险合同的变更

保险合同的变更是指保险合同生效后,在没有履行或没有完全履行之前,因订立合同所依据的主客观情况发生变化,当事人依照法律规定的条件和程序对原合同进行的修改或补充。人身保险合同的变更是指在人身保险合同有效期内,当事人依法对合同所作的修改或补充。人身保险合同大多是长期性的合同,在几十年的保险期限中,订约时的各种事项很有可能发生变化,人身保险合同也应该随有关事项的变化作出相应的变更,以满足合同双方特别是投保方的实际需求。

在保险业务中,人身保险合同的变更包括主体、客体和内容的变更。

(一) 人身保险合同的主体变更

人身保险合同的主体变更即保险人、投保人、被保险人或受益人的变更。一般情况下,在人身保险合同中保险人一方是不允许变更的,只有在保险企业破产、合并、分立等情况下,保险人所承担的全部保险合同责任才能转移给其他保险人或政府有关基金承担。在人身保险合同中,投保人、受益人或被保险人的变更则更为常见。

1. 投保人的变更

在人身保险合同中,原投保人死亡或夫妻离异等原因可能产生变更投保人的需要。投保人变更属于合同当事人变动,从法律角度看需要与保险人协商,但由于人身保险合同涉及被保险人生命、健康保障的稳定,并且投保人变更并不影响被保险人的人身风险,因此根据合同目的和《保险法》对被保险人利益保护的原则,在法律没有特别规定的情况下,一般保险公司不得拒绝。在变更投保人时,新的投保人必须对被保险人具有法律认可的保险利益,并应通知保险人,由保险人批改保单,变更投保人。如果是以死亡为保险金给付条件的保险合同,投保人变更还要经被保险人本人同意。

2. 受益人的变更

投保人、被保险人变更受益人的,无须经保险人同意,但须书面通知保险人,并办理变更手续。另外,投保人变更受益人的,须经被保险人同意。在保险实务中,变更受益人的具体业务手续一般是先由申请变更受益人的投保人或被保险人向保险人提交相关单证,包括被变更保险合同原件、经被保险人签名同意的变更受益人通知书、投保人身份证明原件、被保险人身份证明原件、变更后受益人的身份证明原件等,保险人收到单证并审核后,在保单上批注变更。

3. 被保险人的变更

在人身保险中,被保险人变更属于保险标的的变更,一般会导致保险合同终止,尤其是在个人人寿保险中,被保险人不允许变更,因为被保险人的健康状况、年龄状况、职业状况决定了承保与否及承保条件。然而,人身保险的被保险人变更可以出现在团体保险中,因为职工的流动经常导致具体被保险人的变更。

(二) 人身保险合同的客体变更

人身保险合同的客体变更是指投保人对被保险人所具有的保险利益的变更。在人身保险中,如果客体变更是基于经济利害关系而产生的可量化的保险利益的变更,因为这种合法经济利害关系发生变化将引起保险利益的变化,投保人必须告知保险人。

(三) 人身保险合同的内容变更

人身保险合同的内容变更是指保险合同主体的权利和义务的变更,表现为保险合同条款事项的变化。例如,人身保险合同中的被保险人职业或者保险金额、交费方式等发生变化。人身保险合同内容的变更一般由投保人提出。投保人变更保险合同内容的情形有以下两种。

1. 投保人根据自身需要提出变更保险合同的内容

在人身保险实务中,投保人有时会根据自身需要提出变更保险合同的内容,如增加或减少保险金额,延长或缩短保险期限、改变交费方式等。在这种情况下,人身保险合同内容的变更主要取决于投保人或被保险人的主观意志。

2. 投保人根据客观情况提出变更保险合同的内容

在人身保险合同的履行过程中,由于某些客观情况的变化,如被保险人职业发生变化,投保人必须根据合同规定及时通知保险人。在这种情况下,变更保险合同的内容不是取决于投保人的主观意志,而是取决于法律及合同的规定。

由于合同内容的变更涉及保险人所承担风险的变动,投保人须与保险人协商。保险合同的变更必须符合法定程序和形式。《保险法》第二十条规定:"投保人和保险人可以协商变更保险合同的内容。变更保险合同的,应当由保险人在原保险单或者其他保险凭证上批注或者附贴批单,或者由投保人和保险人订立变更的书面协议。"因此,在变更保险合同时,保险人应当在原保单上批注,以证明和确认保险合同的变更。保险人没有签发保单而是签发其他保险凭证的,在变更保险合同时,应当在该保险凭证上批注。保险人在保单或者其他保险凭证上批注保险合同的变更时,可以在保单或者保险凭证上直接手写,也可以在保单或者其他保险凭证上加贴批单。加贴批单时,保险人应当在批单和保单或者其他保险凭证的黏接处签字盖章,以示郑重。在变更保险合同时,保险人除了在保单或者其他保险凭证上批注,还可以与投保人另定变更保险合同内容的书面协议。以批注变更保险合同和另订书面协议变更保险合同具有相同的效果。

四、人身保险合同的终止

人身保险合同的终止是指合同双方当事人之间确定的权利义务关系的消灭。人身保险合同可以在下列情况下终止。

（一）人身保险合同的解除

人身保险合同的解除是指在保险合同有效期限尚未届满前，当事人双方依照法律或合同约定解除原有的法律关系的行为。人身保险合同解除的形式有两种：法定解除和协议解除。

1. 法定解除

法定解除是法律赋予合同当事人的一种单方解除权。大部分国家的保险法都规定，在一般情况下，保险合同成立后，投保人可以提出解除保险合同，享有法定解除权。我国《保险法》第十五条也规定："除本法另有规定或者保险合同另有约定外，保险合同成立后，投保人可以解除合同，保险人不得解除合同。"因此，人身保险合同的投保人无论在投保前还是在保险合同成立后，均有自由选择的权利，既有投保的自由，也有退保的自由。

保险人在人身保险合同中一般不享有解除权，其解除权只有在投保人违反合同基本义务时才能享有。例如，投保人因故意或重大过失未履行如实告知义务，足以影响保险人决定是否承保或者承保条件的；投保人申报的被保险人的年龄不真实，并且其真实年龄不符合合同约定的年龄限制的，保险人在合同成立之日起2年内有解除权；投保人逾期不交纳分期保费并超过中止复效期限的；保单贷款欠还本金及利息超过保单现金价值的；投保人存在保险欺诈行为的。

2. 协议解除

协议解除是指当事人双方经协商同意解除人身保险合同的一种法律行为。人身保险合同当事人在不违反法律强制规定或公序良俗的前提下，可以在合同中约定，基于一定事由的发生，一方或双方可以解除保险合同，同时还可以约定其解除权的行使期间。在保险合同中，由于投保人享有法定解除权，保险合同对保险人提出解除保险合同的限制非常严格，如明确规定保险人要解除保险合同须先发解除通知，且经过一段时间后合同才终止。这主要是为了使被保险人对解除保险合同后的安排有所准备。在人身保险业务中，保险人的协议解除权在合同中非常少见。

（二）人身保险合同因期限届满而终止

因期限届满而终止是人身保险合同终止的通常情况。对于订明保险期限的人身保险合同，当保险期限届满时，保险人的责任即告消失，人身保险合同因此而终止。如果被保险人另办续保手续，则属于新合同的开始。

（三）人身保险合同因被保险人的非保险事故死亡而终止

如果非保险事故发生而导致被保险人死亡，保险合同的标的已实际不存在，保险合同也随之终止。例如，在人身保险合同中，被保险人在合同成立两年内自杀死亡，按法律规定不属于保险人责任范围，且此时合同标的已经灭失，人身保险合同也就因无法继续履行而终止。

（四）人身保险合同因完全履行而终止

在人身保险合同有效期内，一旦保险事故发生，保险人在履行赔偿或给付保险金达到保险金额全数时，保险合同终止。例如，在疾病保险合同中，被保险人被确诊患有承保范围内的疾病时，保险人给付全额保险金，疾病保险合同终止。

本 章 小 结

（1）人身保险合同是约定投保人和保险人之间权利义务的协议。人身保险合同是射幸合同、双务有偿合同、非要式合同、最大诚信合同、定额给付合同和附合合同。

（2）人身保险合同的主体为保险合同的当事人、关系人和中介人，客体为保险利益，内容为保险双方当事人之间的权利义务关系。受益人为人身保险合同中的特殊关系人。

（3）人身保险合同的订立、变更与终止必须符合法定的程序和形式。

关键概念索引

补偿性保险合同　给付性保险合同　投保人　被保险人　受益人　保险代理人
保险经纪人　合同成立及生效

复习思考题

1. 人身保险合同有哪些特点？

2. 人身保险合同有哪些当事人和关系人，他们在合同中分别享有什么样的权利和承担什么样的义务？

3. 人身保险合同有哪些书面形式？

4. 如何理解人身保险合同的成立、生效和保险责任开始之间的区别和关系？

5. 哪些原因会导致人身保险合同终止？

第四章 人身保险合同基本原则和常用条款

本章要点

- 人身保险的基本原则
- 人身保险合同常用条款

思政目标

（1）引导学生深刻理解保险合同的经济契约属性，树立依法经营、诚实守信、公开公平的道德理念。

（2）结合司法纠纷案例，塑造学生的规则意识和法治观念，引导学生依法从业。

保险在其发展的历史过程中，逐渐形成了一系列为人们所公认的基本原则，这些原则是保险业经营活动的基础，贯穿于整个保险业务之中，保险双方都必须严格遵守。坚持和贯彻保险基本原则有利于维护保险双方的合法权益，更好地发挥保险的职能和作用，保证保险业健康发展。这些原则主要包括最大诚信原则、保险利益原则、损失赔偿原则和近因原则。人身保险合同因其合同标的和性质的特殊性，在保险基本原则的应用上存在一些不同于财产保险合同的内容，因此我们需要掌握人身保险合同基本原则适用的特殊性。同时，由于人身保险合同具有长期性和储蓄性等一系列特性，合同中对双方权利义务的一些特殊法律规定就形成了人身保险合同的特色常用条款。了解和掌握这些特色常用条款对于理解和运用人身保险合同管理人身风险有着非常重要的意义。

第一节　人身保险合同的基本原则

一、最大诚信原则

（一）最大诚信原则的内涵

最大诚信原则是一般合同中的诚实信用原则在保险合同中的进一步体现，因为保险合同对诚信原则的要求较其他合同更高。最大诚信原则的基本含义是保险双方在签订和履行保险合同时，必须保持最大限度的诚意，双方都应恪守信用，互不欺骗和隐瞒。

最大诚信原则的基本内容包括如实告知、保证、如实说明、弃权与禁止反言。

1. 如实告知

如实告知是投保人的一项义务，是指投保人在订立保险合同之前，应向保险人如实作出口头或书面的陈述。投保人如实告知的主要内容有以下几方面：①在保险合同订立时，投保人应将已知或应知的与保险标的及其与风险有关的重要事实如实告知保险人。所谓重要事实，是指那些足以影响保险人决定是否承保和确定费率的事实，如人身保险中被保险人的年龄、性别、职业、健康状况、既往病史、家庭遗传病史、居住环境、嗜好等。②在保险合同订立后，若保险标的的风险情况发生变化，投保人应及时通知保险人。

在保险合同的履行中，有些事实是投保人无须申报的事实，主要包括以下几方面：①减低风险的任何情况；②保险人知道或推定应该知道的情况；③保险人表示无须了解的情况；④根据保单明示保证条款无须申报的事实。

投保人的告知形式目前主要为询问告知，即保险人将需要投保人告知的内容列在投保单的问询栏上，要求投保人如实填写。投保人对某些事实在未经询问时可以保持缄默，无须告知。例如，《保险法》第十六条规定："订立保险合同，保险人就保险标的或者被保险人的有关情况提出询问的，投保人应当如实告知。"

2. 保证

保证是指保险人和投保人在保险合同中约定，投保人担保对某一投保事项的作为或不作为，或担保某一事项的真实性。保证可以分为明示保证和默示保证。明示保证是指以条款形式在合同内载明的保证，这种保证条款可以作为保单的一部分，投保人必须遵守，否则保险人可以宣告保单无效。默示保证是指虽然在保单上没有文字记载，但从习惯上或社会公认的角度看，投保人对某事项应该为或不为作出的保证。默示保证与明示保证一样，投保人也必须遵守，如有违背或破坏，保险人也可以宣告保险合同无效。默示保证多应用在海上保险中，我国的人身保险业务中一般没有默示保证的存在。

保证根据具体内容的不同又可以分为确认保证和承诺保证。确认保证涉及过去和现在，是指投保人对过去或现在某一特定事项存在或不存在的保证，如某人保证从未得过某种疾病，是确认患有某种疾病的事实并不存在，但并不保证将来是否会患该种疾病。承诺保证涉及现在和将来，是指投保人对将来某一事项为或者不为的保证，如某人承诺不从事高危险性的运动。

3. 如实说明

如实说明是保险人遵循最大诚信原则的主要体现。如实说明是法律规定的保险人在保险合同订立时应履行的一项义务。所谓保险人的如实说明义务，是指保险人在订立保险合同时，应当向投保人说明保险合同条款内容，特别是免责条款。如《保险法》第十七条第一款规定："订立保险合同，采用保险人提供的格式条款的，保险人向投保人提供的投保单应当附格式条款，保险人应当向投保人说明合同的内容。"该项条款规定了保险人对合同内容的一般说明义务，而第十七条第二款进一步明确"对保险合同中免除保险人责任的条款，保险人在订立合同时应当在投保单、保险单或者其他保险凭证上作出足以引起投保人注意的提示，并对该条款的内容以书面或者口头形式向投保人作出明确说明"，该项条款规定了对免责条款的明确说明义务，并用法条形式明确了履行义务的具体方式和标准。另外，在保险人违反如实说明义务的主观要件上，只要保险人未尽如实说明义务，就构成对该义务和原则的违反。保险人的如实说明义务为法定义务，不允许保险人以合同条款方式予以限制或免除。

4. 弃权与禁止反言

弃权与禁止反言是最大诚信原则的一项内容。弃权是指保险合同一方当事人放弃其在保险合同中可以主张的某种权利，通常是指保险人放弃合同解除权与抗辩权。禁止反言是指保险合同一方当事人既然已经放弃某种权利，那么日后不得再向对方主张这种权利，也称为禁止抗辩。弃权与禁止反言在实务中主要用于约束保险人。构成保险人的弃权必须具备两个要件：首先，保险人必须有弃权的意思表示，无论是明示还是默示的表示；其次，保险人必须知道有违背约定义务的情况及因此享有抗辩权或解约权。同时，根据弃权与禁止反言原则，保险人弃权后不得再次主张此权利。例如，《保险法》第十六条第六款规定："保险人在合同订立时已经知道投保人未如实告知的情况的，保险人不得解除合同；发生保险事故的，保险人应当承担赔偿或者给付保险金的责任。"

（二）违反最大诚信原则的主要表现和法律后果

1. 如实告知义务的违反及其法律后果

投保人违反如实告知义务的表现主要有四种：一是漏报，如投保人由于疏忽对某些事项未予申报，或者对重要事实误认为不重要而遗漏申报；二是误告，如投保人因过失而申报不实；三是隐瞒，如投保人明知而有意不申报重要事实；四是欺诈，如投保人有意捏造事实，弄虚作假，故意对重要事实不作正确申报并有欺诈意图。

各国法律对违反如实告知义务的处分原则是区别对待：首先要区分投保人的动机是无意还是有意，对有意的处分比无意的重；其次要区分投保人违反的事项是否属于重要事实，对重要事实的处分比非重要事实的重。我国《保险法》第十六条规定："投保人故意或者因重大过失未履行前款规定的如实告知义务，足以影响保险人决定是否同意承保或者提高保险费率的，保险人有权解除合同。前款规定的合同解除权，自保险人知道有解除事由之日起，超过三十日不行使而消灭。自合同成立之日起超过二年的，保险人不得解除合同；发生保险事故的，保险人应当承担赔偿或者给付保险金的责任。投保人故意不履行如实告知义务的，保险人对于合同解除前发生的保险事故，不承担赔偿或者给付保险金的责任，并不退还保费。投保人因重大过失未履行如实告知义务，对保险事故的发生有严重影响的，保险人对于合同解除前发生的保险事故，不承担赔偿或者给付保险金的责任，但应当退还保费。"

从上述条款中可见，我国通过区分投保人违反如实告知义务的主观过错程度来规定投保人应承担的不利后果，即投保人故意违反时，保险人享有合同解除权，并对解除前发生的保险事故不承担赔偿或给付保险金的责任，并不退还保费；而投保人在主观上存在重大过失时，保险人虽然也享有解除权，但只有在未如实告知事项对保险事故的发生有严重影响的情况下，保险人才可以拒赔，并且此时应当退还保费。该规定意味着如果投保人仅是一般过失或轻微过失时，保险人不可以此为由解除保险合同。《保险法》的该项规定充分体现了对投保人利益的保护，并且在该项条款中还对保险人因投保人故意或重大过失违反如实告知义务而享有的解除权规定了只能在一定期间内（2 年）行使，即在我国法律中引入了国际通行的不可争（不可抗辩）条款，更深层次地体现了对保险消费者的权益保护。

2. 保证义务的违反及其法律后果

在保险活动中，无论是明示保证还是默示保证，保证的事项均为重要事实，因此投保人一旦违反保证的事项，保险合同即告失效，保险人可以拒绝赔偿或给付保险金，而且除寿险外，保险人一般不退还保费。

3. 如实说明义务的违反及其法律后果

保险人违反如实说明义务的，根据《保险法》第十七条的规定，保险人未作提示或者未明确说明的免责条款不产生效力。

专栏 4-1

投保人未履行如实告知义务的法律后果

案情简介：

周某于 2015 年 8 月 1 日为自己购买康宁终身重大疾病保险产品，合同生效日期为 2015 年 8 月 21 日，基本保险金额为 10 万元。2016 年 7 月 27 日，周某向保险公司提出理赔申请，称其于 2016 年 4 月 20 日发现甲状腺肿物，到河北医科大学第四医院住院治疗，并于 2016 年 4 月 22 日被诊断为甲状腺滤泡型乳头状腺癌患者，故申请给付重大疾病保险金 10 万元。

鉴于周某患病时间距离投保时间较短，为了排除投保人逆选择风险，保险公司理赔人员对被保险人的既往病史进行了调查，发现周某于 2016 年 4 月 20 日到河北医科大学第四医院耳鼻喉科住院治疗的入院记录中记载："现病史：患者 1 年前发现颈前肿物，于当地医院行检查，未伴有发热，局部无红肿、疼痛，无声音嘶哑、进食水呛咳、呼吸困难及吞咽困难，也无多汗、易激怒及顽固性腹泻等症。8 个月前就诊于我科，颈部超声提示甲状腺肿物，建议手术治疗。未行治疗。1 天前，患者为行手术治疗而来我院，遂收入院。"

根据《保险法》第十六条之规定,保险公司对投保人周某未如实告知行为作出解除保险合同并不予给付重大疾病保险金的理赔核定,并向其发送了解除合同通知书和拒付保险金通知书。周某对此理赔核定不予认可,并向法院起诉。

争议焦点:

本案中的争议焦点为周某的行为是否属于未如实告知的情形? 保险公司是否应当向周某给付重大疾病保险金?

法院审理与判决:

法院审理后认为,保险公司辩称周某带病投保,因周某在投保前没有确诊,故不能确定其在签订保险合同前已经患有疾病,被告辩称的原告带病投保的观点不能成立,一审法院不予支持。最终,一审法院判决保险公司给付周某 10 万元。一审判决后,保险公司对该判决有异议,并向市中级人民法院提出上诉。二审时,保险公司理赔人员通过耐心细致的解释举证,二审法院审理后认为,根据周某在河北医科大学第四医院的入院记录(2016 年 4 月 20 日),可以证实周某就诊前 1 年已发现颈前肿物,并且在 8 个月前就诊时医生建议其手术治疗。这足以证实周某在投保前对于其甲状腺肿物的事实是了解的,周某在投保过程中隐瞒了这一影响到保险人决定是否承保以及如何确定费率的事实,保险公司要求依据合同约定解除合同的请求成立。故原审判令保险公司给付周某 10 万元保险金明显不当,依法纠正。

二、保险利益原则

(一)保险利益原则的含义

保险利益又称可保利益,是指投保人或被保险人对保险标的具有的法律上承认的利益。保险利益原则是保险合同必须遵循的原则,是指在签订和履行保险合同的过程中,投保人或被保险人对保险标的必须具有保险利益,否则保险合同无效。《保险法》第十二条规定:"人身保险的投保人在保险合同订立时,对被保险人应当具有保险利益。"

在人身保险合同中,被保险人的生命或身体是合同标的,因而人身保险的投保人必须对被保险人具有保险利益,以保证被保险人生命安全。同时,由于人的身体和生命是无价的,一般情况下人身保险的保险利益并没有量的限定。在个别情况下,人身保险的保险利益也可以计算和限定,如债权人对债务人的保险利益可以确定为债务的金额加上利息及保费。

(二)人身保险合同的保险利益

根据《保险法》的规定,人身保险合同中保险利益的确定一般采取限制家庭成员关系范围并结合被保险人同意的方式。在实务中,对家庭成员关系范围的限制是通过列举形式规定的。我国法律承认的对被保险人有保险利益的人员有以下几类。

(1)本人。任何人对自己的身体或寿命都具有保险利益。

(2)配偶、父母、子女。夫妻之间、父母与子女之间拥有法定的扶养、赡养或抚养关系,并且有较近的亲属或血缘关系,相互之间具有密切的经济利害关系,因此法律规定他们之间具有保险利益。

（3）与投保人有抚养、赡养或扶养关系的家庭其他成员、近亲属。此项是针对前两项关系以外的家庭成员、近亲属而确定的,他们之间的血缘关系可能不是很密切,但在社会生活当中相互有抚养、赡养或扶养关系的情况也很常见,他们之间也具有相当的经济利害关系,因此,法律规定投保人对于与自己有抚养、赡养或扶养关系的家庭其他成员、近亲属具有保险利益,无论投保人是提供抚养、赡养或扶养的一方,还是接受抚养、赡养或扶养的一方,他对对方均有保险利益。

（4）与投保人有劳动关系的劳动者,即雇主对雇员基于劳动合同享有保险利益。此规定是为方便团体业务的开展而制定的。

（5）被保险人同意投保人为其订立人身保险合同的,视为投保人对被保险人具有保险利益。在社会生活当中,除了家庭成员、近亲属之外,人与人之间还存在很密切的朋友关系或一定的经济联系,如合伙人关系、债权债务关系等,法律也允许他们为保障自己的合法利益或保障被保险人的利益而为被保险人投保,但必须在被保险人同意的前提下,这种投保行为才能有效,才可视同投保人对被保险人具有保险利益。

需要注意的是,在人身保险合同中,具有保险利益只是对投保人的最基本的要求,而投保人并不能仅凭具有法律上承认的利益就可以为被保险人投保任何险种。我国法律规定,投保人在投保以死亡为保险金给付条件的险种时,必须经被保险人同意,且保险金额也须经被保险人认可,否则该合同无效。这是人身保险合同的又一特殊性。

（三）人身保险合同保险利益的变动与适用要求

在人身保险中,保险利益虽然会由于人身关系、婚姻关系的变化而产生变动,但由于人身保险期限较长并具有储蓄性,各国保险法均强调在订立保险合同时投保人必须具有保险利益,且即使投保人对被保险人因离异、雇佣合同解除或其他原因而丧失保险利益,保险合同的效力不受影响,保险人仍负有给付保险金的责任。否则,被保险人及受益人会因保险利益的消失而丧失原来可以预期获得的保险金,或投保方不能继续享受保险产品所产生的红利及投资收益,从而损害人身保险合同作为长期财务规划工具的功能。同时,上述规定也是为了满足人身保险单作为有价证券可以办理转让、质押而必须具有的稳定性和确定性的要求。

专栏 4-2

⋯⋯⋯⋯⋯⋯⋯⋯⋯⋯⋯⋯⋯⋯⋯⋯⋯⋯⋯⋯⋯⋯⋯⋯⋯⋯⋯⋯⋯⋯⋯⋯⋯⋯

离异儿媳为公公买的保单有效吗

肖某于 2007 年 4 月 13 日为其公公王甲投保终身寿险,经被保险人王甲同意,指定受益人为王甲的孙子王丙,王丙现年 11 岁,保费按月从肖某的工资中扣交。2011 年 6 月,肖某与被保险人的儿子王乙离婚,离婚时经法院判决,王丙由王乙抚养。离婚后,肖某仍按月从自己的工资中扣交这笔保费,从未间断。2016 年 8 月 16 日,被保险人王甲因病身故。同年9 月,肖某向保险公司申请给付保险金。

保险公司分析认为,我国《保险法》第三十一条规定,被保险人同意投保人为其订立合同的,视为投保人对被保险人具有保险利益。订立合同时,投保人对被保险人不具有保险利益的,合同无效。同时,我国《保险法》第三十四条第一款规定,以死亡为给付保险金条件的合同,未经被保险人同意并认可保险金额的,合同无效。在本案中,肖某在为王甲投保终身寿险时,得到了被保险人王甲的同意,完全符合法律规定,合同应该被认定有效,而保险法并不要求人身保险合同的保险利益在保险事故发生时存在。在肖某与王乙离婚以后,肖某始终按时足额交纳保险费,被保险人王甲也没有提出任何异议,所以本案中的保险合同仍然有效。保险公司应当将保险金支付给受益人。

值得注意的是,根据我国2015年12月1日实施的《保险法司法解释三》的规定,被保险人以书面形式通知保险人和投保人撤销其依据《保险法》第三十四条第一款规定所作出的同意意思表示的,可认定为保险合同解除。因此,在实务中,被保险人若因情势变化,不同意投保人为其订立的死亡保险合同的,可以以书面形式通知解除保险合同,以维护自身利益和安全。

三、损失赔偿原则

损失赔偿原则是仅适用于补偿性合同的基本原则。由于人身保险合同绝大多数都属于定额给付性合同,该原则在人身保险合同中一般不适用。但健康保险是人身保险合同中的特例,可以将其合同中约定为补偿性合同,采纳损失赔偿原则,因为医疗费用的支出、失能收入的损失以及护理费用等是一种确定的经济损害。

(一)损失赔偿原则的含义

损失赔偿原则是指当保险事故发生导致被保险人产生经济损失时,保险人给予被保险人经济损失赔偿,以恢复被保险人遭受保险事故前的经济状况。它是保险人在处理赔偿案时需要遵循的一项基本原则。

损失赔偿原则包括两层含义:一是"有损失,有赔偿",即被保险人因保险事故所致的经济损失,依据保险合同有权获得赔偿,保险人也应该承担合同所约定的保险保障义务;二是"损失多少,赔偿多少",即保险人对被保险人的赔偿金额应以被保险人所遭受的经济损失为限,不能少于或大于受损前的经济状态。

(二)损失赔偿原则的派生原则

1.代位求偿原则

代位求偿是指保险人按照保险合同的规定,对保险标的的全部或部分损失履行赔偿义务后,有权取得被保险人的地位,向对保险标的的损失负有法律赔偿责任的第三方进行追偿。保险人的这种权利称为代位求偿权。

实行代位求偿的依据是,保险合同为损失补偿合同,被保险人所得到的赔偿不得超过其实际遭受的经济损失,即被保险人不能因一笔经济上的损失而从保险人和第三者责任方那里得到双份的补偿。依据代位求偿原则,保险人应先给予被保险人补偿,而被保险人从保险人那里取得补偿后应该将其向第三者的赔偿请求权转移给保险人。

代位求偿权成立的条件包括以下四点。

（1）被保险人因保险事故对第三者有损失赔偿的请求权。这一条件包括三层含义：一是事故的发生必须是保险责任范围内的原因所致，否则与保险人无关，受害人直接请求责任方赔偿或自己承担损失，也就不存在代位求偿权的问题了；二是保险事故的发生必须是由第三者责任方造成的，这样被保险人才可以向第三者请求赔偿，并将赔偿请求权转移给保险人，从保险人那里取得赔偿；三是被保险人不能损害保险人的代位求偿权。我国《保险法》第六十一条规定："保险事故发生后，保险人未赔偿保险金之前，被保险人放弃对第三者请求赔偿的权利的，保险人不承担赔偿保险金责任。保险人向被保险人赔偿保险金后，被保险人未经保险人同意放弃对第三者请求赔偿的权利的，该行为无效。被保险人故意或者因重大过失致使保险人不能行使代位请求赔偿的权利的，保险人可以扣减或者要求返还相应的保险金。"

（2）保险人履行了赔偿责任。保险人在先行赔偿了被保险人的损失后，才能获得代位求偿权。如果保险人没有赔偿被保险人的损失，被保险人无须转让权益，保险人也就不可能取得代位求偿权。

（3）保险人在代位求偿中享有的利益不能超过其赔付给被保险人的金额。如果保险人从第三者责任方那里追偿到的金额大于其赔偿给被保险人的金额，则超出部分应归被保险人所有，即保险人不能因为行使代位求偿权而获利。

（4）被保险人有权就未取得保险人赔偿的部分向第三者请求赔偿。《保险法》第六十条第三款规定："保险人依照第一款行使代位请求赔偿的权利，不影响被保险人就未取得赔偿的部分向第三者请求赔偿的权利。"

2. 重复保险的比例分摊原则

重复保险是指投保人对同一保险标的、同一保险利益、同一保险事故分别向两个以上的保险人订立保险合同，且保险金额总和超过保险价值的保险。在人身保险合同中，由于人的生命是无价的，其也就不存在重复保险的问题。但人身保险合同也存在一次事故有两份以上保单提供保障的情况，此时保险合同可以约定被保险人不得从不同的保险人那里重复得到补偿，对于其他保险人已经补偿的部分，保险人可以拒绝重复补偿。

四、近因原则

（一）近因原则的含义

近因原则是保险当事人处理保险赔偿或者给付保险金，以及法庭在调查保险纠纷事件发生的起因、确定事件的责任归属时所遵循的原则。近因是指在导致损失的最直接、最有效、起决定作用的原因。这一定义既指原因和结果之间有直接的联系，又指原因十分强大有力，以致在一连串事件中，人们从逻辑上可以预见下一事件，直到发生意料中的结果。如果有多种原因同时起作用，那么近因是其中导致该结果的起决定作用或强有力的原因。

近因原则是指若事故发生和保险标的损失的近因属于保险责任范围，则保险人承担损失赔偿责任;若近因属于除外责任,则保险人不负责赔偿。

（二）近因原则的运用

近因原则的理论简单明了,但其在实际运用中却存在相当的困难,即如何在众多复杂原因中找出损失的近因是比较困难的。因此,对近因的分析和判断成为掌握和运用近因原则的关键。在实践中,近因原则的运用可以分为以下几种情况。

1. 单一原因造成的损失

如果造成损失的原因只有一个,那么这一原因就是损失的近因。如果这一近因是保险人引起的,保险人应负赔偿责任;反之,保险人则不负赔偿责任。

2. 多种原因造成的损失

1）多种原因同时发生

风险事故的发生有时为两个以上并同时出现的原因所致,而且这些原因对保险标的的损失均有直接的、实质性的影响,则它们全部属于导致损失的主要原因。如果这多种原因全部属于承保范围,保险人应负全部责任,反之亦然。但如果有些原因是在承保范围之内,有一些则属于除外责任,那么保险公司的责任就要根据损失是否可以划分来决定:能够划分开的,保险人将承担所保风险导致的损失部分;不能确定,难以划分开的,则保险公司可以与被保险人协商按比例赔付。

2）多种原因连续发生

如果风险事故的发生为两个以上的原因连续发生所致,并且各原因之间的因果链未中断,则最先发生并造成一连串事故的原因即为近因。因此,只要前因在承保责任范围以内,后因是前因导致的必然结果,则不论后因是在承保责任范围以内还是属于除外责任,保险人都负赔偿责任。但如果前因是除外风险或未保风险,后因是承保风险,后因是前因的必然结果,则保险人不负任何责任。

3）多种原因间断发生

在一连串连续发生的原因中,由一个新出现的而又完全独立的原因介入而导致损失的,若新的独立的原因为承保风险,则保险责任由保险人承担;反之,保险人不承担损失赔偿或给付责任。例如,李某为自己买了一份人身意外伤害险。一天,李某骑车被汽车撞倒,造成伤残并住院治疗,在治疗康复过程中李某因急性心肌梗死而死亡。由于意外伤害与心肌梗死之间没有内在联系,心肌梗死并非意外伤害的结果,故属于新介入的独立原因。同时,心肌梗死是被保险人死亡的近因,属于疾病范围,不包括在意外伤害保险责任范围之内。因此,保险人对李某的死亡不负责任,只对其意外伤残按规定支付保险金。

第二节　人身保险合同的常用条款

保险条款是保险合同的核心,是当事人履行合同义务、承担法律责任和享受合同权利的依据。人身保险合同在长期的发展过程中逐步形成了一些内容固定、文字形式较为规范的常用条款,这些常用条款充分体现出人身保险合同的特色。

一、犹豫期条款

长期人身保险合同中存在犹豫期条款。犹豫期也叫冷静期,是指投保人在收到保险合同后的一定期间。在犹豫期内,投保人如不同意保险合同内容可无条件撤销已订立的保险合同,保险人则应退还全部已收保费,除收取一定保单工本费以外,不得扣除任何费用。犹豫期条款的设立是为了防止保险代理人误导客户购买,保护投保人的合法权益。

二、不可争条款

不可争条款也称为不可抗辩条款,其基本内容通常为:自人身保险合同订立时起,超过一定时限(通常为 1 年或 2 年)之后,保险人将不得以投保人在投保时违反最大诚信原则或没有履行如实告知义务等理由主张合同无效。不可争条款也用于保单失效后的复效,即对于申请复效的保单只有在复效 2 年后才可以成为不可抗辩的合同。

在人身保险合同订立时,被保险人的年龄、健康状况、职业等因素将影响保险人对是否承保及相应费率的决定。因此,根据最大诚信原则,投保人应履行如实告知义务,不得有任何隐瞒或欺骗,否则保险人有权解除合同。但由于人身保险合同的长期性,如果不加以时限限制,保险人可能会滥用此项权利,在合同订立多年以后以此为理由要求解除合同,从而使投保人和被保险人的利益无法得到保障,并造成更多的纠纷。因此,各国在保险法规中都规定了保险人的可抗辩期,逾期后保险人将丧失此抗辩权,但也有一些例外情况,如在投保人欠费或被保险人在可抗辩期内死亡时,保险人在抗辩期满后仍有权解除合同。

《保险法》第十六条在规定投保人如实告知义务的同时,也规定了相关不可争条款内容:"投保人故意或者因重大过失未履行前款规定的如实告知义务,足以影响保险人决定是否同意承保或者提高保险费率的,保险人有权解除合同。""前款规定的合同解除权,自保险人知道有解除事由之日起,超过三十日不行使而消灭。自合同成立之日起超过二年的,保险人不得解除合同;发生保险事故的,保险人应当承担赔偿或者给付保险金的责任。"

三、年龄误告条款

年龄误告条款是指与被保险人年龄申报错误相关的人身保险合同条款。《保险法》第三十二条规定:"投保人申报的被保险人年龄不真实,并且其真实年龄不符合合同约定的年龄限制的,保险人可以解除合同,并按照合同约定退还保单的现金价值。保险人行使合同解除权,适用本法第十六条第三款、第六款的规定。"也就是说,当人身保险合同成立两年后,保险人不得以被保险人真实年龄不符合保单规定的范围而解除合同,而在两年内则有权行使因投保人违反如实告知义务而享有的合同解除权,但需退还保单现金价值。同时,该条款还规定,如果被保险人的真实年龄符合合同规定的投保范围,但投保人申报被保险人年龄不真实时,保险人无权解约,可按被保险人的真实年龄对保费或保险金进行调整。《保险法》第三十二条第二、第三款规定:"投保人申报的被保险人年龄不真实,致使投保人支付的保费少于应付保费的,保险人有权更正并要求投保人补交保费,或者在给付保险金时按照实付保费与应付保费的比例支付。投保人申报的被保险人年龄不真实,致使投保人支付的保费多于应付保费的,保险人应当将多收的保费退还投保人。"

四、宽限期条款

宽限期条款的基本内容如下：对合同约定分期支付保费的,投保人支付首期保费后,未按时交纳续期保费的,在宽限期内,保险合同仍然有效,如发生保险事故,保险人仍予负责,但要从保险金中扣除所欠的保费和利息。宽限期一般为 30 天或 60 天,自应交纳保费之日起计算。

在人身保险合同中设立宽限期条款的原因人身保险合同期限长,在长期交费过程中,投保人时常会有一时疏忽、现金周转困难或其他客观原因无法在约定的期限按时支付保费的情况,为避免由于上述原因造成投保人、被保险人面临保险合同失效的困境,《保险法》第三十六条规定："合同约定分期支付保险费,投保人支付首期保险费后,除合同另有约定外,投保人自保险人催告之日起超过三十日未支付当期保险费,或者超过约定的期限六十日未支付当期保险费的,合同效力中止,或者由保险人按照合同约定的条件减少保险金额。被保险人在前款规定期限内发生保险事故的,保险人应当按照合同约定给付保险金,但可以扣减欠交的保险费。"

五、中止、复效条款

我国《保险法》规定,除合同另有约定外,投保人自保险人催告之日起超过 30 日未支付当期保费,或者超过约定的期限 60 日未支付当期保费的,合同效力中止。

为保障投保方利益,投保方有权在一定期限内申请恢复保险合同效力,即复效。但在规定的中止期限届满时,投保人仍未办理复效的,保险人有权解除保险合同。《保险法》第三十七条规定："合同效力依照本法第三十六条规定中止的,经保险人与投保人协商并达成协议,在投保人补交保险费后,合同效力恢复。但是,自合同效力中止之日起满二年双方未达成协议的,保险人有权解除合同。"在实务中,投保人在申请保单复效时需提交复效申请书和可保证明,同时需补交所欠款项、保费和利息。同时,保险人对于复效申请要进行审查,审查的内容主要是在中止期间被保险人的健康情况,当被保险人的风险程度在中止期内显著增加时,保险人有权拒绝复效。该规定的目的是防止被保险人的逆选择。此外,投保人在申请保单复效时需重新履行如实告知义务,而保险人在保单复效两年内拥有因投保人违反如实告知义务而解除合同的权利。

一般来说,投保人申请保单复效较重新购买一份新的保单更为有利。首先,由于被保险人年龄增大,新保单的费率一般较旧保单高；其次,新的保单要在合同生效一两年后才会有现金价值。

六、自杀条款

自杀条款一般规定如下：在保险合同生效后的一定时期内,被保险人因自杀死亡属于除外责任,保险人不给付保险金,仅退还保单现金价值。在此规定时期之后被保险人因自杀死亡,保险人要承担保险责任,按照约定的保险金额给付保险金。

设立自杀条款主要是为了避免蓄意自杀者通过保险方式谋取保险金,防止道德危险的发生。在实务中,一般认为蓄意自杀意图通常不能持续较长时间并最终实施,所以被保险人在投保一两年后自杀可认定为非恶意投保。为保障投保人及其受益人的利益,对于规定时期以后的自杀行为,保险人同样向受益人给付保险金。

《保险法》第四十四条规定:"以被保险人死亡为给付保险金条件的合同,自合同成立或者合同效力恢复之日起二年内,被保险人自杀的,保险人不承担给付保险金的责任,但被保险人自杀时为无民事行为能力人的除外。保险人依照前款规定不承担给付保险金责任的,应当按照合同约定退还保单的现金价值。"

所谓自杀,是指主观上明知死亡的危害结果,而客观上实施了终结自己生命的行为,并导致死亡的结果。因此,被保险人只有同时具备主客观两个条件才能被认定为自杀,如误服毒药、玩枪走火或者儿童错误实施的危险举动而导致的死亡,均不能被认定为自杀。此外,《保险法》也明确规定,对于无民事行为能力人的自杀行为,保险人不能免责。

七、不丧失价值条款及相关选择权条款

不丧失价值条款规定,长期寿险合同的投保人享有的保单现金价值权利,不因保险合同效力的终止而丧失。

保单的现金价值实际上是寿险公司在投保人退保时应退还的部分责任准备金,它由三项来源构成:①均衡保费制下,投保人早期超交的保费;②保费累计所生的利息;③生存者利益,即在保险期内死亡的被保险人放弃的保费及利息由生存的被保险人来享受。在实务中,除较短的定期死亡保险外,每一张长期保单都具有现金价值。

人身保险合同中所规定的不丧失价值条款实际上是为了保障投保人的利益。从来源上说,保单的现金价值虽然由保险人运用保管,但所有权仍应为投保人所有,相当于投保人在保险人处的储蓄(不发生给付的情况下)。为使投保人明了现金价值的数额,人身保险合同中一般附有现金价值表。

 专栏 4-3

《保险法》中体现不丧失价值条款的相关条文

第三十七条 合同效力依照本法第三十六条规定中止的,经保险人与投保人协商并达成协议,在投保人补交保险费后,合同效力恢复。但是,自合同效力中止之日起满二年双方未达成协议的,保险人有权解除合同。

保险人依照前款规定解除合同的,应当按照合同约定退还保险单的现金价值。

第四十三条 投保人故意造成被保险人死亡、伤残或者疾病的,保险人不承担给付保险金的责任。投保人已交足二年以上保险费的,保险人应当按照合同约定向其他权利人退还保险单的现金价值。

第四十四条 以被保险人死亡为给付保险金条件的合同,自合同成立或者合同效力恢

复之日起二年内,被保险人自杀的,保险人不承担给付保险金的责任,但被保险人自杀时为无民事行为能力人的除外。

保险人依照前款规定不承担给付保险金责任的,应当按照合同约定退还保险单的现金价值。

第四十五条　因被保险人故意犯罪或者抗拒依法采取的刑事强制措施导致其伤残或者死亡的,保险人不承担给付保险金的责任。投保人已交足二年以上保险费的,保险人应当按照合同约定退还保险单的现金价值。

第四十七条　投保人解除合同的,保险人应当自收到解除合同通知之日起三十日内,按照合同约定退还保险单的现金价值。

在人身保险合同有效期限内,如果投保人不愿意或没有能力继续交费时,投保人有权根据保单中规定的不丧失价值选择权条款规定,选择有利于自己的方式来处理保单的现金价值。人身保险合同条款中规定的常见选择权包括以下三项。

1. 办理退保,领取退保金

投保人停止交费时,可以选择退保,并以现金方式领取退保金,但是投保人在退保时获得的净现金价值不完全等于保单中所列明的现金价值,而是保险人在现金价值基础上依据累计红利、增额交清保险的现金价值、预交保费以及保单贷款等因素进行调整的结果。

2. 申请办理减额交清保险

办理减额交清保险是指当投保人停止支付保费后,投保人可以选择办理交清保险来延续保险保障。减额交清保险是以保单所累积的净现金价值为趸交保费购买与原保单设计相同的保险,但所有的附加险和补充给付都将除外。保费根据申请办理时被保险人的年龄计算。减额交清保险的保险责任和保险期限与原保单一致,但其保险金额的大小由保单的净现金价值决定。

3. 申请办理展期定期保险

办理展期定期保险是指当投保人停止支付保费后,投保人可以选择展期定期保险来延续保险保障。展期定期保险是以保单所累积的净现金价值为趸交保费购买与原保单具有相同保额的定期保险,保险期限展延的长短取决于保险金额、净现金价值、被保险人的性别以及投保人申请办理时被保险人所达到的年龄。展期定期保险实例见专栏4-4。

专栏4-4

表4-1　每1000美元的最低不丧失价值

(根据1980 CSO生命表,利率7.5%,普通寿险,男性,35岁)

年末	现金价值(美元)	交清保险(美元)	展期定期保险	
			年	天
1	0	0	—	—
5	14	112	3	295

（续表）

年末	现金价值（美元）	交清保险（美元）	展期定期保险	
			年	天
10	56	344	10	64
15	108	517	13	28
20	171	646	13	343

资料来源：Kenneth Black.人寿与健康保险［M］.13 版.孙祁祥，等，译.北京：经济科学出版社，2003.

八、贷款条款

保险合同中贷款条款的基本内容如下：保险合同生效满一定时期（一般是 1 年或 2 年）后，投保人可以凭保单向保险人申请贷款，贷款金额以该保单现金价值的一定比例（如 70% 或 80%）为限。投保人应按期归还贷款并支付利息，如果在归还本息前发生了保险事故或退保，保险人则从保险金或退保金中扣还贷款本息。当贷款本息达到现金价值的数额时，保险合同效力丧失。保单贷款实际上是保险人提供给投保人融通资金的机会，借以提高保单的使用价值，激励投保人投保。同时，保险人利用保单贷款，既可以有一定的贷款利息收入，也可以维持保单的续保率。因此，具有储蓄性的人身保险合同中大多有贷款条款的规定。

九、保单质押转让条款

人寿保险的投保人可以将保单的某些权益转让给债权人，为债务提供担保，这种行为称为保单质押转让，这也是寿险保单发挥有价证券功能的另一方式。经过保单质押转让，质押权人即债权人享有了保单的一定权利，在被保险人死亡时，债权人可以获取已转让权益的以债权金额为限的部分保险金，或行使退保权利以取得退保金或现金价值。需要注意的是，在寿险保单质押转让中，投保人的义务一般不变，仍有交纳保费的义务。为了保障被保险人的生命安全，我国保险法规定，包含死亡保险金给付条件的人寿保单转让必须经过被保险人同意。同时，保险法还规定，在质押转让中受益人必须在质押转让表上签字。这是为了防止事后受益人和债权人对死亡保险金发生争议，也使债权人在行使相关保单权利时不必征求受益人的同意。保险人在保单质押转让中也起着重要作用，即保单转让必须通知保险人，并在保险人处存档备案。

十、自动垫交保费条款

自动垫交保费条款的基本内容如下：保险合同生效满一定时期（通常是 2 年）后，如果投保人过了宽限期仍没有交纳保费，保险人则在宽限期届满时自动以保单的现金价值为限为投保人垫交保费。在垫交保费期间如果发生保险事故，保险人则从应给付的保险金中扣除垫交的保费和利息。当垫交的保费和利息超过保单的现金价值时，保险合同效力丧失。

设立自动垫交保费条款的目的是维持保险合同的效力，当合同存在现金价值并列有自动垫交保费条款时,保险人在投保人逾期不交费的情况下才会自动垫交。

十一、保费豁免条款

保费豁免条款是指在保险合同规定的某些特定情况下,保险公司同意投保人豁免交纳未交保费的义务,而保险合同维持原有效力的一种人性化的选择性条款。保费豁免条款最早出现在少儿险中,当作为投保人的父母不幸死亡或丧失工作能力而保单仍处交费期时,投保人的交费义务豁免,没有经济收入的孩子仍可继续获得保险的保障。对成年人保险而言,一般被投保人在交费期内由意外、疾病等原因导致重残或完全丧失工作能力的,投保人可以免交其后的保费,被保险人的保障仍然有效。

十二、保证加保选择权条款

保证加保选择权是保险人给予投保人的一项选择权利。保证加保选择权条款允许投保人在将来某个日期申请增加人身保险合同的保险金额时,无须提供可保性证据。如果投保人因为交费能力不足现在无法购买充足的保额,该条款可以保证其在将来有能力时,无论被保险人健康状况如何而按原核保等级来提高保额。该权利类似一种期权。一般条款规定的加保选择权可能在两种情况下行使:①被保险人在一个规定的年龄(如 45 岁)之前,投保人可在一些合同特定的对应生效日(如每隔 3 年一次)行使该权利。为防止逆选择,投保人每次加保购买的保险金额只限于原保单保额的一定比例,而且有最低和最高金额的限制。②被保险人在结婚或者生育子女等特殊事件发生时,可申请加保。

本 章 小 结

(1) 保险合同的基本原则同样适用于人身保险合同,但人身保险合同的基本原则也存在一些特性,这些特性在最大诚信原则、保险利益原则和损失赔偿原则中都有具体体现。

(2) 在人身保险合同实务中,各国保险法都形成了一些常用的标准条款,如不可争条款,年龄误告条款,宽限期条款,中止、复效条款等。

关键概念索引

如实告知义务　保证义务　如实说明义务　弃权与禁止反言　保险利益　代位求偿
重复保险　近因　犹豫期　不可争条款　年龄误告条款　宽限期　中止复效　现金价值
保单贷款　保单质押转让

复习思考题

1. 简述人身保险合同中如实告知义务规定的具体内容。
2. 人身保险合同的保险利益原则有哪些不同于财产保险合同的规定?
3. 什么是不可争条款?
4. 若投保人不交纳续期保费,对保单效力会产生什么样的影响?

5. 什么是保单的现金价值? 请解释保单的现金价值的来源,以及不丧失价值选择权条款的内容。

案例分析题

1. 2012年9月,陈先生与中国人寿保险公司上海分公司签订了一份寿险合同,约定陈先生为投保人和受益人,被保险人为其出生1个月的女儿,保险金额为20 000元。陈先生当即支付年保费1 600元。同年12月,陈先生带女儿去医院就诊,女儿被诊断患有婴儿肝炎综合征,但在2013年1月3日出院时,女儿又被诊断为"先天性胆道闭锁"患者。同年,陈先生的女儿不幸去世,死亡推断书上的确定死亡原因是"先天性胆道闭锁"。陈先生向保险公司申请理赔,保险公司以"投保人在投保时没有在投保单上如实填写被保险人的健康状况"为由予以拒绝。陈先生将保险公司告上法庭,要求其支付保险金20 000元。

问题:

(1) 请分析陈先生有无履行其如实告知义务。

(2) 保险公司能否拒绝给付保险金?

2. 小学生张某,男,11岁。2011年年初参加了学生团体平安保险,保险期限为当年3月1日至次年2月28日。当年10月5日,张某在家附近的一幢住宅楼施工工地玩耍,被突然从楼上掉下的一块木板砸中,当场身亡。有人认为,保险公司应先给付张某死亡保险金,然后向造成这起事故的施工单位索要与此等额的赔偿金。

问题:

(1) 保险公司是否应对张某的死亡给付保险金?

(2) 如果保险公司给付了保险金,能否向施工单位进行代位追偿?

3. 楚某有两个儿子,楚A已婚,楚B因残疾一直未婚。1996年11月10日,楚A从某保险公司了解到可以为自己的父母办理人寿保险,遂与楚某商议,楚某考虑到楚B在自己死后难以维持生计,就指定楚B为受益人。次日,楚A到保险公司为其父楚某办理了人寿保险,期限为5年,保额为10 000元。1998年5月,楚某因病住院,楚A未经楚某同意将保单交给邻居姜某做质押,借款5 000元。1998年7月,楚某医治无效死亡。姜某要求楚A归还借款,楚A不还,姜某遂到保险公司要求给付保险金10 000元。保险公司认为姜某不是受益人,无权领取保险金,同时通知楚B持保单来领取保险金。楚B向姜某索要保单,姜某以保单为质押物为由拒绝归还,声称必须用保险金归还借款。法院受理此案后通知楚A参加诉讼,楚A称10 000元为遗产,要求继承一半份额。

问题:

(1) 楚A有权出质该份保单吗?

(2) 该保单出质是否有效? 姜某有权向保险公司请求支付保险金吗?

(3) 楚A的要求是否合理? 保险金到底该如何给付?

第五章 寿险精算基础

本章要点

- 人寿保险保费的构成
- 人寿保险保费的交纳方式
- 人寿保险费率厘定的主要因素
- 人寿保险保费的计算原理
- 人寿保险责任准备金的计提原理

思政目标

(1) 结合费率厘定,说明"平等、公正"等社会主义核心价值观在其中的体现。

(2) 以大数据技术和人工智能等创新保险科技应用为例,帮助学生动态理解保险费率的公平性原理。

(3) 强调保险费率厘定不仅要以客观数理结果为基础,更要考虑人民群众的风险保障需求,以此引导学生要以满足人民群众美好生活需要为职业目标。

> 为了保证保险经营的稳定性和安全性,保险公司需要对保险经营中的相关问题进行定量分析,如人口死亡率(生存率)的测定、生命表的编制、保险条款的设计、保险费率的厘定、准备金的计提、盈余的分配等。本章从传统寿险领域的角度出发,通过简单的精算模型来刻画普通寿险中保险金给付和保费收入的不确定性,借助概率论及利息理论等工具,对模型进行分析研究并得出量化不确定性的方法,最终给出各险种的保费及准备金的计算公式。

第一节 人寿保险的保费

人寿保险的保费是投保人为取得保险保障,按保险合同的约定向保险人支付的费用,是人寿保险基金的来源。

一、人寿保险保费的构成及分类

（一）人寿保险保费的构成

在保险实务中，投保人交纳的或者保险人收取的保费被称为毛保费。作为投保人转移风险所付出的代价，毛保费主要包含纯保费和附加保费两部分。纯保费作为保险给付的成本是毛保费中的主要部分，纯保费的计算时只要考虑利率和死亡率因素，无须考虑经营费用等问题。附加保费是用于支付保险经营中发生的费用以及为保险人带来合理的利润的部分。

（二）人寿保险保费的分类

人寿保险的保费可根据交纳的方式分为趸交保费和期交保费。趸交强调的是所有保费在投保时一次性交纳，但是当保费过多时这种方式会给投保人造成一定的经济压力，因此其在实务应用中会受到一定的限制。期交方式则允许保险人设置交费期并给出交费频率，据此确定交费期内的各个交费时点，只要被保险人在交费时点生存，投保人就需要交纳一定数额的保费。

期交保费又可根据每期交纳的保费金额是否相等分为均衡保费和自然保费。自然保费的实质是将原保险分解为多个 1 年期定期寿险，然后根据被保险人在该保单年度的死亡概率来厘定当年的保险费率，进而收取当年的保费。自然保费在实务中不常见，主要是有以下两方面的原因。

（1）自然保费的交纳方式会导致被保险人在年老最需要保险保障的时候却无法承担保费。因为成年人在投保终身寿险后每年交纳的自然保费会随年龄而增长，而且增长金额会随着投保人的年龄增长越来越大。

（2）自然保费的交纳方式会导致逆选择。一般而言，身体健康状态不好的人反而会坚持选择投保，此时被保险人的实际死亡率会高于经验生命表估算的普通人的死亡率，从而导致保费收入不足以支付保险金。

相比之下，将死亡风险的成本平均摊至整个交费期间的均衡保费克服了上述不足。

二、人寿保险费率厘定的主要因素

人寿保险的费率即单位保额对应的保费，影响其费率厘定的主要因素有死亡率、利率以及费用率等。

（一）死亡率

因为人寿保险以被保险人的寿命为标的，以被保险人的生存或死亡作为保险金的给付条件，其费率的厘定需要根据统计数据对被保险人未来的死亡概率进行估计（即得到预定的死亡率），并以此刻画被保险人未来的生存状态。保险公司在计算保费时使用的预定死亡率需要根据实际情况进行不断更新，否则，当预定死亡率低于实际死亡率时其保费收入将不足以给付保险金，从而造成死差损。

我国人身保险经验生命表是根据一段时期内被保险人实际的死亡统计资料编制而成的,并随死亡率的变动而适时更新调整。统计分析显示,同年龄的男性与女性相比其死亡率更高。而且由于逆选择现象的存在,年金产品被保险人的死亡率比寿险产品被保险人的死亡率要低。因此,保险业在编制人身保险经验生命表时会针对性别差异、业务差异分别得出死亡率的预测,并以此编制各项子表,《中国人身保险业经验生命表(2010—2013)》可参见本书附录1。

(二) 利率

因为保险金的给付和大部分营业费用的支出都发生在签订保险合同之后,与保费的交纳时间之间存在时间差,所以保险公司在计算保费时要考虑货币的时间价值,根据宏观经济环境等因素对未来一段时间的利率进行预测,并据此得出人寿保险保费。因为年均衡纯保费会随预定利率增加而减少,当预定利率大于实际利率时,保费收入将不足以抵扣保险人的支出,从而造成利差损;反之,当预定利率小于实际利率时,保费收入会给保险人带来利差益,但是更高的保单价格会削弱产品的市场竞争力。因此,保险公司需要通过模型对市场利率进行科学合理的预测。

(三) 保险经营管理费用

保险公司的保费收入除了用于给付保险金,还要用于保险经营管理费用的支出。保险经营管理费用是指在保险经营管理过程中发生的费用,可以根据不同的角度进行分类。

1. 按费用支出的用途分类

(1) 业务获得费用,包括销售费用(如代理人佣金和广告费)、分类费用(如体检费用等)、签单和记录费用等。

(2) 保单维持费用,包括保费收取与记账费用、受益人更换和保单选择权准备费用、与保单持有人通讯联系费用等。

(3) 一般费用,包括调查与研究费用、精算和一般法律服务费用、一般会计费用(如工资、佣金、水电费)、保费税支出等。

(4) 理赔费用,包括索赔调查费用、法律辩护费用和保险金支付等费用。

2. 按相关性分类

(1) 与保费相关的费用,即按照保费的一定比例提取的费用,如代理人的佣金、税金、广告费等。

(2) 与保额相关的费用,即按照保险金额的一定比例提取的费用,如理赔费用、维持费用、体检费用等。

(3) 与保单相关的费用,即与保单的数量有关的费用,如体检费用、维持费用等。

3. 按费用发生的时间分类

(1) 初年度费用,即第一个保单年度支出的费用。

(2) 续年度费用,即除第一个保单年度外后续每个年度支出的费用。

(四) 费用率

保险经营管理费用与全部保费的比率称为费用率。其中,事先确定用于保费计算的费用率称为预定费用率,实际发生的费用率则称为实际费用率。表5-1列举了某保单各项保险经营管理费用的计算依据以及时间分配。预定费用率与实际费用率之间的差异也会给保险公司带来费差益或费差损。为了确保人寿保险保费计算的准确及合理,除了上述的死亡率、利率和费用率,还应当考虑保单解约率、分红率、残疾率等其他要素。

表5-1 保险经营管理费用分配表 单位:元

费用类型	初年度			续年度			
	每张保单	每1000元保额	保费百分比	每张保单	每1000元保额	各年度的费用百分比	
						2%~9%	10%以上
1. 获得费用							
(1) 销售费用							
佣金	—	—	60%	—	—	7%	4%
销售部的费用	—	—	25%	—	—	2.5%	1%
其他销售费用	12.5	4	—				
(2) 分类费用	18	0.50					
(3) 签单和记录费用	4						
2. 维持费用	2	0.25		2	0.25		
3. 一般费用	4	0.25		4	0.25	—	—
4. 保费税			2%			2%	2%
以上费用总计	40.5	5.00	87%	6	0.5	11.5%	7%
5. 理赔费用	每张保单费用为20元,另外每1000元保额费用为0.1元						

第二节 人寿保险的数理基础

一、现值和终值

保费收入、保险金给付以及保险费用的支出都发生在不同时刻,所以保险人首先要解决的问题就是货币的时间价值,简单来说,就是将不同时刻发生的金额通过累积或折现至相同的时刻进行比较。

(一) 终值

终值(further value, FV)是指当前时刻的一定量资金在未来某一时刻的价值。如果记当前时刻为0时刻,那么对于给定的年利率 i,当前时刻的 P 个单位货币按照复利方式累积到 t 年末(t 时刻)所得到的本利和即为其在 t 时刻的终值。计算公式为:

$$FV = P(1+i)^t \tag{5.1}$$

其中，$(1+i)^t$ 称为 t 年的累积因子。

（二）现值

现值（present value，PV）是指未来某一时刻的一定量资金在当前时刻的价值。如果说累积是形容资金随时间的推移而增长的变化过程，那么折现就是与累积对应的逆过程，被用于推导期末资金在累积初期的数额。在给定的年利率 i 下，t 时刻的 P 个单位货币折现至 0 时刻的价值为其现值。计算公式为：

$$PV = P(1+i)^{-t}$$

或者

$$PV = Pv^t \tag{5.2}$$

其中，$v=(1+i)^{-1}$，为年折现因子，v^t 为 t 年的折现因子。

同一笔资金在相距 t 年的两个时点上的现值与终值的关系可以总结为：

$$FV = PV \cdot (1+i)^t \tag{5.3}$$

或者

$$PV = FV \cdot v^t \tag{5.4}$$

[例 5-1]　假设年利率为 5%，试计算从当前时刻开始第 3 年末支付的 2 万元的现值。

解：从第 3 年末至当前时刻的折现因子为 $(1+5\%)^{-3}$。

2 万元的现值为：

$$2 \times (1+5\%)^{-3} \approx 1.727\,675(万元)$$

（三）年金的现值和终值

年金（annuity）是指人寿保险中一系列的付款或收款，付款时间和付款金额具有一定的规律性。年金可以从不同角度进行分类：按照起讫时间是否确定，年金可以分为确定年金和风险年金；按照支付期是否有限，年金可以分为定期年金和永续年金；按照每期的支付时间，年金可以分为期初付年金和期末付年金；按照每期支付的金额有无变动，年金可以分为等额年金和变额年金。

年金的现值和终值分别指所有付款在期初时刻和期末时刻的价值。以 n 年期的确定年金为例，假设每年的利率保持不变，均为 i，每年支付 1 个单位货币，接下来我们从期初付和期末付两方面给出年金现值与终值的计算公式。

1. 期初付的 n 年定期年金

期初付的 n 年定期年金是指每笔年金的支付发生在支付期的期初，其折现及累积示意图如图 5-1 所示。根据该定义，我们将所有付款折现至期初得到的年金现值记为 $\ddot{a}_{\overline{n}|i}$，则：

$$\ddot{a}_{\overline{n}|i} = 1 + v + v^2 + \cdots + v^{n-1} = \frac{1-v^n}{d} \tag{5.5}$$

其中，$d = \dfrac{i}{1+i} = i \cdot v$。

同样,根据该定义将所有付款累积至期末得到的年金终值记为 $\ddot{s}_{\overline{n}|i}$,则:

$$\ddot{s}_{\overline{n}|i} = (1+i)^n + (1+i)^{n-1} + (1+i)^{n-2} + \cdots + (1+i) = \frac{(1+i)^n - 1}{d} \tag{5.6}$$

根据终值与现值的关系可知:

$$\ddot{s}_{\overline{n}|i} = \ddot{a}_{\overline{n}|i} \cdot (1+i)^n \tag{5.7}$$

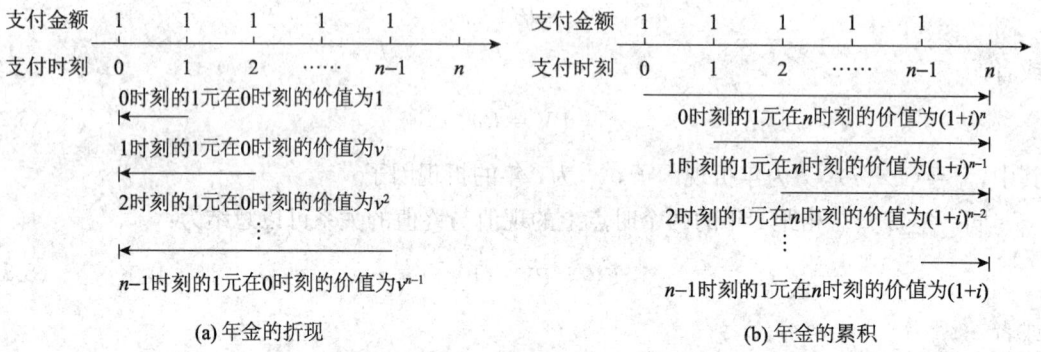

图 5-1　期初付 n 年定期年金的折现及累积示意图

[例5-2]　张某租住一套房子 8 年,每年年初支付租金 2 万元,假设年利率为 5%,如果最初选择一次性支付租金,计算该租金的金额。

解:因为一次性支付的租金应当与分期支付的租金等价,所以一次性的租金可看作是一个年金额为 2 万元的期初付 8 年期年金的现值,即:

$$2 \times \ddot{a}_{\overline{8}|\,5\%} = 2 \times \frac{1 - (1+5\%)^{-8}}{5\%} \times (1+5\%) \approx 13.572\,747(万元)$$

2. 期末付的 n 年定期年金

期末付的 n 年定期年金是指每笔年金的支付发生在支付期的期末。假设将所有付款折现至期初得到的年金现值记为 $a_{\overline{n}|i}$,则:

$$a_{\overline{n}|i} = v + v^2 + \cdots + v^{n-1} + v^n = \frac{1 - v^n}{i} \tag{5.8}$$

同样,根据该定义将所有付款累积到期末得到的年金终值记为 $s_{\overline{n}|i}$,则:

$$s_{\overline{n}|i} = (1+i)^{n-1} + (1+i)^{n-2} + \cdots + (1+i) + 1 = \frac{(1+i)^n - 1}{i} \tag{5.9}$$

终值与现值的关系为:

$$s_{\overline{n}|i} = a_{\overline{n}|i} \cdot (1+i)^n \tag{5.10}$$

3. 期初付 n 年定期年金和期末付 n 年定期年金之间的数理关系

从期初付 n 年定期年金和期末付 n 年定期年金的给付时刻来看,两者的现值满足:

$$\ddot{a}_{\overline{n}|i} - 1 = a_{\overline{n}|i} - v^n \Rightarrow a_{\overline{n}|i} = \ddot{a}_{\overline{n}|i} - 1 + v^n \qquad (5.11)$$

和

$$\ddot{s}_{\overline{n}|i} - (1+i)^n = s_{\overline{n}|i} - 1 \Rightarrow s_{\overline{n}|i} = \ddot{s}_{\overline{n}|i} + 1 - (1+i)^n \qquad (5.12)$$

换个角度，从期初付 n 年定期年金和期末付 n 年定期年金的现值表达式来看：

$$\ddot{a}_{\overline{n}|i} = \frac{1-v^n}{d} = (1+i) \cdot \frac{1-v^n}{i} = (1+i) \cdot a_{\overline{n}|i} \qquad (5.13)$$

或者

$$a_{\overline{n}|i} = v \cdot \ddot{a}_{\overline{n}|i} \qquad (5.14)$$

终值间的关系满足：

$$\ddot{s}_{\overline{n}|i} = (1+i) \cdot s_{\overline{n}|i} \qquad (5.15)$$

以及

$$s_{\overline{n}|i} = v \cdot \ddot{s}_{\overline{n}|i} \qquad (5.16)$$

二、经验生命表函数

经验生命表(见表 5-2)的编制为人寿保险业务奠定了科学的数理基础,作为人寿保险的保费厘定、准备金计提等的主要依据,经验生命表中包含的年龄 (x)、死亡概率 (q_x) 等要素统称为生命表函数。

表 5-2　中国人身保险业经验生命表(2010—2013)　　　男(CL1)

x	q_x	l_x	d_x	L_x	T_x	$\mathring{e}_x$
0	0.000 867	1 000 000	867	999 567	76 420 142	76.42
1	0.000 615	999 133	614	998 826	75 420 575	75.49
2	0.000 445	998 519	444	998 296	74 421 750	74.53
3	0.000 339	998 074	338	997 905	73 423 453	73.57
⋮	⋮	⋮	⋮	⋮	⋮	⋮
104	0.568 497	198	113	142	184	0.93
105	1.000 000	85	85	43	43	0.50

1. 年龄 x

表 5-2 中的年龄要素 x 取值为非负整数,且最大值由极限年龄所控制,极限年龄设定为 105 岁。

2. 死亡概率 q_x

死亡率 q_x 表示 x 岁的人在接下来 1 年内死亡的概率。假设 x 岁的人活过 $x+1$ 岁的概率为 p_x,则

$$p_x = 1 - q_x \qquad (5.17)$$

同样,$_t q_x$ 和 $_t p_x$ 分别表示 x 岁的人在接下来的七年内死亡的概率和七年后依旧生存的概率。

3. 生存人数 l_x

表 5-2 中除了 0 岁时的总人数 100 万人(即 $l_0 = 10^6$)是人为选定的以外,其余各整数年龄的生存人数都是根据死亡概率推断所得的预测值。选择 100 万人的样本量是为了达到大数法则的适用条件,在这 100 万个新生婴儿的死亡年龄是相互独立且同分布的假设下,各整数年龄的生存人数满足下列迭代公式:

$$l_{x+1} = l_x \cdot p_x = l_x - l_x \cdot q_x, \qquad x = 0, \cdots, 104 \qquad (5.18)$$

生存人数还可用于计算死亡概率和生存概率,具体公式为:

$$_t q_x = \frac{l_x - l_{x+t}}{l_x} = 1 - \frac{l_{x+t}}{l_x}, \qquad _t p_x = \frac{l_{x+t}}{l_x} \qquad (5.19)$$

4. 死亡人数 d_x

死亡人数 d_x 表示初始人群中,在 x 至 $x+1$ 岁之间死亡总人数的期望值。具体公式为:

$$d_x = l_x - l_{x+1} = l_x \cdot q_x, \qquad x = 0, \cdots, 104 \qquad (5.20)$$

另外,$_n d_x = l_x - l_{x+n}$ 表示在 x 至 $x+n$ 岁之间死亡总人数的期望值。

5. 生存人年数 L_x 和累积生存人年数 T_x

生存人年数是对初始人群在一定时间内存活的总时间数的估计,通常以年为单位。符号 L_x 表示 l_0 个新生婴儿在 x 岁至 $x+1$ 岁之间存活的总时间数。借助于定积分的定义,L_x 可表示为:

$$L_x = \int_x^{x+1} l_s ds = \int_0^1 l_{x+s} ds \qquad (5.21)$$

如果要预测 l_0 个新生婴儿在 x 岁至 $x+n$ 岁之间存活的总时间数 $_n L_x$,则可通过累加的方式计算:

$$_n L_x = L_x + L_{x+1} + \cdots + L_{x+n-1} \qquad (5.22)$$

累积生存人年数 T_x 表示 l_0 个新生婴儿在 x 岁之后存活的总时间数,即在 x 岁活着的 l_x 个人的剩余寿命之和。显然,T_x 的值可以通过相邻整数年龄间的生存人年数累加得到,即:

$$T_x = L_x + L_{x+1} + \cdots \qquad (5.23)$$

6. 完全平均余命 $\overset{\circ}{e}_x$

完全平均余命 $\overset{\circ}{e}_x$ 是指在 x 岁时活着的 l_x 个个体的平均剩余寿命,其计算公式为:

$$\dot{e}_x = \frac{T_x}{l_x} \tag{5.24}$$

由表 5-2 可知,3 岁男性的完全平均余命为 73.57 岁。

[**例 5-3**]　假设 $l_{100} = 1\,000$,根据表 5-2 中的死亡率,计算下列各值。

(1) l_{102}。

(2) d_{102}。

(3) $_2q_{100}$。

解:(1) $l_{102} = l_{100} \times p_{100} \times p_{101} = l_{100} \times (1 - q_{100}) \times (1 - q_{101}) \approx 290$(人)

(2) $d_{102} = l_{102} \times q_{102} \approx 147$(人)

(3) $_2q_{100} = \dfrac{_2d_{100}}{l_{100}} = \dfrac{l_{100} - l_{102}}{l_{100}} \approx 0.71$

第三节　人寿保险保费的计算

人寿保险的保费既是投保人转移风险的代价又是保险人因承担风险而获得的收入,保费设定的过高或过低都不利于保险公司的稳定经营。在实务中,保险人主要是通过收支平衡准则来确定保费收入。保险人的收入(保费收入)和支出(保险金的给付和保险经营管理费用的支出)发生在不同的时点,而且都具有不确定性,这两个时点的平衡被称为精算意义下的平衡,相应的平衡准则为:

保费收入的精算现值=保险金给付的精算现值+保险费用的精算现值

为了达到精算意义下的平衡,我们可以通过生命表中的数据对不确定的收入和支出金额作出合理的估计,再将这些估计值通过折现或累积的方式在给定时刻建立平衡关系。本节以趸交纯保费、均衡纯保费和均衡毛保费为例,介绍人寿保险保费的计算原理。

一、趸交纯保费的计算

一次性交纳的保费中的纯保费部分,称为趸交纯保费。作为发生在投保时刻的常数,趸交纯保费的精算现值就是趸交纯保费本身,相应的平衡准则为:

趸交纯保费=未来给付金额在投保时刻的精算现值

(一) 生存保险的趸交纯保费

生存保险是以被保险人在保险期限届满时活着为保险金给付条件的人寿保险。假设 x 岁的人投保一份单位保额的 n 年期生存保险,若其在保险期限届满时依旧生存,则可获得保险人给付的生存保险金,相应的趸交纯保费记作 $A_{x:\overline{n}|}^{\ 1}$。

假设 l_x 个 x 岁的人都投保 n 年期的生存保险,保额均为 1 元,则总的趸交纯保费为 $l_x A_{x:\overline{n}|}^{\ 1}$ 元。由保险利益可知,保险人需要对在 $x+n$ 岁时依旧活着的被保险人每人给付 1 元生存保险金,共计 l_{x+n} 元。根据平衡准则建立的等量关系式为:

$$l_x \cdot A_{x:\overline{n}|}^{\ 1} = v^n \cdot l_{x+n}$$

进一步化简得：

$$A_{x:\overline{n}|}^{\ 1} = v^n \cdot \frac{l_{x+n}}{l_x} = v^n \cdot {}_np_x \tag{5.25}$$

[例 5-4]　一名 30 岁男性投保了一份 20 年期的生存保险,保额为 10 万元,假设年利率为 3.5%,请计算该保单的趸交纯保费。

解：该保单的趸交纯保费为：

$$10^5 A_{30:\overline{20}|}^{\ 1} = 10^5 v^{20} \cdot \frac{l_{50}}{l_{30}} = 10^5 \times 1.035^{-20} \times \frac{963\,222}{990\,055} \approx 48\,894.51(元)$$

（二）定期寿险的趸交纯保费

定期寿险是以被保险人在保险期限内死亡为保险金给付条件的人寿保险。如果 x 岁的人投保一份单位保额的 n 年定期寿险,相应的趸交纯保费记作 $A_{x:\overline{n}|}^{1}$,假设 l_x 个 x 岁的人都投保 n 年定期寿险,保额均为 1 元,则总的趸交纯保费为 $l_x A_{x:\overline{n}|}^{1}$ 元,如图 5-2 所示。根据平衡准则建立的等量关系式为：

$$l_x A_{x:\overline{n}|}^{1} = v \cdot d_x + v^2 \cdot d_{x+1} + \cdots + v^n d_{x+n-1} = \sum_{k=0}^{n-1} v^{k+1} d_{x+k}$$

进一步化简得：

$$A_{x:\overline{n}|}^{1} = \frac{1}{l_x} \sum_{k=0}^{n-1} v^{k+1} d_{x+k} \tag{5.26}$$

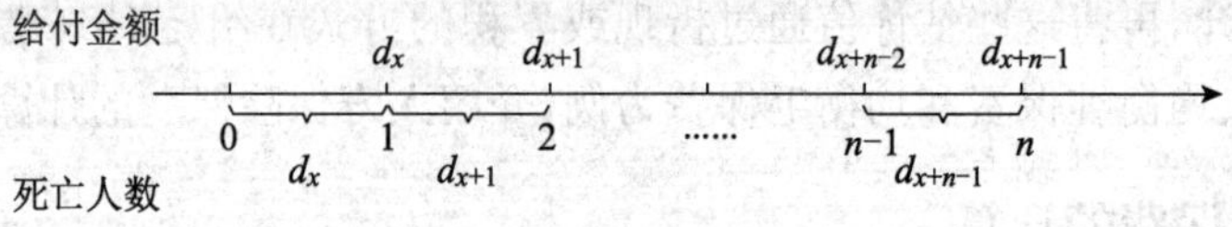

图 5-2　n 年定期寿险的给付分布

为了简化计算,定义以下几个换算函数,并编制换算函数表（见附录 3）。

$$C_x = v^{x+1} d_x, \quad D_x = v^x l_x, \quad M_x = \sum_{k=0}^{+\infty} C_{x+k}, \quad R_x = \sum_{k=0}^{+\infty} M_{x+k}$$

以及

$$N_x = \sum_{k=0}^{+\infty} D_{x+k}, \quad S_x = \sum_{k=0}^{+\infty} N_{x+k}$$

利用换算函数, $A_{x:\overline{n}|}^{1}$ 可简化计算为：

$$A_{x:\overline{n}|}^{1} = \frac{M_x - M_{x+n}}{D_x} \tag{5.26}$$

n 年期的生存保险的趸交纯保费也可以简化计算为：

$$A_{x:\overline{n}|}^{\ 1} = \frac{D_{x+n}}{D_x} \tag{5.27}$$

[例 5-5]　一名 30 岁男性投保了一份 20 年定期寿险，保额为 10 万元，假设年利率为 3.5%，请计算该保单的趸交纯保费。

解：该保单的趸交纯保费为：

$$10^5 A_{30:\overline{20}|}^{\ 1} = 10^5 \times \frac{M_{30} - M_{50}}{D_{30}} = 10^5 \times \frac{75\ 194.6 - 66\ 877.4}{351\ 418.5} \approx 2\ 366.75(元)$$

（三）终身寿险的趸交纯保费

终身寿险是在投保之后为被保险人提供终身保障的人寿保险。终身寿险和定期寿险一样，被保险人的死亡是触发保险金给付的先决条件。假设 x 岁的人购买一份单位保额的终身寿险，相应的趸交纯保费记作 A_x，根据平衡准则，有：

$$l_x A_x = v \cdot d_x + v^2 \cdot d_{x+1} + \cdots = \sum_{k=0}^{\infty} v^{k+1} d_{x+k}$$

进一步化简得：

$$A_x = \frac{1}{l_x} \sum_{k=0}^{\infty} v^{k+1} d_{x+k} = \frac{M_x}{D_x} \tag{5.28}$$

（四）两全保险的趸交纯保费

两全保险又称生死合险，是指无论被保险人在保险期限内死亡，或在保险期限届满之时仍然活着，保险人都依照保险合同的约定给付保险金的人寿保险。假设 x 岁的人投保一份单位保额的 n 年期两全保险，相应的趸交纯保费记作 $A_{x:\overline{n}|}$。因为两全保险可以看作是定期寿险和定期生存保险的组合，两全保险的趸交纯保费等于定期寿险的趸交纯保费与定期生存保险的趸交纯保费之和，即：

$$A_{x:\overline{n}|} = A_{x:\overline{n}|}^{\ 1} + A_{x:\overline{n}|}^{\ 1} \tag{5.29}$$

利用换算函数化简可得：

$$A_{x:\overline{n}|} = \frac{M_x - M_{x+n} + D_{x+n}}{D_x} \tag{5.30}$$

（五）定期生存年金的趸交纯保费

生存年金是指按照约定的给付金额，在约定期间内以年金受领人生存为前提所进行的一系列给付。不同于确定年金的是，生存年金的给付是有条件的，一旦年金的受领人死亡或者给付期限届满，给付就结束。如果将生存年金理解为若干个保险期限不同的生存保险的组合，则趸交纯保费可由这些生存保险的趸交纯保费求和得到。

假设 x 岁的人投保一份 n 年定期生存年金，在保险期限内的每个保单年度之初若被保险人生存，保险人需要按规定给付 1 元，则该年金称为期初付定期生存年金，趸交纯保费记

作 $\ddot{a}_{x:\overline{n}|}$。将该生存年金看作 n 个保额为 1 元的生存保险的组合,保险期限分别为:0 年,1 年,……,$n-1$ 年,则:

$$\ddot{a}_{x:\overline{n}|} = \sum_{k=0}^{n-1} v^k {}_k p_x \tag{5.31}$$

利用换算函数可化简为:

$$\ddot{a}_{x:\overline{n}|} = \sum_{k=0}^{n-1} \frac{D_{x+k}}{D_x} = \frac{N_x - N_{x+n}}{D_x} \tag{5.32}$$

[例 5-6]　一名 30 岁男性投保了一份 20 年期生存年金,年金额为 1 000 元,假设年利率为 3.5%,请计算该保单的趸交纯保费。

解:该保单的趸交纯保费为:

$$10^3 \ddot{a}_{30:\overline{20}|} = 10^3 \times \frac{N_{30} - N_{50}}{D_{30}} \approx 14\,627.47(\text{元})$$

假设 x 岁的人投保了一份年金额为 1 元的 n 年定期生存年金,在保险期限内的每个保单年度末若被保险人生存,保险人需要按规定给付 1 元,则该年金称为期末付定期生存年金,趸交纯保费记作 $a_{x:\overline{n}|}$。将该生存年金看作 n 个保额为 1 元的生存保险的组合,保险期限分别为:1 年,2 年,……,n 年,则:

$$a_{x:\overline{n}|} = \sum_{k=1}^{n} v^k {}_k p_x = \ddot{a}_{x:\overline{n}|} - 1 + v^n {}_n p_x \tag{5.33}$$

(六) 终身生存年金的趸交纯保费

假设 x 岁的人投保了一份年金额为 1 元的终身生存年金,在保险期限内的每个保单年度初期若被保险人生存,保险人需要按规定给付 1 元,该生存年金的趸交纯保费记作 $\ddot{a}_x$。将终身生存年金看作是期限无限大的定期生存年金,则期初付终身生存年金的趸交纯保费为:

$$\ddot{a}_x = \sum_{k=0}^{\infty} v^k {}_k p_x = \frac{N_x}{D_x} \tag{5.34}$$

同样,期末付终身生存年金的趸交纯保费为:

$$a_x = \sum_{k=1}^{\infty} v^k {}_k p_x = \ddot{a}_x - 1 \tag{5.35}$$

二、均衡纯保费的计算

均衡纯保费是以被保险人活着为前提进行分期交纳的,因为其交费方式与生存年金的给付完全一致,我们可以按照生存年金的形式计算精算现值。此时,平衡准则下的等量关系为:

均衡纯保费×交费期内期初付生存年金的精算现值＝未来给付金额的精算现值

其中,假设生存年金的年金额为 1 元,则均衡纯保费的计算公式为:

$$均衡纯保费 = \frac{未来给付金额的精算现值}{交费期内期初付生存年金的精算现值} \tag{5.36}$$

$$= \frac{该险种的趸交纯保费}{交费期内期初付生存年金的趸交纯保费}$$

（一）生存保险的年均衡纯保费

假设 x 岁的人投保一份保额为 1 元的 n 年期生存保险，相应的年均衡纯保费记为 $P_{x:\overline{n}|}^{\ 1}$。因为交费期限为保险期限，根据式 5.36 有：

$$P_{x:\overline{n}|}^{\ 1} = \frac{A_{x:\overline{n}|}^{\ 1}}{\ddot{a}_{x:\overline{n}|}} \tag{5.37}$$

利用换算函数化简得：

$$P_{x:\overline{n}|}^{\ 1} = \frac{D_{x+n}}{N_x - N_{x+n}} \tag{5.38}$$

如果投保时约定交费期限为 h 年，相应的年均衡纯保费记为 $_h P_{x:\overline{n}|}^{\ 1}$，则：

$$_h P_{x:\overline{n}|}^{\ 1} = \frac{A_{x:\overline{n}|}^{\ 1}}{\ddot{a}_{x:\overline{h}|}} = \frac{D_{x+n}}{N_x - N_{x+h}} \tag{5.39}$$

（二）定期寿险的年均衡纯保费

假设 x 岁的人投保一份保额为 1 元的 n 年定期寿险，相应的年均衡纯保费记为 $P_{x:\overline{n}|}^1$。因为交费期限为保险期限，根据式 5.36 有：

$$P_{x:\overline{n}|}^1 = \frac{A_{x:\overline{n}|}^1}{\ddot{a}_{x:\overline{n}|}} = \frac{M_x - M_{x+n}}{N_x - N_{x+n}} \tag{5.40}$$

如果投保时约定交费期限为 h 年，相应的年均衡纯保费记为 $_h P_{x:\overline{n}|}^1$，则：

$$_h P_{x:\overline{n}|}^1 = \frac{A_{x:\overline{n}|}^1}{\ddot{a}_{x:\overline{h}|}} = \frac{M_x - M_{x+n}}{N_x - N_{x+h}} \tag{5.41}$$

［例 5-7］ 一名 30 岁男性投保了一份 20 年定期寿险，保额为 10 万元，交费期限为 10 年，假设年利率为 3.5%，请计算该保单的年均衡纯保费。

解：该保单的年均衡纯保费为：

$$10^5 \ _{10}P_{30:\overline{20}|}^1 = 10^5 \times \frac{M_{30} - M_{50}}{N_{30} - N_{40}} = 10^5 \times \frac{75\ 194.6 - 66\ 877.4}{8\ 168\ 336.1 - 5\ 155\ 586.9} \approx 276.07(元)$$

（三）终身寿险的年均衡纯保费

假设 x 岁的人投保一份保额为 1 元的终身寿险，相应的年均衡纯保费记为 P_x。因为交费期限为保险期限，则：

$$P_x = \frac{A_x}{\ddot{a}_x} = \frac{M_x}{N_x} \tag{5.42}$$

如果签单时约定交费期限为 h 年，相应的年均衡纯保费记为 $_h P_x$，则：

$$_hP_x = \frac{A_x}{\ddot{a}_{x:\overline{h|}}} = \frac{M_x}{N_x - N_{x+h}} \tag{5.43}$$

(四) 两全保险的年均衡纯保费

假设 x 岁的人投保一份保额为 1 元的 n 年期两全保险，相应的年均衡纯保费记为 $P_{x:\overline{n|}}$。因为交费期限为保险期限，则：

$$P_{x:\overline{n|}} = \frac{A_{x:\overline{n|}}}{\ddot{a}_{x:\overline{n|}}} = \frac{M_x - M_{x+n} + D_{x+n}}{N_x - N_{x+n}} \tag{5.44}$$

如果签单时约定交费期限为 h 年，相应的年均衡纯保费记为 $_hP_{x:\overline{n|}}$，则：

$$_hP_{x:\overline{n|}} = \frac{A_{x:\overline{n|}}}{\ddot{a}_{x:\overline{h|}}} = \frac{M_x - M_{x+n} + D_{x+n}}{N_x - N_{x+h}} \tag{5.45}$$

三、均衡毛保费的计算

如前文所述，均衡毛保费的计算也遵循平衡公式，在不考虑利润附加时，均衡毛保费的计算公式为：

均衡毛保费的精算现值＝给付金额的精算现值＋保险经营管理费用的精算现值 (5.46)

[例 5-8] x 岁的人投保一份保额为 5 万元的终身寿险。假设保险经营管理费用的分配如表 5-1 所示，试推导该保险的年均衡毛保费。

解：设该保险的年均衡毛保费为 G，投保人按照期初付终身生存年金的方式交纳毛保费，则毛保费的精算现值为 $G\ddot{a}_x$，给付金额的精算现值为 $50\,000A_x$，保费的精算现值根据费用支出分别计算。

1. 理赔费用的精算现值

理赔费用是在理赔时发生的，故精算现值为：

$$精算现值 = (20 + 0.1 \times 50)A_x$$

2. 除理赔费用外其他费用的精算现值

这些费用是在各保单年度初期发生的，因此分初年度和续年度分别计算精算现值。初年度的费用发生在签单时刻，故精算现值就是其本身，即：

$$精算现值 = 40.5 + 5 \times 50 + 0.87G$$

续年度费用按照期末付生存年金的方式支出，故精算现值为：

$$精算现值 = (6 + 0.5 \times 50)a_x + 0.115G\,a_{x:\overline{8|}} + 0.07G\,_8a_x$$

其中，$_8a_x$ 表示延期 8 年的期末付终身生存年金的精算现值，则 $_8a_x = a_x - a_{x:\overline{8|}}$。
建立等价方程如下：

$$G\ddot{a}_x = 50\,000A_x + 25A_x + 290.5 + 0.87G + 31\,a_x + 0.115G\,a_{x:\overline{8|}} + 0.07G\,_8a_x$$

求解得：

$$G = \frac{50\,025 A_x + 290.5 + 31\,a_x}{0.13 + 0.93\,a_x - 0.045\,a_{x:\,\overline{8}|}}$$

第四节 责任准备金的计提

本章第三节介绍了精算现值的计算方法,并据此解释了保险人的收支平衡。然而这样的平衡仅存在于签单时刻,如果选取保险期限内的某一时刻作为当前时刻,重新计算的未来纯保费收入的精算现值与未来保险金给付的精算现值将不再相等。以 30 岁的男性投保一份保额为 10 万元的终身寿险为例,该保单的年均衡纯保费为 920.56 元。将第一个保单年度末作为当前时刻(此时被保险人 31 岁,处于生存状态),则未来均衡纯保费的精算现值为:

$$920.56 \times \ddot{a}_{31} = 920.56 \times \frac{N_{31}}{D_{31}} = 21\,210.48(元)$$

未来给付金额的精算现值为:

$$10^5 \times A_{31} = 22\,084.26(元)$$

很明显,前者小于后者。该结果表明:从第一个保单年度末看,未来均衡纯保费收入不足以抵消未来保险金的给付。这就要求保险人从精算现值的角度评估两者的差距,并从已收取的纯保费中提留出这部分金额用于弥补未来可能发生的损失,则这部分金额称为该项保险在第一个保单年度末的责任准备金。

一、不考虑保险费用的责任准备金

在不考虑保险费用的情况下,责任准备金的计算有未来法和过去法两种方法,计算公式分别为:

责任准备金＝未来给付金额的精算现值－未来纯保费的精算现值 (5.47)

责任准备金＝过去纯保费的精算累积值－过去给付金额的精算累积值 (5.48)

相比之下,人寿保险的未到期责任准备金更多的是采用未来法计提。因为未来给付是寿险公司的法律责任,如果未来的死亡率、利率和费用率朝着不利于保险人的方向变动时,寿险公司仍然需要按合同规定进行给付,此时按照过去法提存的责任准备金会显得不足。

(一) 定期寿险的责任准备金

假设 x 岁的人投保了一份保额为 1 元的 n 年定期寿险,相应的年均衡纯保费为 $P^1_{x:\overline{n}|}$,第 k 个保单年度末的责任准备金记为 $_kV^1_{x:\overline{n}|}$。此时被保险人为 $x+k$ 岁,剩余的保险期限和交费期限都只有 $n-k$ 年,所以根据式 5.47 有:

$$_kV^1_{x:\overline{n}|} = A^1_{x+k:\,\overline{n-k}|} - P^1_{x:\overline{n}|} \cdot \ddot{a}_{x+k:\,\overline{n-k}|}, \quad k = 0, 1, \cdots, n-1 \tag{5.49}$$

[例 5-9] 一名 30 岁男性投保了一份 20 年定期寿险,保额为 10 万元,交费期限为

20年,假设年利率为3.5%,请计算该保单在第10年末的责任准备金。

解:该保单在第10年末的责任准备金为:

$$10^5 \, {}_{10}V^1_{30:\overline{20|}} = 10^5 \times (A^1_{40:\overline{10|}} - P^1_{30:\overline{20|}} \cdot \ddot{a}_{40:\overline{10|}})$$

$$= 10^5 \times \left(\frac{M_{40} - M_{50}}{D_{40}} - \frac{M_{30} - M_{50}}{N_{30} - N_{50}} \times \frac{N_{40} - N_{50}}{D_{40}} \right)$$

$$\approx 709.42(元)$$

图5-3直观地给出了[例5.9]中责任准备金在整个保险期间的变化情况。

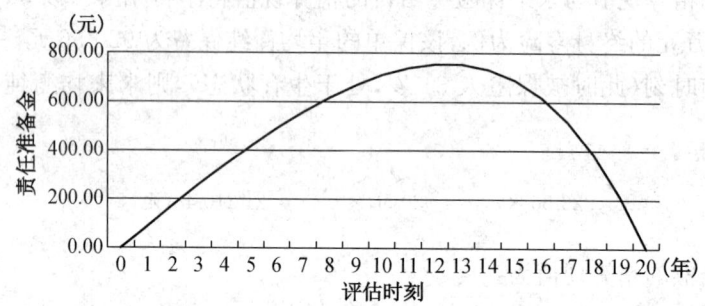

图5-3　20年定期寿险的责任准备金

(二) 终身寿险的责任准备金

假设 x 岁的人投保一份保额为1元的终身寿险,相应的年均衡纯保费为 P_x。第 k 个保单年度末的责任准备金记为 ${}_kV_x$,有:

$${}_kV_x = A_{x+k} - P_x \cdot \ddot{a}_{x+k}, \qquad k = 0, 1, \cdots, n \tag{5.50}$$

[例5-10]　一名30岁男性投保了一份终身寿险,保额为10万元,假设年利率为3.5%,请计算该保单在第10年末的责任准备金。

解:该保单在第10年末的责任准备金为:

$$10^5 \, {}_{10}V_{30} = 10^5 \times (A_{40} - P_{30} \cdot \ddot{a}_{40})$$

$$= 10^5 \times \left(\frac{M_{40}}{D_{40}} - \frac{M_{30}}{N_{30}} \times \frac{N_{40}}{D_{40}} \right)$$

$$\approx 9\,977.33(元)$$

(三) 两全保险的责任准备金

假设 x 岁的人投保一份保额为1元的 n 年期两全保险,相应的年均衡纯保费为 $P_{x:\overline{n|}}$,第 k 个保单年度末的责任准备金记为 ${}_kV_{x:\overline{n|}}$,有:

$${}_kV_{x:\overline{n|}} = \begin{cases} A_{x+k:\overline{n-k|}} - P_{x:\overline{n|}} \cdot \ddot{a}_{x+k:\overline{n-k|}}, & k = 0, 1, \cdots, n-1 \\ 1, & k = n \end{cases} \tag{5.51}$$

二、修正准备金

从前面保费构成表中可以看出,初年度产生的费用会高于续年度,这就意味着保险人在初年度收取的均衡保费不足以支付初年度产生的费用。为了缓解保险人的初年度费用压力，有人提出修正准备金的想法，即对各年的均衡毛保费分配结构作出调整：调低第一年的纯保费比例，调高续年度的纯保费比例。修正准备金的方法有很多，如1年定期修正法、保险监督官修正法、加拿大修正法等，本书只介绍1年定期修正法。

1年定期修正法简称FPT法，是指将初年度的纯保费 α 设为满足最低死亡给付要求的第一年的自然纯保费 $A^1_{x:\,\overline{1}|}$，并将整个交费期设为修正期，修正期内的纯保费（续年纯保费）记为 β^{FPT}，则收支平衡被刻画为：

$$A^1_{x:\,\overline{1}|} + \beta^{FPT} a_{x:\,\overline{n-1}|} = P\,\ddot{a}_{x:\,\overline{n}|} \tag{5.52}$$

续年纯保费为：

$$\beta^{FPT} = \frac{P\,\ddot{a}_{x:\,\overline{n}|} - A^1_{x:\,\overline{1}|}}{a_{x:\,\overline{n-1}|}} = P + \frac{P - A^1_{x:\,\overline{1}|}}{a_{x:\,\overline{n-1}|}} \tag{5.53}$$

将其代入责任准备金的计算公式中，即得到修正准备金。

以终身寿险为例，根据FPT法计算续年纯保费为：

$$A^1_{x:\,\overline{1}|} + \beta^{FPT} a_x = P_x\,\ddot{a}_x \Rightarrow \beta^{FPT} = \frac{P_x\,\ddot{a}_x - A^1_{x:\,\overline{1}|}}{a_x} = \frac{A_x - A^1_{x:\,\overline{1}|}}{\ddot{a}_x - 1} \tag{5.54}$$

修正准备金为：

$$_kV^{FPT}_x = A_{x+k} - \beta^{FPT}\ddot{a}_{x+k} \tag{5.55}$$

[例5-11]　某30岁的男性投保了一份10 000元保额的终身寿险。利用附录3中的换算函数表，在年利率3.5%的条件下，根据FPT法计算第8个保单年度末的修正准备金，并将其与一般责任准备金进行对比。

解：当 $x=30$，$k=8$ 时，单位保额下第8个保单年度末的修正准备金为：

$$_8V^{FPT}_{30} = A_{38} - \beta^{FPT}\ddot{a}_{38} \tag{5.56}$$

其中

$$\beta^{FPT} = \frac{A_{30} - A^1_{30:\,\overline{1}|}}{\ddot{a}_{30} - 1} = \frac{A_{31}}{\ddot{a}_{31}} = \frac{M_{31}}{N_{31}} = 0.009\,585$$

且

$$A_{38} = \frac{M_{38}}{D_{38}} = 0.274\,924, \quad \ddot{a}_{38} = \frac{N_{38}}{D_{38}} = 21.441\,538$$

所以第8个保单年度末的修正准备金为：

$$10\,000 \times {}_8V^{FPT}_{30} = 694.07(元)$$

第8个保单年度末的一般责任准备金为：

$$10\,000\,{}_8V_{30} = 10\,000(A_{38} - P_{30}\,\ddot{a}_{38}) = 775.33(元)$$

比较修正前后的责任准备金,有:

$$_8V_{30}^{FPT} < {_8}V_{30}$$

第五节　现金价值和风险净额

本节将介绍与责任准备金密切关联的两个概念:现金价值和风险净额。

一、现金价值

(一) 现金价值的概念及计算

现金价值(cash value,CV),又称退保金或解约金,是指投保人退保或保险公司解除保险合同时,保险公司退还给投保人的退款金额。需要注意的是,退保时的现金价值并不是退保时的责任准备金,而是责任准备金进行扣除解约费用后的余额,用公式表示为:

$$_kCV = {_k}V - {_k}SC, \qquad k = 1, 2, \cdots, n \tag{5.57}$$

其中,$_kCV$ 表示时刻 k 退保的现金价值,$_kV$ 表示时刻 k 的责任准备金,$_kSC$ 表示时刻 k 的解约费用。

(二) 现金价值的扣费依据

1. 退保会导致逆选择的增加

在寿险保单中,选择退保的通常是身体健康状况良好的被保险人,健康状况差的被保险人更懂得利用保险产品减轻自己的财务负担。这就导致被保险人的平均死亡率高于经验生命表中的预估死亡率,从而给保险人带来更大的风险。

2. 退保会影响保险公司的投资计划和收益

寿险公司的投资大多是中长期投资,如果大量的被保险人选择退保,势必会影响寿险公司整体的投资计划以及投资收益。

3. 退保会影响费用的摊还

寿险公司在经营过程中产生的费用会分摊至整个交费期间,尤其是在保单的初年度,费用很高,需要分摊至续年度中。被保险人的中途退保会导致一部分附加保费无法收回。

4. 退保会产生费用支出

寿险公司在处理退保时会支出一定的费用,这些费用也应当由投保人承担。要准确计算退保费用并不容易,实务中通常将退保费用约定为一个固定的金额或者规定为保额或责任准备金的一个固定比例。

二、风险净额

除了现金价值外,另一个与责任准备金相关的重要概念是风险净额(net amount at risk)。风险净额是指保险金额与责任准备金之间的差额,用公式表示为:

$$_kN_x = S -_kV, \qquad k = 1, 2, \cdots, n \tag{5.58}$$

其中，$_kN_x$ 表示时刻 k 的风险净额，S 表示保险金额，$_kV$ 表示时刻 k 的责任准备金。因为保险金额保持不变，在整个保险期间风险净额与责任准备金呈相反方向变化。根据图 5-3 中责任准备金的变化可知，该保单的风险净额会在整个保险期间先减少后增加。

需要注意的是，风险保额是一个容易与风险净额相互混淆的概念，它是指保险金额与现金价值之间的差额，是保险公司真正承担的风险。两者的区别在于是否包含解约费用。

本 章 小 结

（1）人寿保险中的保费是投保人为取得保险保障，按保险合同的约定向保险人支付的费用，是保险基金的来源。科学合理地确定人寿保险的保费是寿险公司稳定经营的基础。

（2）保险人收取的人寿保险保费称为毛保费，由纯保费和附加保费两部分构成。纯保费用于未来的保险金给付，附加保费用于机构的经营管理。单位保额的保费称为保险费率，影响人寿保险费率厘定的主要因素有死亡率、利率和费用率。

（3）人寿保险保费的交纳方式包括趸交和期交两种。趸交保费是指投保时一次性交纳的保费；期交保费则是根据保险合同的约定，分期交纳的保费。根据每期交纳的金额是否相等，期交保费又分为均衡保费和自然保费。

（4）人寿保险保费计算的依据是精算意义下收支平衡准则，该准则不仅考虑了货币的时间价值，也考虑了保险人收入与支出的不确定性。

（5）责任准备金是从已收取的纯保费中提留出的一部分金额，用于弥补未来可能发生的损失。为了缓解保险人的初年度费用压力，有人提出修正准备金的概念。对各年的均衡纯保费分配结构作出调整后的责任准备金称为修正准备金。

关键概念索引

毛保费　纯保费　附加保费　趸交保费　自然保费　均衡保费　收支平衡准则
责任准备金　现金价值　风险净额　风险保额

复 习 思 考 题

1. 名词解释：纯保费，附加保费，风险净额，现金价值。
2. 简述人寿保险费率厘定的基本原则。
3. 解释退保时保单的现金价值低于责任准备金的原因。
4. 30 岁男性投保一份终身寿险，保额为 10 万元。假设年利率为 3.5%，试根据附录 3 中的换算函数表计算该保险的均衡纯保费。如果交费期为 10 年，重新计算均衡纯保费。

第六章　人 寿 保 险

本章要点

- 普通型人寿保险
- 新型人寿保险
- 年金保险

思政目标

（1）强调人寿保险和年金保险在促进经济发展、保障社会稳定、促进民族复兴中的重要作用，激发学生的爱国情怀。

（2）引导学生了解保险科技发展动向，把握保险创新前沿，培养学生的创新精神。

人寿保险是指以人的寿命作为保障对象，以人的生存或者死亡作为保险事故，当被保险人死亡或者生存至保险合同期满时，保险人对被保险人或受益人履行给付保险金责任的一种人身保险。

在我国，人寿保险有广义与狭义的区分。广义的人寿保险除了普通意义上的人寿保险，还包含提供生存保障的年金保险，而狭义的人寿保险不包含年金保险。同时，我国将人寿保险按产品设计特征的不同区分为普通型寿险和新型寿险两大类型，这两大类产品我们将在本章中依次进行介绍。

寿险业的发展在现代社会中具有重大意义，它对安定人民生活、促进社会稳定起着重要作用。随着社会经济的不断发展，寿险业的地位在整个保险业中愈发重要。各国保险业的统计资料表明，经济越发达的国家，其保险业中寿险保费的收入占比越趋向于超出财产保险保费的收入占比。

第一节　普通型人寿保险

人寿保险通常简称为寿险。早期，人们认为死亡是最大的人身风险，所以早期的人寿保险主要是为死亡者的亲属提供保障，最初的人寿保险专指死亡保险。然而，随着人类社会的不断发展，人的预期寿命不断延长，生存和长寿引起人们对物质经济保障的需求不断扩展，所以生存和养老风险逐渐为社会和家庭所重视。为此，保险产品中又出现了把死亡保险与生存保险相结合的两全保险。因此，人寿保险产品主要以提供生死保障为目的，是保障性强的保险产品。

普通型人寿保险是指保单签发时保费和保单利益确定的人寿保险，即通常所概括的以"保额确定、保费确定和利率确定"为特征的寿险产品，其中最主要的特征是保单签发时保单有确定的预定利率。普通型人寿保险产品按保障范围可以分为定期寿险、终身寿险和两全保险。

一、定期寿险

定期寿险又称定期死亡保险，它是以被保险人在约定期限内死亡作为保险金给付条件的人寿保险。如果被保险人生存至保险期限届满，则保险合同终止，保险人不承担任何保险金给付责任。

（一）定期寿险的特征

1. 保险期限确定

定期寿险只提供一个确定时期的保险保障，如保险期限为 1 年、5 年、10 年、15 年、20 年的定期寿险；保障至被保险人年满 50 周岁、55 周岁、60 周岁、65 周岁的定期寿险等。

2. 保费低廉

定期寿险只承担一定时期内的死亡给付责任，保险期限较短，且没有生存返还。因此，在保险金额相同的情况下，投保定期寿险所交纳的保费要比投保终身寿险和期限相同的两全保险低得多，被保险人可以以相同的保费负担获得最大的寿险保障。随着业务的发展，定期寿险产品还出现了费率更加细分的差别定价方法，比如对非吸烟者提供更为低廉的优选定期寿险。

3. 纯保障性

被保险人在保险期限内死亡时，保险人向指定的受益人给付保险金。如果被保险人期满仍然生存，保险人不给付保险金，也不退还保费。定期寿险保单在有效期内基本没有现金价值，也不具有储蓄性。

4. 逆选择风险较高

人寿保险中的逆选择是指身体健康状况差的人或职业危险程度大的人更倾向于投保定期寿险的一种无形风险。由于投保定期寿险可以以较少的保费支出获得较大的保险保障，所以一些身体健康状况不佳或职业危险程度大的被保险人往往会投保高保额的定期寿险。保险公司为了避免逆选择风险过高以保证经营安全性,一般定期寿险在承保时会进行严格的核保,控制免体检保额限额,或将定期寿险设计为附加险。

(二)定期寿险的产品类型

1. 定额定期寿险

定额定期寿险是指在整个保险的有效期内保险金额保持不变的定期寿险。当被保险人在保险有效期内死亡时,保险人按保单约定的固定保险金额给付保险金。这是最为简单的一种产品设计。

2. 增额定期寿险

增额定期寿险是指在整个保险期间保单保额在初始保额的基础上按约定的金额或比例逐期递增。例如,某定期寿险在签发时保额为 10 万元,保单规定保额每年在上一年基础上递增 5%;或者按签发保额的 5% 每年增加;或者按照生活费用的增长比例来调整保额,而生活费用的增长比例通常以国家公布的消费物价指数为参照。增额定期寿险的设计是为了避免通货膨胀导致实际保障水平的不断下滑,将通货膨胀导致的购买力下降风险转移给保险人。

3. 减额定期寿险

减额定期寿险是指在整个保险的有效期内保险金额不断递减的定期寿险。减额定期寿险产品主要有抵押贷款保证定期寿险、信用人寿保险和家庭收入保险。

1) 抵押贷款保证定期寿险

抵押贷款保证定期寿险是指保险金额与递减的未偿还抵押贷款额对应相等的减额定期寿险。其保险期限由抵押贷款的期限决定,通常为 20 年或 30 年,保险金额按贷款金额确定。在整个保险期间,保险人在被保险人死亡时按未偿还抵押贷款额给付保险金。因此,实际上保险人给予保障的保额不断减少,而受益人获得保险金后可以以保险金偿还贷款余额(见图 6-1)。最为常见的抵押贷款保证定期寿险主要是为购房人的房贷偿还风险提供保障的房贷定期寿险产品。

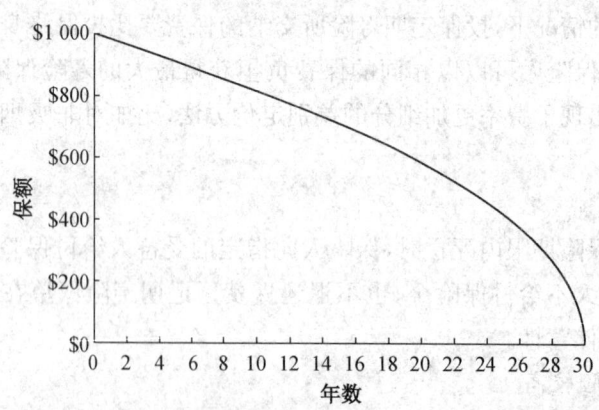

图 6-1　抵押贷款保证定期寿险保单的示意图(每 $1 000 保额)

资料来源:Kenneth Black.人寿与健康保险[M].孙祁祥,等,译.北京:经济科学出版社,2003.

2）信用人寿保险

信用人寿保险是保险金额始终与债务人的贷款余额相等的递减定期寿险。与抵押贷款保证定期寿险不同的是信用人寿保险要求指定债权人为保单受益人，当作为被保险人的债务人死亡时，由债权人领取保险金用于债务人未还贷款的清偿。信用人寿保险通常适用于购车、家居装修等个人贷款。

3）家庭收入保险

家庭收入保险通常以家庭收入来源的"顶梁柱"为被保险人，保险期限一般按被保险人的工作年限确定，通常为10年、15年和20年等，保额按被保险人每月贡献的家庭收入确定。如果被保险人在保险期内死亡，健在的配偶作为保单受益人可按照合同约定按月领取保险金，期满时保险公司停止支付。家庭收入保险的保险金支付用以满足家庭"顶梁柱"死亡时家庭的日常消费及培养子女等刚性支出需求。

在家庭收入保险的保险期间，被保险人死亡的时间越晚，保险公司按月支付的时间越短，应付保险金总额将逐渐减少，因此也属于递减定期寿险。某些家庭收入保单规定，只要被保险人在保险期间内死亡，保险金的给付期限不低于保证的最低年限。

（三）定期寿险的两个重要条款

定期寿险只能提供暂时的保险保障，在保险期满时保单效力终止。随着保险需求和经济收入状况的改变，有些投保人希望在期满时续保，有些投保人希望在期满前将定期寿险转换为终身寿险，但是不少被保险人担心因为身体状况恶化而被拒保。针对投保人的这种需求，有保险公司在定期寿险产品中设计了两个重要条款，即可续保和可转换条款。

1. 可续保条款

可续保条款是指定期寿险合同期满时，允许投保人办理续保，并且续保时不必提供被保险人的可保证明。因此，当保险期满时，被保险人不需要经过核保，也不论其身体健康状况如何，都可以续保。在续保时，保险人按被保险人当时的年龄确定费率，但不会因被保险人健康原因提高保费或拒保。

提供可续保条款的定期寿险将面临投保方的逆选择风险，因此为了控制逆选择风险，可续保条款对续保条件做了限制，常见的限制包括：投保人可以续保一个期限和保额与原保单相同的定期寿险；只对规定年龄之前的被保险人办理续保；规定续保的最高次数等。

2. 可转换条款

可转换条款允许投保人将定期寿险转换为终身寿险或两全保险，而且在行使转换权时，不必提供被保险人的可保证明。为了减少逆选择，保险公司通常对投保人的转换权有一定的限制。例如，转换的选择权一般只允许在一个规定的转换期内行使，如只允许在45岁以前转换或者转换后的保额限制为原保额的一个约定百分比等。

可续保条款和可转换条款不仅对投保人和被保险人有明显的潜在价值，对保险公司也非常有利。大多数投保人续保或转换保单并非因为健康状况不好，而是希望继续获得保险保障。因此，保险公司为投保人提供可续保和可转换的权利，既维持了保单的效力，保全了当前客户，又节省了高额的新保单费用，降低了保险人的经营成本。

（四）定期寿险的作用

1. 保证被保险人将来的可保资格

随着年龄增加，人们对人寿保险的需求也会增加，但是有时在最需要保险保障时，可能因健康原因而得不到人寿保险的保障，而定期寿险可以续保和转换的特征消除了这种不利影响。

2. 作为终身寿险或两全保险的补充

定期寿险的费率低于其他人寿保险，交纳同样的保费可以购买比终身寿险和两全保险的保额高许多倍的定期寿险，因此，定期寿险可以补充终身寿险或两全保险保额的不足，提供充分的保险保障。

3. 适用于低收入家庭

定期寿险价格低廉，却可以提供较高保额保障，因此特别适合于低收入但又急需较高保险保障的人购买，如刚工作的年轻人，有房贷和抚养孩子压力的年轻夫妇。

4. 改善信用的有效手段

抵押贷款保证定期寿险和信用人寿保险可以有效降低债务人的信用风险，既有利于被保险人改善贷款条件，获得所需的商业贷款，又有利于保全被保险人的房产、汽车等家庭财产，也降低了银行的贷款风险。

二、终身寿险

终身寿险是一种不定期的死亡保险，为被保险人提供终身死亡保障。由于人固有一死，因此终身寿险的给付必然会发生，受益人最终会得到一笔保险金。由于定价时生命表中存在终极年龄，因此保险人一般规定被保险人如果生存至生命表的终极年龄，保险人向被保险人本人给付保险金，以终止保险合同。

（一）终身寿险的特点

1. 提供终身保障

定期寿险只提供一段时间的保障，保险期满时合同即终止；而终身寿险是只要保单有效就能给被保险人提供终身保障，被保险人在任何时候死亡，保险人都向指定的受益人给付保险金。

2. 保单具有现金价值

定期寿险只能提供保险保障，其保单没有储蓄性，也没有现金价值；而终身寿险不仅提供保险保障，其保单还具有现金价值，带有储蓄性。如果投保人中途退保，保险人必须退还现金价值。终身寿险价格较为昂贵，该险种适宜于有一定经济能力，有储蓄倾向，考虑为子女积累遗产的投保人。

3. 保单灵活性强

终身寿险产品设计形态多样，不仅有普通型终身寿险，还有分红型、万能型等终身寿险，并且往往含有可转换条款，投保人可根据需求将终身寿险转换为两全保险或年金保险等产品。终身寿险由于具有储蓄性，因而经常被设计为主险，可以通过丰富的附加险设计来对被保险人提供全面的人身风险保障。

(二) 终身寿险的产品类型

终身寿险按保费交纳方法可以分为连续交费终身寿险、限期交费终身寿险和趸交保费终身寿险。

1. 连续交费终身寿险

连续交费终身寿险又称普通终身寿险,是指投保人一直交费至被保险人死亡为止的终身寿险。

2. 限期交费终身寿险

限期交费终身寿险与普通终身寿险类似,只是保费限定在特定期间内交付。交费期的长短可视投保人的需求及具体情况而定。它适宜于收入期间有限而又需要长期死亡保障的人投保。

3. 趸交保费终身寿险

趸交保费终身寿险是指投保人在投保时一次将全部保费交付完毕的终身寿险。趸交保费终身寿险具有较高的储蓄性,因此对于偏重储蓄的人较有吸引力。在国外,它还常被用来解决遗产税的税负问题。

不论采取哪种交费方式,最终保单的现金价值都是相等的,但是交费期不同,会影响到保单的现金价值累积速度。交费期越短,现金价值累积速度越快,因此,趸交保费终身寿险的现金价值累积速度最快,其次是限期交费终身寿险,现金价值累积速度最慢的是普通终身寿险。图 6-2 显示一名 40 岁男性购买不同终身寿险保单所对应的现金价值。

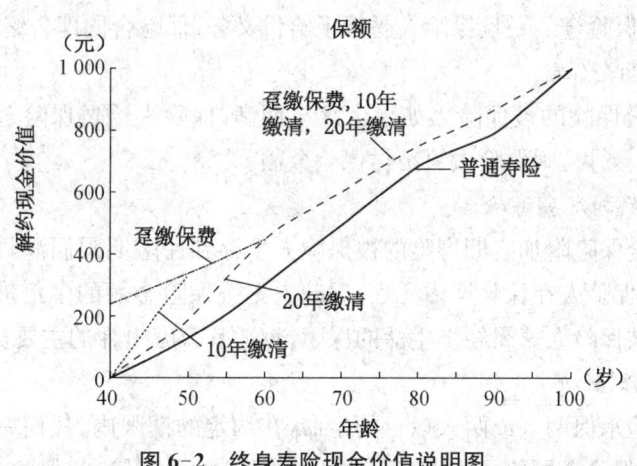

图 6-2 终身寿险现金价值说明图

资料来源: Kenneth Black.人寿与健康保险[M].孙祁祥,等,译.北京:经济科学出版社,2003.

三、两全保险

两全保险是被保险人无论在保险期内死亡还是生存至保险期满,保险人都给付保险金的一种人寿保险。两全保险的保险期限可以用特定的年数或特定的年龄来表示,如 5 年、10 年、20 年或到被保险人 60 周岁、70 周岁。由于被保险人不是在保险期内死亡,就是生存至期满,因此,两全保险与终身寿险相似,被保险人或受益人始终会得到一笔保险金。

(一)两全保险的特点

1. 责任全面

两全保险不仅可以满足被保险人生存的需要,而且可以解决由于被保险人死亡给家庭经济生活带来的困难。它是定期生存保险和定期死亡保险相结合的产物。

定期生存保险是以被保险人在保险期限届满时生存作为给付条件,如果被保险人在保险期内死亡,则保险人不给付保险金,也不退还保费的保险。定期生存保险具有强烈的储蓄性,在实务中,由于没有人愿意冒在保险期内死亡而丧失所有保费的风险,所以并不作为单独保险产品出现。而在两全保险里,定期生存保险与定期死亡保险相组合,给客户提供了全面保障。

2. 费率高

两全保险既保生存又保死亡,一旦投保,给付就必然会发生。两全保险的保费既有保障的因素,又有储蓄的因素,而且储蓄因素占主导,因此,除了长期两全保险与终身寿险的费率差别不大外,短期两全保险比其他寿险的费率高得多。从精算角度来讲,两全保险的纯保费等于定期寿险与生存保险的纯保费之和,不适宜经济负担能力差的人投保。

(二)两全保险的主要产品

1. 普通两全保险

普通两全保险是一种单一保额的两全保险,即不论被保险人在保险期内死亡还是期满生存,保险人给付的保险金均相同。例如,某人投保保额为 50 万元、保险期限为 10 年的普通两全保险,则无论被保险人在 10 年内死亡,还是生存至第 10 年年底,本人或其受益人均可领到 50 万元的保险金。一旦保险人履行了给付义务,保险合同即告终止。

2. 期满双倍两全保险

期满双倍两全保险的被保险人如果生存至期满,保险人给付保险金额的两倍,如果被保险人在保险期内死亡,则保险人只给付保险金额。

3. 两全保险附加定期寿险

如果投保两全保险附加定期寿险的被保险人生存到保险期限届满,保险人按保险金额进行给付;如果被保险人在保险期内死亡,保险人则按保险金额的多倍进行给付。因此,这种保险侧重于对被保险人家属经济生活的保障,较适宜家庭生计的主要负担者投保。

4. 联合两全保险

联合两全保险承保两人或两人以上的生命,在约定的期限内,任何一人先死亡,保险人给付全部保险金,保险合同终止。若期满时联合投保人全部健在,保险人也给付全部保险金。这种保险适用于家庭投保。

(三)两全保险的作用

1. 强制储蓄,实现养老保障

两全保险具有半强制性储蓄的作用,投保人为避免合同失效遭受退保损失,相比无强制性的储蓄行为,更容易积累一定的储蓄金额。如果选择在退休年龄时两全保险期满,那么一次性给付的满期保险金可以为被保险人的晚年生活提供经济保障。

2. 为遗属提供经济保障

两全保险可以为遗属(如配偶、父母和子女)提供经济保障,身故保险金可以缓解由于被保险人的死亡给家庭经济造成的困难。

四、人寿保险的常见附加险

为了增加寿险保单的灵活性,满足投保人多方面的保障需求,保险公司往往通过补充给付条款或附加险方式提供其他保障。一般而言,提供补充给付或作为主险的通常是具有储蓄性的终身寿险和两全保险。寿险保单里最常见的附加险主要有短期的意外险、医疗保险、重大疾病保险、失能收入损失保险等,而比较有特色的提供补充给付的条款则有补充残疾给付和寿险提前给付。

补充残疾给付是补偿投保人或被保险人因为疾病或伤残而导致的经济损失,寿险保单中的补充残疾给付主要包括被保险人全残豁免保费条款、投保人死亡全残豁免保费条款(未成年人保单)或被保险人全残给付条款。

寿险提前给付一般规定当被保险人满足一定条件时,可以提前领取部分或全部保险金。我国常见的寿险提前给付有终末疾病给付、重大疾病给付。

终末疾病给付规定当被保险人患有终末疾病,而且有医生证明其预期寿命不超过180 天或 1 年时,保险人将向被保险人提前支付部分(如 25%～75%)死亡保险金。

重大疾病给付规定当被保险人患有附约指定的重大疾病或实施指定的医疗程序时,保险人提前向被保险人支付部分保险金。附约所指定的疾病或医疗程序多数为恶性肿瘤、晚期肾衰竭、心脏病、中风等。大多数保单只为 70 周岁以下并属标准风险的被保险人提供重大疾病给付。

 专栏 6-1

我国普通型人身保险费率政策改革

2013 年 8 月 1 日,经国务院批准,保监会(现为银保监会)发布《关于普通型人身保险费率政策改革有关事项的通知》,相关政策从 8 月 5 日起开始实施。

根据该文件的规定,我国人身保险费率政策进行如下调整:保单签发时保费和保单利益确定的普通型人身保险,预定利率由保险公司按照审慎原则自行决定。2013 年 8 月 5 日及以后签发的普通型人身保险保单法定责任准备金评估利率不得高于保单预定利率和3.5% 的小者。

保险公司开发普通型人身保险,预定利率不高于中国保监会规定的评估利率上限的,应按照《人身保险公司保险条款和保险费率管理办法》的有关规定报送中国保监会备案。保险公司开发普通型人身保险,预定利率高于中国保监会规定的评估利率上限的,应按照一事一报的原则在使用前报送中国保监会审批。

第二节　新型人寿保险

普通型寿险产品在厘定保单费率时都设立确定的预定利率因素,给人寿保险公司的经营带来了较高的利率风险。在市场实际利率低于保单的预定利率时,寿险公司就会面对两项利率差异所导致的利差损,威胁到保险公司的经营安全;而在市场实际利率高于保单的预定利率时,投保人为追求更高的资金收益率,往往会集体性地退保,或以保单贷款来灵活使用保单的现金价值,影响到保险公司的经营稳定性。在我国市场上,1992年起快速发展的人寿保险业在20世纪90年代销售了大量的普通型寿险产品,由于当时市场利率不断下降,寿险公司遭遇了重大的利差损失。

同时,随着经济金融形势的发展,为了满足人寿保险市场竞争的需要,人寿保险的产品也在不断创新,品种不断增多。人寿保险产品开始由传统的保障型、储蓄型向万能型、投资型方向发展,客户可以与保险公司共同分享保险经营成果,或者保险公司为客户设立专门账户进行投资理财。因此,20世纪以来,国际上诞生了不同于传统寿险产品的新型产品。

在全球金融业不断发展创新的大背景下,在20世纪90年代普通寿险产品的利率风险导致利差损问题环境下,1999年以后我国各家寿险公司积极引进国际新型寿险产品,逐步推出了分红保险、投资连结保险和万能人寿保险等新型人寿保险,普通寿险产品的市场份额迅速下降,新型寿险(特别是分红保险)成为寿险市场主流产品。

一、分红保险

(一) 分红保险的概念

分红保险是按照相对保守的精算假设假定较高的保险费率,保险人除了按照保单所载明的保险责任对被保险人给付,还将公司在经营中取得的一部分盈利以保单红利的方式返还给保单持有人的保险。

分红保险最早出现在18世纪的英国,1781年,英国相互寿险公司——公平人寿保险公司将第一笔保单红利分配给其保单持有人。这是由于当时的寿险经营对死亡率、投资收益率和费用率等定价因素的精准预测难度很大,所以在保守假设下制定出来的费率相对较高,在经营中往往会产生较大盈余。在相互保险制度下,相互保险公司的保单持有人就是公司的股东,可以参与公司的利润分配,因此这些盈余被当作公司利润分配给保单持有人,弥补他们交纳的超额保费,分红保险的概念由此产生。其后,考虑到保单持有人的公平性,也为了吸引客户,同时抵御通货膨胀风险和利率波动风险,股份制寿险公司也开始销售可以将保单盈余以红利方式返还给客户的人寿保险。就此,分红保险成为寿险市场的主流产品。在我国,终身寿险、两全保险和年金保险可以设计为分红保险。

分红保险对于客户来说不仅能享受保险保障和获得确定预定利率的投资回报,还可以从保险公司经营的或有利润中获得分红,从而得到较高的产品投资回报。对于寿险公司来说,分红保险可以在定价时设定更低的有保证的预定利率,因此可以克服普通型寿险产品对利率和通货膨胀的敏感性,更好地化解保险人经营上的风险。此外,红利的非保证性促进保险人更加有利地利用资金,为公司和客户的利益追求更高的资金收益,增加了保险公司经营的灵活性。分红保单由于可以提供高于非分红保单的收益,因而在我国寿险业中占据最大比重。

虽然分红保单可能提供给客户较高的收益,但是必须注意的是分红保单每年派发的红利是不可预见和不可保证的,会随保险公司的实际经营绩效而波动,与保险公司业务经营水平相关,因而在分红保单下投保人与保险公司共担经营风险。

(二)分红保险的红利来源

在分红保单中,保险人往往会采取更保守的精算假设,因此投保人通常要交纳略高于非分红保单的保费。但是,投保人在可获得固定现金价值的同时,还可获得保险公司在经营此项业务过程中发生的部分盈余,保险公司将以分红的方式返回给投保人。保单是否有分红,以及分红的多寡在合同订立时并无保证,因此客户要承担分红不确定的风险,分红保单的实际收益率是不确定的。

当经营中产生盈余时,分红寿险将会进行保单分红。分红寿险可分配的盈余主要来源于保单定价时所假设的预定死亡率、预定利率和预定费用率与实际死亡率、实际投资收益率和实际费用率之间的差异,即通常简称的死差益、利差益和费差益三个方面。

1. 死差益

死差益是由于实际死亡率低于预定死亡率,按预定死亡率收取的纯保费支付实际死亡给付后有盈余而产生的利益。死差益的确定公式如下:

$$死差益=(预定死亡率-实际死亡率)\times风险保额$$

保险公司在保单定价时选取较为保守的高死亡率假设,使保险公司实际发生的死亡给付金额比假定时少,从而保单产生死差益。风险保额是死亡保险金扣除现金价值的余额。在储蓄性寿险保单(如终身寿险、两全保险)中,现金价值随着保单期间的增加而增加,因此风险保额随着保单期间的增加而减少,满期时趋近于零。因此,死差益在整个保单期间呈递减趋势,期满时为零。

2. 利差益

利差益是实际的投资收益率高于保单定价时的预定利率而产生的收益。利差益确定公式如下:

$$利差益=(实际资金运用收益-预定利率)\times责任准备金$$

由于分红寿险定价时采取较为保守的预定利率假设,因此客户获得的保证收益率较低,而当保险公司的投资获得较高回报时,保单则会产生利差益。每张寿险保单中可运用资金的部分由保单的责任准备金决定,因此保单的利差益额度也受保单责任准备金数额影响。由于长期寿险合同责任准备金数额越来越大,因此利差益在保单后期较高。在保单红利来源的三差收益中,对红利影响最大的是利差益。

3. 费差益

费差益是实际的营业费用率低于预期的营业费用率而产生的利益。费差益确定公式如下：

$$费差益＝(预定费用率－实际费用率)×保费$$

在保单承保初期，保单要支付大量费用，如佣金、核保费用等保单签发费用，因此初期实际费用率较高，保险公司要垫付大量的费用，一般不会存在费差益。而在后期，在实际费用率低于预定费用率时，保单可能产生费差益。但总体而言，以保费为产生基础的费差益占盈余比例不高。

寿险公司分红寿险的红利除了上述主要盈余来源，还有退保益、资产增值、残疾给付、意外加倍给付差额等。退保益是由于退保或解约保单的责任准备金与退保金之间的差额而产生的收益。在保险业务中，退保益的产生是必然的。虽然退保益也构成寿险公司盈利的一部分，但是由于退保益是建立在客户退保或合同解约的基础上，具有不确定性，并且这种收益并不是现存有效保单产生的，因此在简化的红利产生模型中一般不考虑退保益。

(三) 分红保险红利分配的原则

红利分配就是将分红保单的盈余以红利形式分配给保单持有人。通常情况下，保险人并不会将分红保单的所有盈余分配出去，而是在每年年末决定总盈余中有多少应继续留存，有多少应分配给保单持有人。分配给保单持有人的部分盈余被称为当期可分配盈余。每一会计年度末，公司董事会讨论决定当年的分红寿险业务的可分配盈余，并在分红保单持有人和公司股东之间进行分配。为了维护投保人利益，各个国家保险监管机构都对分红保险的分红比例做出明确规定。按照我国保险监督的规定，保险公司每一会计年度向保单持有人实际分配盈余的比例不低于当年可分配盈余的70％。除了分红比例规定外，在红利分配时还必须遵循效率性、公平性和简单性原则。

1. 效率性原则

效率性原则要求盈余分配兼顾投保人和保险人双方的利益，既要重视投保人的合理预期，调动投保人投保的积极性，又要考虑红利分配对保险公司未来的红利水平、投资策略以及偿付能力的影响，发挥保险人经营分红保险的积极性。

2. 公平性原则

公平性原则必须贯穿于整个保单期间，将盈余在不同类别保单和不同保单持有人之间进行公平分配。保险人必须坚持诚信经营，将分红保单账户和其他保单账户区分开来，并依照每张保单对盈余的贡献作出分配，贡献程度越大，分红越高。

3. 简单性原则

简单性原则要求保险公司的红利分配政策应具有一定的连续性，以一个比较适中的水平贯穿整个保单期间。红利分配的方式要简单易行，便于投保人更好理解。

(四) 分红保险红利分配的方式

保单红利的分配方法主要有现金红利法和增额红利法。两种盈余分配方法代表了不同的分配政策和红利理念，所反映的透明度以及内涵的公平性各不相同，对保单资产份额、责任准备金以及寿险公司现金流量的影响也不同,因此从维护保单持有人的利益出发,寿险公司内部应当对红利分配方法的制定及改变持十分审慎的态度,既要重视保单持有人的合理预期,贯彻诚信经营和红利分配的公平原则,又要充分考虑红利分配对公司未来红利水平、投资策略以及偿付能力的影响。

1. 现金红利法

现金红利是直接以现金的形式将盈余分配给保单持有人。在现金红利的分配方式下,红利可以采取多种领取方式:现金领取、累积生息、抵交保费和购买交清增额保险。对保单持有人来说,现金红利的选择比较灵活,满足了客户对红利的多种需求。

采用现金红利法,每个会计年度结束后,寿险公司首先根据当年度的业务盈余,由公司董事会考虑精算师的意见后决定当年度的可分配盈余,各保单之间按它们对总盈余的贡献大小决定保单红利。保单之间的红利分配随产品、投保年龄、性别和保单年限的不同而不同,反映了保单持有人对分红账户的贡献比率。一般情况下,寿险公司不会把分红账户每年产生的盈余全部作为可分配盈余,而是会根据经营状况,在保证未来红利基本平稳的条件下进行分配。未被分配的盈余留存公司,用以平滑未来红利、支付末期红利或作为股东的权益。现金红利法下盈余分配的贡献原则体现了红利分配在不同保单持有人之间的公平性原则。

对保险公司来说,现金红利在增加公司的现金流支出的同时减少了负债,减轻了寿险公司偿付能力的压力。但是,现金红利法这种分配政策较为透明,公司在市场压力下不得不将大部分盈余分配出去以保持较高的红利率来吸引保单持有人,这部分资产不能被有效地利用,使寿险公司可投资资产减少。此外每年支付的红利会对寿险公司的现金流量产生较大压力,为保证资产的流动性,寿险公司会相应降低投资于长期资产的比例,这从一定程度上影响了总投资收益。现金红利法是北美地区寿险公司通常采用的一种红利分配方法。目前我国国内大多保险公司也采取现金红利方式。

2. 增额红利法

增额红利法是指整个保险期限内每年以增加保险金额的方式分配红利,增加的保额作为红利一旦公布,则不得取消。采用增额红利分配方式的保险公司可在合同终止时以现金方式给付终了红利。

增额红利法下保单持有人只有在发生保险事故、保险合同期满或退保时才能真正拿到所分配的红利。增额红利由定期增额红利和终了红利组成。定期增额红利每年采用单利法、复利法或双利率法将红利以一定的比例增加保险金额。单利法下每年红利是基础保额的一定比例,复利法下每年红利是总保额(基础保额加上已分配红利)的一定比例,双利法下以不同的比例应用于基础保额和已分配的红利总额上,两部分相加即得到了当年应分配的红利。终了红利一般为已分配红利或总保险金额的一定比例,将部分保单期间内产生的每年盈余递延至保单期末进行分配,减少了保单期间内红利来源的不确定性,使每年的红利水平趋于平稳。

增额红利法赋予寿险公司足够的灵活性对红利分配进行平滑,保持每年红利水平的平稳,并以终了红利进行最终调节。由于没有现金红利流出以及对红利分配的递延增加了寿险公司的可投资资产,同时不存在红利现金流出压力,寿险公司可以增加长期资产的投资比例,这增加了分红基金的投资收益提高的可能,提升了保单持有人的红利收入。但是在增额红利法下,保单持有人处理红利的唯一选择就是增加保单的保险金额,并且只有在保单期满或终止时才能获得红利收入,保单持有人选择红利的灵活性较低,丧失了对红利的支配权。此外在增额红利分配政策下,红利分配基本上由寿险公司决定,很难向投保人解释现行分配政策的合理性以及对保单持有人利益产生的影响,尤其在寿险公司利用终了红利对红利进行平滑后,缺乏基本的透明度。增额红利法是英国寿险公司主要采用的一种红利分配方法,这种分配方法必须在保险市场比较成熟的环境下运行。

不论是采用现金红利法还是增额红利法,分红保险的红利计算和分配是一个复杂的过程,保单持有人很难清晰地理解,也无法在自身利益受到影响时做出正确的判断和采取保护措施。因此强调分红保险基金管理中的信息公开和披露制度是保险监管的一项重要内容,保险监管机构要求保险公司每一会计年度应当至少向保单持有人寄送一次分红业绩报告,使用非专业性语言说明分红保险的投资收益情况、费用支出和费用分摊方法、本年度的盈余和可分配盈余、保单持有人应获得红利金额、增额后的保险金额、红利计算的基础和计算方法等。

二、投资连结保险

(一) 投资连结保险概念

投资连结保险(unit-linked life insurance)简称投连险,也称变额寿险(variable life insurance)。投连险是一份保障与投资挂钩的保险。设计为投资连结保险的终身寿险,其死亡保险金和账户价值随其分立账户中投资资产的投资绩效不同而变化,可以获得的身故保险金与投资账户价值相关。该险种20世纪70年代初出现在欧洲和加拿大,在英国出现时被称为投资连结保险,1976年首次在美国市场上销售时被称为变额人寿保险。该险种目前已是国外保险市场上重要的销售品种,被认为可以抵消因通货膨胀导致人寿保险死亡给付不足的问题,因为该保单投资的股票价值会随通货膨胀而上升。在我国,该类型的产品均被称为投资连结保险。我国市场上最先推出销售的该类寿险产品是1999年10月由中国平安保险公司推出的平安世纪理财投资连结保险。

在我国,投资连结保险被定义为具有保险保障功能并至少在一个投资账户拥有一定资产价值,而不保证最低收益的人身保险。

除了提供人身风险保障,投资连结保险还是一种融保险与投资功能于一身的新险种。在实务中,投保人交纳的保费一部分用于被保险人的风险保障,一旦被保险人在保险期间内发生保险事故,保险公司将根据合同约定给付保险金,其余部分保费以购买投资产品的方式转入保险公司设立的投资账户,由专业投资人员进行投资运作。

投资连结保险产品的投资风险是由投保人承担的,保险人只是负责管理投资账户。保单的账户价值可能因投资账户的收益下降而为零。因此,在美国,投资连结保险被认为是一种有价证券投资产品,经营投资连结保险产品的保险公司须作为投资公司经纪商在美国证券交易委员会注册,同时,在美国出售的各种投资连结保险保单也必须在美国证券交易委员会注册,而且只有取得经纪人或交易商许可证的销售代理人才有资格销售这类产品。

(二) 投资连结保险的运作

1. 投资账户与保单账户

投资连结保险的投资账户是指保险公司依法设立的,资产单独管理的资金账户,是保险公司提供用于保费投资的独立账户。保险公司一般会为投资连结保险产品设立一个或多个独立的投资账户。不同的投资账户具有不同的投资策略和投资组合可供投保人选择。投保人可以选择将保费分配进入一个或多个投资账户中,分配比例由投保人根据投资收益目标和风险偏好自行决定。保险公司收到保费,扣除相应费用后,按照合同约定的分配比例将保费分配转入保险公司各投资账户,用于购买相应投资账户的投资单位。投保人可以调整保费在不同投资账户间的分配比例,也可以在不同投资账户间进行资产的转换。

投资连结保险的保单账户是保险公司为了履行投资连结保险合同的保险责任,为明确投保人或被保险人的权益而为每份保险合同的投保人或被保险人设立的个人账户,用以记录投保人选择的投资账户以及在每个投资账户中所持有的投资单位数。保单账户一般在保险合同生效后或者在保险合同犹豫期结束后的首个资产评估日设立。

2. 保单账户价值的评估

(1) 保单账户中的初始投资单位数。保单账户中持有公司各投资账户的初始投资单位数,等于分配至该投资账户的保费数额除以该投资账户投资单位买入价所得的数额。

(2) 投资单位数的增减。保单账户中各投资账户内的投资单位数将随着保费的交付、各类费用的收取、全部或部分保单账户价值的转换或部分保单账户价值的领取等相应增减。

(3) 保单账户价值。

$$保单账户价值＝投资单位数×投资单位卖出价$$

3. 死亡保险金给付与保费

投资连结保险的死亡保险金的确定有两种类型,一种类型是被保险人死亡时,保险人按账户价值的一定比例(如 105％、120％等)给付身故保险金,合同终止;另一种类型是,保单中约定一个死亡保险金额,但产品给予客户 A、B 款两种不同选择,A 款按投保人约定的死亡保险金额和保单账户价值二者中较大者给付身故保险金,B 款按投保人约定的死亡保险金额和账户价值二者之和给付身故保险金。在 A 款中,当保单账户价值超过保单保额时,保险公司承担的死亡风险保额下降为零,而在 B 款中,保险公司承担的死亡风险保额恒等于保单保额。B 款产品投保人要承担更高的保障成本。

投资连结保险可以由投保人约定趸交或期交保费,约定期交保费时投保人仍需按期交费,否则影响保单效力。但随着产品的发展,投资连结保险保单也可结合下述万能寿险的产品特征设计出变额万能寿险,即在产品中提供给投保人交费金额和保额调整的灵活性。

4. 投资连结保险的费用

按照我国目前有关规定,投资连结保险可以并且仅可以收取以下几种费用。

(1) 初始费用,即保费进入投资账户之前扣除的费用。扣除初始费用后,保费按合同约定的分配比例被分配至各投资账户,用于购买相应投资账户的投资单位。

(2) 买入卖出差价,即投保人买入和卖出投资单位的价格之间的差价。

(3) 死亡风险保费,即保单死亡风险保额的保障成本。

风险保费应通过扣除投资单位数的方式收取,其计算方法为死亡风险保额乘以死亡风险保费费率。保险公司还可以通过扣除投资单位数的方式收取其他保险责任的风险保费。

(4) 保单管理费,即为维护保险合同向投保人或被保险人收取的管理费用。

保单管理费应当是一个与保单账户价值无关的固定金额,在保单首年度与续年度可以不同。保险公司不得以保单账户价值一定比例的形式收取保单管理费。

(5) 资产管理费,用于弥补保险公司进行投资账户运作时所承担的各种费用。它按照投资账户类型,于每个资产评估日根据上一资产评估日账户资产净值的一定比例收取。

(6) 手续费,保险公司可在提供账户转换、部分领取等服务时收取,用以支付相关的管理费用。

(7) 退保费用,即保单退保或部分领取时保险公司收取的费用,用以弥补尚未摊销的保单获取成本。

(三) 投资连结保险的特点

投资连结保险是一种寿险与投资基金相结合的产品。投资连结保险产品与普通型寿险产品相比较,具有以下特点。

1. 设立分立投资账户,提供专业理财服务

普通型终身寿险的保单责任准备金的资产都记入保险公司的综合投资账户,为得到较为稳定的资产回报率,其被投资于一系列的较为安全的项目。而投连险产品则设立一个以上单独的投资账户,由投保人或保单所有人自由选择,投保人交纳的保费在减去初始费用后进入投保人选择的投资分立账户,购买由保险公司本身或委托资产管理公司专业经营的投资单位。保险公司利用资金汇集的规模效应和自身的专业理财优势,采取组合投资方式进行资金运用,以提高资金运用的安全性与收益性。

2. 投保人承担投资风险,保单利益与投资绩效挂钩

投资连结保险不保证最低投资回报。保单账户价值随着所选择的投资组合中投资业绩的状况而变动,某一时刻保单的账户价值决定于该时刻其投资组合中分立账户资产的市场价值。由于投资账户不承诺投资回报,保险公司在收取资产管理费后,所有的投资收益和投资损失都由客户承担,客户在获得高收益的同时也承担投资损失的风险。同时,保单保险金给付也与投资绩效挂钩,被保险人的保障水平不确定。保单的现金价值由账户

价值扣除退保费用确定,不存在普通型寿险和分红寿险产品中确定的现金价值。因此投资连结保险适合于具有理性的投资理念、追求资产高收益同时又具有较高风险承受能力的投保人。

3. 费用项目收取清晰,投资账户管理透明

投资连结保险的各项收费或费用项目均向投保人公开,在签订保险合同时,保险公司应当说明对投资账户收取的各项费用,并得到投保人的确认。保险公司定期评估投资账户资产价值,并至少每月一次在保险监管机构认可的公众媒体上公布投资单位价格;定期公布投资账户中期报告和年度报告;每个保单周年日向投保人寄送保单状态报告。

4. 保费交付方式灵活,投资选择自由

投资连结保险的投保人可以根据自己的财务状况,在投保时选择趸交或期交保费方式确定投资计划。在期交保费方式下,保险公司在基本保费之外提供额外保费以增加投保人的可投资金额。在保险合同有效期内,投保人还可交纳追加保费以增加保单账户的价值。投连险产品可以设有一个或多个投资账户。每个账户的投资策略、投资组合与收益风险特征不同,具有不同的风险程度,投保人可以根据自身的风险承受能力选择投资账户和确定资产在不同投资账户之间的分配比例。

 **专栏 6-2**

某公司投保投资连结保险产品风险提示样本

投资连结保险产品的投资回报具有不确定性,实际投资可能获利或亏损,投保人承担全部投资风险。投资连结保险产品一般分设多个账户,由于投资目标及相应资产配置策略的不同,每个账户的风险、收益也不尽相同,请您根据自己的风险承受能力选择在各投资账户之间的资金分配。您所交纳的保费并不是全部进入投资账户用于投资,而是要扣除初始费用或在进入投资账户时收取买入、卖出差价。进入投资账户后也可能发生一定的费用支出,如资产管理费、风险保费、保单管理费等。保险公司在提供账户转换、部分领取等服务时也可能收取一定的手续费或退保费用。请详细了解所有费用扣除情况。此外,请您注意各项费用水平是否为确定的,若不确定,还应注意费用收取的最高水平或在合同条款中约定变更收费水平的方法。

三、万能人寿保险

(一) 万能人寿保险的概念

万能人寿保险(universal life insurance)是一种交费灵活、保险金额可调整,分别列示各种定价因素的寿险。自 1922 年始,精算学界不断有精算师发表论文、推导公式,逐步形成设计万能寿险的成熟想法。电脑科技的进步为弹性保费保单创造了销售的条件。1975 年,美国一名名为安德生的精算师在第七次太平洋保险会议上提出万能寿险保单的设想方案,

1979 年美国 Life of California 寿险公司开始销售万能寿险保单。

该保单针对消费者在生命周期中保险需求和支付能力的变化特点而设计,满足了客户对人寿保险的个性化需求,并能与投资公司、银行和其他金融机构提供的货币市场基金、存单等业务竞争。万能寿险的保费交纳方式很灵活,保险金额也可以调整,而且保险人的经营费用非常透明。投保人在交纳首期最低保费后可选择在任何时候交纳任何数量的保费,而且只要保单的账户价值足以支付保单的相关费用,投保人还可以选择停交保费,而保单继续有效。投保人还可以在具有可保性的前提下,提高保额或降低保额。

在我国,万能寿险是指一种具有保险保障功能并设立有单独保单账户,且保单账户价值提供最低收益保证的人寿保险。因此,万能寿险兼具保险保障与储蓄投资功能,但风险小于投资连结保险,保单可以设置最低保证利率。

(二) 万能人寿保险的运行

1. 保险金额

万能寿险一般设计为终身寿险,保单死亡保险金额的确定方式与前述投资连结保险产品相同,可以设计为死亡保险金额按账户价值的一定比例(如 105%、120%等)给付,也可以设计为 A、B 两种方式的死亡保险金额给付。

万能寿险具有很大的灵活性,这种灵活性一方面表现在可以在一定的限制范围内选择所需要的保额。如上述设计为 A、B 方式的万能寿险的客户可以在任意时候申请减少或增加保单里约定的保险金额(增加保险金额时需要重新核保),所以能适应客户对保险的个性化需求。例如,客户可以在结婚、生子、买房时申请提高死亡保障金额,而在子女长大成人、还清债务时申请降低死亡保额,由于保障金额可随着客户需求灵活变动,因而实现一张保单提供一生保障需求的设计思想。

2. 保费支付

万能寿险保单除了要求初期保费必须能够负担第一个保单周期的死亡风险保费和保单管理费用外,投保人可以在任何时刻支付他们希望交纳的保费。但寿险公司出于控制经营费用以及提高保单持续率等目的,通常会规定投保人每次所交纳的保费必须高于最低标准,同时,寿险公司还会按保单选择的交费周期向投保人发出交费通知,提醒保单所有人交纳其自愿设定的目标保费。

在我国,对于期交保费的万能寿险,寿险公司可以设定最低基本保费和最高基本保费。投保人可以选定在最低基本保费和最高基本保费之间的保费单位倍数为基本保费。投保人每期所交保费可分为基本保费和额外保费,对基本保费进行限制的原因是,基本保费和额外保费在进入个人账户之前,所扣除的初始费用的比例不一样,一般来说,基本保费扣除的初始费用比例较高。在保单有效期内,投保人还可根据自身需求选择追加保费。

对于投保人来说,只要符合寿险公司的规定并且保单的个人账户价值能够维持保单有效(也即能够支付下一期的保单管理费用和死亡风险保费),投保人就可以不交或少交保费。当保单个人账户价值不能维持保单有效时,投保人可以在宽限期内来补交保费,以维持保单有效,但如果经过寿险公司催交并过了宽限期保单所有人仍未补交保费,则保险合同效力中止。

专栏 6-3

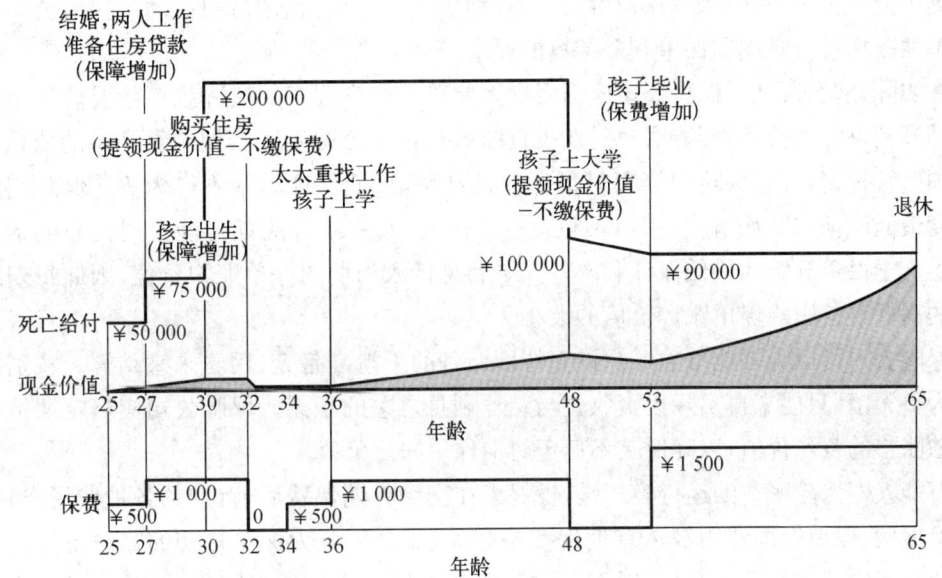

图 6-3　万能人寿保险下的生命周期保单运作

资料来源：Kenneth Black.人寿与健康保险[M].孙祁祥,等,译.北京:经济科学出版社,2003.

3. 万能人寿保险的费用

按照我国相关规定,万能保险可以并且仅可以收取以下几种费用。

(1) 初始费用,即保费进入万能账户之前扣除的费用。

(2) 死亡风险保费,即保单死亡风险保额的保障成本。

万能寿险的风险保费应通过扣减保单账户价值的方式收取,其计算方法为死亡风险保额乘以死亡风险保费费率。保险公司可以通过扣减保单账户价值的方式收取其他保险责任的风险保费。

(3) 保单管理费,即为维护保险合同向投保人或被保险人收取的管理费用。

保单管理费应当是一个不受保单账户价值变动影响的固定金额,在保单首年度与续年度可以不同。保险公司不得以保单账户价值一定比例的形式收取保单管理费。

(4) 手续费,保险公司可在提供部分领取等服务时收取,用于支付相关的管理费用。

(5) 退保费用,即保单退保或部分领取时保险公司收取的费用,用以弥补尚未摊销的保单获取成本。

万能寿险所收取的费用基本同于投资连结保险,但不得收取投资连结保险中的买入卖出差价和资产管理费。

4. 保单账户与投资账户

保险公司为万能寿险投保人设立保单账户,保单账户用于记录投保人的保单账户价值。万能寿险的保单账户价值是保费扣除风险保费及其他各项费用后在保单账户中累积的价值。保险公司为万能保险设立一个或多个单独投资账户。投资账户的资产单独管理,能够提供资产价值、对应保单账户价值、结算利率和资产负债表等信息,满足保险公司对该万能单独账户进行管理和保单利益结算的要求。

在实际经营过程中,保险公司应当根据万能单独账户资产的实际投资状况确定结算利率。结算利率定期公布,万能账户每期投资绩效是保险公司确定当期结算利率的依据。根据我国监管规定,万能保险应当提供最低保证利率,最低保证利率不得为负。保险期间内各年度最低保证利率数值应一致,不得改变。因此,每一结算周期寿险公司公布的结算利率不得低于保单规定的最低保证利率。保单利息计入当期的保单账户价值,因此每期结算利率的高低直接影响保单账户价值的大小。

保险公司可以为万能单独账户设立特别储备的平滑准备金,用于未来结算。特别储备不得为负,并且只能来自实际投资收益与结算利息之差的积累。保险公司应当定期检视万能单独账户的资产价值,以确保其不低于对应保单账户价值。

万能人寿保险账户的运行模式是,投保人在交纳首期保费后,首期的各种费用、当年死亡风险保费、保单管理费用等从首期保费中扣除,剩余部分为保单最初的账户价值。该部分价值按保险公司定期公布的结算利率复利累积升值,成为期末账户价值,同时也是下一周期的期初账户价值。在第二个周期,投保人根据自己的情况交纳或不交纳保费,若该周期的期初账户价值足以支付第二期的费用及死亡风险保费,投保人就不用交费;若账户价值不足,投保人不交纳保费时,保单会因此而失效。若投保人在第二期期初交纳了保费,则第二期的期初账户价值为上一期期末账户价值加上第二期保费减去费用和死亡保费。第二期的期初账户价值按新的结算利率计息累积到期末,成为第二期的期末账户价值。该过程不断重复,一旦其保单的账户价值不足以支付保单的费用及死亡风险保费,投保人又未交纳新的保费,则保单失效。通常情况下,保险人规定的首期保费较高,一方面是为了支付足够的首期费用和死亡给付,另一方面也为了避免保单因为对保费交纳没有严格的限制而导致保单过早失效。

(三) 万能人寿保险的特点

1. 灵活性强

万能寿险交费方式灵活,保单持有人可以在保险公司规定的幅度内选择任何一个数额,在任何时候交纳保费。投保人支付了首期保费之后,只要保单账户价值能够支付其应负担的成本与保障费用,续期保费交付时间、数额可以由保单持有人自己决定。同时,保险金额可以灵活调整。保单所有人可以自行确定期初保险金额,而且每年可以提高和降低保险金额。

一些保单还允许保单所有人选择带有生活成本调整附加条约和可保选择权的万能寿

险保单。生活成本调整附加条约的死亡给付金可以随着物价指数的上升而提高;可保选择权是允许保单所有人在未来某一年龄或某一事件发生时,不必出示可保证明就可以增加保险金额。

2. 运作透明

万能寿险具有费用透明度高的特点,表现之一是保险公司在每一张万能人寿保单上都会明确列出各项费用;表现之二是保险人定期向投保人公开保单的结算利率;表现之三是投保人每年都可以得到一份保单信息状况表,该表上列明保费、保险金额、利息、保险成本、各项费用以及保单账户价值的数额与变动状况,便于客户进行不同产品的比较,并监督保险人的经营状况。

3. 投资风险由保险公司和客户共同承担

万能寿险设立独立的投资账户,并且个人投资账户的价值有固定的最低保证利率。因此,保险公司需要承担实际投资收益率低于最低保证利率的风险。但是,客户的投资收益率是由保险人公布的结算利率确定的,结算利率每期是波动不确定的,客户也需要承担投资风险。

第三节 年金保险

一、年金保险的概念与特征

(一) 年金保险的概念

年金保险是以年金方式支付保险金的一种生存保险。

生存保险是指被保险人如果生存至保险期满(如至一定年限或至一定年龄),保险人给付保险金的一种保险。如果被保险人在保险期限内死亡,则保险人不给付保险金。生存保险这个产品设计的目的是满足被保险人生存至保险期满后的各项费用开支,如成年人的养老金准备,未成年子女的教育金或婚嫁金准备等。相比较死亡保险,生存保险保费较高,储蓄性最强。实践中,生存保险的被保险人在保险期限内死亡时,保险人一般会退还保费。

年金保险同样是以被保险人期满生存为保险金给付条件,但其保险金的支付不是期满时一次性给付,而是按合同规定,在被保险人期满生存时,以被保险人继续生存为前提条件,每隔一定的周期(通常为1年或1月)支付一定的保险金于被保险人。在年金保险中,被保险人是领取年金的人,也称年金受领人。保险人定期给付的金额称为年金领取额(或称年金收入),投保人交付的保费称年金购进额(或称年金现价)。

年金保险是生存保险的一类分支,是现代社会中很重要的寿险品种,主要产品包括儿童教育年金和养老年金。特别是随着生活水平的不断提高,生活质量的不断改善和医疗技术的日益进步,人们的预期寿命不断延长,人口老龄化已成为全世界关注的焦点。人口的老龄化问题刺激了人们对具有养老保障功能的年金保险的巨大需求,使年金保险成为解决养老问题的一条重要途径。因此本章探讨的主要为养老年金。

生存保险设计成年金保险,主要优点有二:一是分期支付,可避免被保险人使用不当,而造成保险金不能充分保障其整个生存期间的生活需要;二是年金保险只要被保险人生存,每年均可领取,因此无论寿命多长,都可获得保险金保障老年生活,保险金领取总额也不受固定金额的限制,保障充分。

(二)年金保险与人寿保险的异同

1. 年金保险与人寿保险的相同点

1)保险的功能相同

年金保险和人寿保险都为被保险人提供经济收入保障。年金保险承保的是被保险人"活得太久"的风险,对被保险人因寿命过长导致的养老费用不足提供保障。而人寿保险承保的是被保险人"死得太早"的风险,对被保险人因早逝而导致的收入损失提供保障,因此从经济角度看,它们都是对人身风险损失所作的一种财务安排。

2)承保的技术相同

年金保险和人寿保险采用相同的大量同质风险标的集合和分散技术。年金保险的投保人根据预期平均寿命交纳保费形成保险基金,为寿命过长的被保险人的养老风险提供经济保障。而人寿保险的投保人按照预期死亡率交纳保费形成保险基金,当少数被保险人早逝时,由保险人对他们的死亡风险提供保障。

3)费率厘定的要素相同

影响年金保险和人寿保险费率厘定的三个要素都是基于特定的生命表所反映的生存率或死亡率,利率以及保险公司的费用率。

2. 年金保险与人寿保险的不同点

1)防范的风险不同

年金保险防范被保险人因寿命过长而导致的生活费用来源不足的财务风险,人寿保险防范被保险人因过早死亡给家庭带来收入损失的财务风险。

2)给付条件不同

年金保险是以被保险人生存作为保险金给付条件,通常在约定年龄开始时保险公司每年、每季或每月给付保险金直至被保险人死亡为止。人寿保险是以被保险人死亡作为保险金给付条件。

3)逆选择结果不同

身体健康、预期寿命长于平均水平的人更倾向于购买年金保险,而身体不好,预期死亡率高于平均水平的人更倾向于购买人寿保险。因此为应对不同业务的逆选择风险,在人寿保险行业里,养老金业务和寿险业务采取不同的生命表定价。

4)死亡率改善对保险公司的影响不同

无论是年金生命表还是寿险生命表都有一定的安全边际。随着生活水平的提高,医疗技术的进步,人们的预期寿命不断延长,这一趋势逐渐减少了年金生命表的安全边际,扩大了寿险生命表的安全边际。因此,在年金产品和寿险产品定价时,精算师必须充分考虑未来死亡率改善这一因素对定价准确性的影响。

二、年金保险的分类

（一）按交费方式分类

按交费方式分类，年金保险可分为趸交年金保险和期交年金保险。

趸交年金是指在购买时保费一次交清的年金保险。趸交年金可以在保费交清后即期领取年金，也可以在约定时间开始领取年金。

期交年金是指在合同规定的交费期内分期交付保费的年金。

（二）按年金给付的起始时间分类

按年金给付的起始时间分类，年金保险可以分为即期年金保险和延期年金保险。

即期年金保险是指从购买年金之日起，满一个年金期间（即年金给付的时间间隔，通常为一个月或一年）后即开始给付的年金，即期年金保险采用趸交保费方式购买。

延期年金是指从购买年金之日起，超过一个年金期间后才开始给付的年金。期交年金保险都属于延期年金，它是为了满足退休后的生活费用需要而在工作期间购买的。

延期年金保险期间分为累积期间和给付期间，从投保人购买延期年金保险之日起到开始领取年金之日为止的这段时间称为累积期间，保险人给付年金的这段时间称为给付期间。在累积期间，投保人申请退保时以及当被保险人死亡时，保险合同作解约处理，并退还保单现金价值。而在给付期内，因为保险人已开始履行合同给付责任，年金保险合同不得撤销，被保险人死亡时，年金给付停止或按合同约定处理。

（三）按年金给付的终止时间分类

年金保险按年金给付的终止时间分类可分为定期年金保险和终身年金保险。

定期年金保险是指年金给付期为合同约定的期间；若约定期限届满或被保险人在约定的期限内死亡，则保险人停止给付（以两者先发生的日期为准）。

终身年金保险是指在被保险人生存期间定期给付，直至死亡停止给付的年金保险。

（四）按年金给付是否有保证分类

年金保险按年金给付是否有保证可分为保证年金保险和非保证年金保险。

保证年金保险是为防止被保险人在领取年金的早期死亡所带来的损失而设计的年金保险产品，具体分为两种：一种是期间保证年金保险，是指无论被保险人寿命长短，年金的给付都有一个保证期，若被保险人在保证期内死亡，保险人继续给付年金于其受益人，直到保证期届满时为止。另一种是金额保证年金保险，是指如果被保险人死亡时，其所领的年金数额不足所交的年金现金价值，余下的由其受益人领取。

非保证年金保险是指年金给付以被保险人生存为条件，死亡则停止给付。

 专栏 6-4

某公司保证年金条款示例

一、被保险人生存至本合同约定的养老年金开始领取日，本公司按如下约定给付养老

年金:

1. 本合同约定一次性领取养老年金的,本公司按保单载明的养老年金领取金额给付养老年金,本合同终止。

2. 本合同约定按年或按月领取养老年金的,本公司于本合同每年或每月的生效对应日按保单载明的养老年金领取金额给付养老年金,保证给付十年。如果被保险人自开始领取养老年金之日起不满十年身故,其受益人可继续领取未满十年部分的养老年金,本合同于开始领取养老年金之日起满十年的年生效对应日终止。若被保险人自开始领取养老年金之日起满十年后仍生存,可继续领取养老年金直至身故,本合同终止。

二、被保险人在本合同约定的养老年金开始领取日前身故,本公司按本合同的现金价值给付身故保险金,本合同终止。

(五) 按被保险人人数分类

年金保险按被保险人的人数可分为个人年金保险、联合年金保险、最后生存者年金保险、联合及生存者年金保险。

个人年金保险又称为单生年金保险,被保险人为独立的一人,是以个人生存为给付条件的年金保险。

联合年金保险是指以两个或两个以上被保险人的生存作为年金给付条件的年金保险。这种年金的给付持续到最先发生的死亡时为止。

最后生存者年金保险是指以两个或两个以上被保险人中至少尚有一个生存作为年金给付条件,且给付金额不发生变化的年金保险。这种年金的给付持续到最后一个生存者死亡为止。

联合及生存者年金保险是指以两个或两个以上被保险人中至少尚有一人生存作为年金给付条件,但给付金额随着被保险人人数的减少而进行调整的年金保险。这种年金保险的给付持续到最后一个生存者死亡为止。

(六) 按年金给付数额是否变化分类

年金保险按年金给付数额是否变化分为定额年金保险和变额年金保险。

定额年金保险是指每次按确定数额给付年金的年金保险。这种年金的给付额在合同订立时即是确定的,不随投资收益水平的变动而变动,也不因为市场通货膨胀的存在而变化。在我国,普通型年金保险即为定额年金。

变额年金保险是指保单累积价值和每月给付金额随分立投资账户的业绩上下波动的年金。变额年金保险也即投资连结型年金保险,属于创新型寿险产品,此类年金保险有效地解决了通货膨胀对被保险人生活状况的不利影响。

三、年金保险的主要产品类型

按产品设计形态不同,我国年金保险产品可区分为普通年金保险、新型年金保险、个人延税型养老保险和住房反向抵押养老保险。

（一）普通年金保险

普通年金保险产品是传统的年金保险产品种类,其目的是以年金的方式为被保险人提供老年退休收入和生活保障的一种保险。普通年金保险产品也具备普通寿险的确定保额、确定保费和确定利率的特征。被保险人根据合同条款的约定,选择趸交或期交确定保费,在给付期开始后由保险人按合同约定给付固定金额年金或定额递增年金。

普通年金保险产品给客户提供确定的、不浮动不调整的预定利率,产品投资风险低。但是由于预定利率确定,普通年金保险产品收益率也较低,年金价值面临着由于通货膨胀导致的贬值威胁,产品提供的实际养老保障水平在不断下降。

（二）新型年金保险

在我国,新型人身保险产品包括分红保险、万能寿险和投资连结保险;新型年金保险产品包括分红型年金保险、万能型年金保险、变额年金保险。

1. 分红型年金保险

分红型年金保险是指在合同有效期内,保险公司每年将根据上一会计年度分红年金保险业务的实际经营状况,按照监管规定将可分配盈余的一部分对投保人进行分红的年金保险。分红型年金保险有确定的现金价值表,同时还对投保人提供不确定的保单分红。

2. 万能型年金保险

万能型年金保险是指对投保人提供年金保费交费灵活,年金领取金额可便利调整,同时保单设立万能投资账户,投资账户提供最低保证收益率,按公布结算利率浮动调整的年金保险。

专栏 6-5

条款示例：某公司万能型年金保险产品保险责任条款

1.1　保险责任

在本主险合同保险期间内,我们承担如下保险责任：

年金

本主险合同年金领取年龄及领取比例由您在投保时与我们约定,并在保险单上载明。在本主险合同保险期间内,您可以申请变更年金领取年龄和领取比例。

在被保险人 60 周岁的保单周年日（含 60 周岁的保单周年日）之后,且本主险合同生效已满 5 年,被保险人仍生存,我们自您与我们约定的领取年龄保单周年日开始,于每年的保单周年日按照您与我们约定的年金领取比例乘以本主险合同所交保费给付年金。

每个保单年度领取的年金不得超过所交保费的 20%,且不得超过本主险合同保单账户价值。

年金领取后,保单账户价值、本保险产品提前给付重大疾病保险基本保险金额以及本保险产品一年期定期寿险基本保险金额按领取的金额等额减少。

身故保险金

若被保险人于第 1 个保单年度内身故,我们按下列两者的较大值给付身故保险金,本主险合同终止。

(1) 所交保费与部分领取的差额;

(2) 被保险人身故当时的保单账户价值。

若被保险人于第 2 个及以后保单年度内身故,我们按被保险人身故当时的保单账户价值给付身故保险金,本主险合同终止。

给付的身故保险金已包含身故当时的保单账户价值。

上述所交保费包括您已交纳的期交保费、追加保费及补交的缓交期交保费。

1.2　保险期间

本主险合同的保险期间为终身,自本主险合同生效时起至被保险人身故时止。

分红型年金保险和万能型年金保险的产品设计特征和监管规定基本相同于前述分红寿险和万能寿险,下面我们主要对我国监管有特殊规定的投资连结型的变额年金保险进行介绍。

3. 变额年金保险

1) 国际市场上变额年金保险的产生和发展

国际上,变额年金保险最早由美国教师保险和年金协会(Teachers Insurance and Annuity Association, TIAA)于 1952 年设计,并由该协会建立的与变额年金相适应的基金组织——大学退休证券基金(CREF)专门提供给大学教员,以作为退休金计划的一部分。TIAA 是非营利性保险组织,其组织形态类似于相互保险公司。推出变额年金保险的背景是,第二次世界大战结束不久,又发生了朝鲜战争,美国国内经济出现问题,通货膨胀率高居不下,美元产生危机,确定给付额的传统年金保险销售困难,在此情形下,具有防范通货膨胀功能的变额年金保险应运而生。在 TIAA 的带动下,美国一些私营保险公司也逐渐开始设计和销售变额年金保险。但是,这段时间里这一批第一代变额年金保险发展缓慢。

直到 20 世纪 70 年代末,随着金融市场共同基金投资的盛行,万能寿险与变额年金保险首先在欧美国家成功出现。变额年金保险的原理与之类似,稍加修改后,第二代变额年金保险便在欧美产生,并在市场上大获成功。从产品设计原理上看,变额年金保险的产生和发展,与市场经济中通货膨胀的不可避免性及证券市场中共同基金的产生有密切关联,主要产生原理有三个:一是通货膨胀风险与资产保值原理;二是投资增值的复利原理;三是定期定额投资的平均成本和分散投资风险原理。

变额年金保险即投资连结保险和年金保险的结合。变额年金保险也都设有独立的投资账户,通常保险人为满足投保人的不同偏好,一般设立多个投资基金子账户,由投保人自由选择加入。投保人所交保费,在扣除相关费用后,可依据投保人的要求按一定比例分配进入保险人所设立的一个或数个投资基金账户,该账户与保险人的其他资金管理相分离,独立运作,由专职投资人员进行投资管理,所有投资利润归投保人。在年金累积期间,投保人可以根据市场变化和个人风险偏好,指示保险人将其累积资金在不同基金账户之间转移。投保人在累积期间也可以提款或退保,但必须支付相应提款或退保手续费。

变额年金保险在累积期间和给付期间分别设立累积单位和给付单位。投保人交纳的保费扣除相关费用后,用于购买保险人管理的累积单位。累积单位的市场价格每天都在波动,所以账户价值也不断变动。投保人购买的累积单位数根据下列公式确定:

$$累积单位数 = \frac{交入变动账户的净保费额}{交费当日所选基金的市场价格(单位净值)}$$

$$变额年金保险各基金总额 = 累积单位总数 \times 每一基金单位净值$$

当变额年金保险合同累积期结束,要进入给付期时,年金领取人有三项选择:①固定金额给付;②变额金额给付;③上述两者的组合。当年金领取人选择变额给付时,则需将累积单位以当日市场价格赎回后再购买年金给付单位,因此购买的给付单位数量受购买日给付单位价格的影响。一旦换算成给付单位数后,则该单位数量不变,但每一给付单位价格会随市场价格的变动而变动,因此,每期固定的给付单位数对应的实际给付金额也会随之变动。

2) 我国变额年金保险的定义和特点

在我国,根据 2011 年 5 月保监会颁布的《变额年金保险管理暂行办法》的规定,变额年金保险是指包含保险保障功能,保单利益与连结的投资账户投资单位价格相关联,同时按照合同约定具有最低保单利益保证的人身保险。

变额年金保险应当约定年金给付保险责任,或提供满期保险金转换为年金的选择权。年金给付应当在保单签发时确定领取标准,并不允许趸领。年金选择权可以在保单签发时保证领取标准,或在满期保险金转换为年金时再确定年金的领取标准。

根据规定,我国变额年金保险可以提供以下最低保单利益保证。

(1) 最低身故利益保证,是指被保险人身故时,若保单账户价值低于保单约定的最低身故金,受益人可以获得最低身故金;若保单账户价值高于最低身故金,受益人可以获得保单账户价值。

(2) 最低满期利益保证,是指保险期间届满时,若保单账户价值低于保单约定的最低满期金,受益人可以获得最低满期金;若保单账户价值高于最低满期金,受益人可以获得保单账户价值。

(3) 最低年金给付保证,是指在保单签发时确定最低年金领取标准。

(4) 最低累积利益保证,是指在变额年金保险累积期内的当前资产评估日,若投资单位价格低于历史最高单位价格的约定比例,保单账户价值以历史最高投资单位价格的该比例计算;若投资单位价格高于历史最高投资单位价格的约定比例,保单账户价值以投资单位价格计算。历史最高投资单位价格,是指账户设立以来的最高投资单位价格。

变额年金保险可以连结到一个或多个投资账户。变额年金保险保单的账户价值为保单连结的投资账户单位数乘以投资单位价格。在最低累积利益保证的情形下,若投资单位价格低于历史最高单位价格乘以约定比例,保单账户价值为保单连结的投资账户单位数乘以历史最高单位价格乘以约定比例。变额年金保险保单连结多个投资账户的,保单账户价值应当将保单在各个投资账户中的价值加总计算。变额年金保险的现金价值为保单账户价值与退保费用之间的差额。

变额年金保险的费用结构与上限,与投资连结保险产品的费用规定相同。但除投连险可以收取的费用外,保险公司对于变额年金保险还可以收取保证利益费用,即保险公司为提供最低保单利益保证而收取的费用。保证利益费用可以按照保单账户价值或最低保单利益保证的一定比例,并以扣除投资单位数的方式收取。

综上所述,我国变额年金保险具有六大特点:①由保险公司设立独立账户,与其他资产隔离;②投资收益完全归属投保人,保险公司只按保单约定收取各项费用;③投资单位价格定期公布;④可提供最低保单利益保证;⑤提供年金给付方式或年金转化权;⑥保险保障风险完全由保险公司承担,且保险公司承担提供最低保证带来的风险。其中,值得注意的是,变额年金保险虽然是投资连结型的年金保险,但在我国的监管规定下,与投资连结型的寿险产品有着重要的区别:变额年金保险可以提供最低保单利益保证。

(三) 个人延税型养老保险

1. 延税型养老保险概念

养老年金保险产品按是否享受税收优惠政策可以划分为适格年金保险(qualified annuity)和非适格年金保险(non-qualified annuity)。所谓适格年金保险,即指符合税收优惠政策的要求,可以享受税收优惠的年金保险产品。年金保险可以享受的税收优惠政策,主要指以 EET 模式享受延税减税优惠。

EET 模式是指在补充养老保险业务购买阶段、资金运用阶段免税,而在养老金领取阶段征税的一种年金税收模式。借助字母 E(exempting)和字母 T(taxing)分别表示免税和征税待遇,根据补充养老保险交费、账户累积增值和养老金领取的实际税收政策描述三阶段的税收政策:EET 模式中,第一个字母 E 是指交费期内每期交费可以在交纳个人所得税前扣除,享受免税待遇,第二个字母 E 是指养老保险账户累积期内所产生的投资收益增值,当期可以免交个人所得税,第三个字母 T 则是指当年金领取人退休后根据合同每期领取的养老年金要进行征税,因而组合三阶段的税收政策形成 EET 模式的养老保险产品。

EET 模式实际上是一种延迟纳税(tax-deference),把本来应该当期交纳的税收延迟到退休交纳,但因为退休后收入一般比在职期间减少,所以该产品不仅有延税的效果,也产生减税的效果。另外,EET 模式中也不存在对收入的双重征税。目前为鼓励国民积极自愿建立自己的养老保险计划,政府大力借助税收优惠刺激补充养老保险的发展,EET 模式的补充养老保险成为国际主流补充养老产品。但不同国家的税收优惠政策在优惠模式或具体优惠程度上存在不同规定。

2. 我国个人延税型养老保险产品

2018 年 4 月,我国财政部等部门联合发布《关于开展个人税收递延型商业养老保险试点的通知》,自 5 月 1 日起,在上海市、福建省(含厦门市)和苏州工业园区实施个人税收递延型商业养老保险试点,试点期限暂定一年。对试点地区个人通过个人商业养老资金账户购买符合规定的商业养老保险产品的支出,允许在一定标准内税前扣除;计入个人商业养老资金账户的投资收益,暂不征收个人所得税;个人领取商业养老金时再征收个人所得税。适用试点税收政策的纳税人,是指在试点地区取得工资薪金、连续性劳务报酬所得[连续6 个月以上(含 6 个月)为同一单位提供劳务而取得的所得]的个人,以及取得个体工商户生产经营所得、对企事业单位的承包承租经营所得的个体工商户业主、个人独资企业投资者、合伙企业自然人合伙人和承包承租经营者,其工资薪金、连续性劳务报酬的个人所得税扣交单位,或者个体工商户、承包承租单位、个人独资企业、合伙企业的实际经营地均位于试点地区内。具体规定有如下三点。

(1) 个人交费税前扣除标准。取得工资薪金、连续性劳务报酬所得的个人,其交纳的保费准予在申报扣除当月计算应纳税所得额时予以限额据实扣除,扣除限额按照当月工资薪金、连续性劳务报酬收入的 6% 和 1 000 元孰低办法确定。取得个体工商户生产经营所得、对企事业单位的承包承租经营所得的个体工商户业主、个人独资企业投资者、合伙企业自然人合伙人和承包承租经营者,其交纳的保费准予在申报扣除当年计算应纳税所得额时予以限额据实扣除,扣除限额按照不超过当年应税收入的 6% 和 12 000 元孰低办法确定。

(2) 账户资金收益暂不征税。计入个人商业养老资金账户的投资收益,在交费期间暂不征收个人所得税。

(3) 个人领取商业养老金征税。个人达到国家规定的退休年龄时,可按月或按年领取商业养老金,领取期限原则上为终身或不少于 15 年。个人身故、发生保险合同约定的全残或罹患重大疾病的,可以一次性领取商业养老金。

对个人达到规定条件时领取的商业养老金收入,其中 25% 部分予以免税,其余 75% 部分按照 10% 的比例税率计算交纳个人所得税,税款计入"其他所得"项目。税款由保险公司代扣代交。

税延养老保险试点启动预示着作为中国养老保险体系"第三支柱"的个人商业保险迎来崭新战略机遇期。作为准公共产品,税延养老保险产品设计和保障服务不仅风格稳健,保障功能也趋于全面。

中国银行保险监督管理委员会随后制定颁布了《个人税收递延型商业养老保险产品开发指引》(以下简称《产品指引》)和《个人税收递延型商业养老保险业务管理暂行办法》。按我国监管机构规定,延税型养老保险分为积累期和领取期两个阶段,积累期还设置全残保障和身故保障额外支付,强化了税延养老保险产品的保险保障功能,领取期可以是终身领取或不少于 15 年的长期领取等方式。税延养老保险产品采取账户式管理模式,账户内提供多种产品选择,每个参保人个人账户中所交保费、费用收取、投资收益、资金总额、养老金领取情况等均清晰透明,可随时查询。为满足不同类型客户差异化的需求,税延养老保险将提供多种产品设计类型，即按照积累期养老资金收益类型的不同，有收益确定型（定额年金）、收益保底型（万能型）、收益浮动型（投资连结型）三类产品。《产品指引》还规定了各类税延养老保险产品可收取的费用项目和收费水平上限，要求保险公司向参保人明示收费情况，并在保险合同中载明。

（四）住房反向抵押养老保险

住房反向抵押养老保险，是"以房养老"模式下的养老保险产品，是一种将住房抵押与终身养老年金保险相结合的创新型商业养老保险业务。住房反向抵押养老保险，是指拥有房屋完全产权的老年人，将其房产抵押给保险公司，继续拥有房屋占有、使用、收益和经抵押权人同意的处置权，并按照约定条件领取养老金直至身故；老年人身故后，保险公司获得抵押房产处置权，处置所得将优先用于偿付养老保险相关费用。

住房反向抵押养老保险（或住宅反向抵押贷款）可以帮助客户实现财务资源和生活资源在其一生中的较合理的分配。一个选择购买房屋解决自己住房问题的普通居民为维持一定的当前生活水平，通常没有更多储蓄来准备足够的退休金应对退休生活的需要。当他们退休时，房屋贷款通常已经还完，居住问题已经解决，但是却又面对没有足够的定期收入来源支持体面的退休生活的问题，尤其在预期寿命越来越长的现代社会。这时，为解决老年人的养老风险的住房反向抵押养老保险便应运而生。

2013 年，《国务院关于加快发展养老服务业的若干意见》颁布，明确要求开展老年人住房反向抵押养老保险试点。随后 2014 年 6 月，中华人民共和国保险监督管理委员会（以下简称保监会）发布《关于开展老年人住房反向抵押养老保险试点的指导意见》，在北京、上海、广州和武汉四地，正式启动住房反向抵押养老保险试点。相关政策推出完善后，2015 年 3 月，保监会批复幸福人寿的幸福房来宝老年人住房反向抵押养老保险产品。2015 年 4 月，该产品在北京、上海、武汉三地完成首批承保，试点期间优先面向孤寡失独老人、低收入家庭和高龄老年群体。2016 年 7 月，保监会发布《关于延长老年人住房反向抵押养老保险试点期间并扩大试点范围的通知》，延长反向抵押保险试点期间。截至 2019 年 4 月底，幸福人寿推出的《幸福房来宝老年人住房反向抵押养老保险（A 款）》产品，累计承保 194 单（133 户），其中北京、上海、广州三地的保单数占比较多。据统计，该保险产品平均每月每户发放养老金 8 000 元，根据地区房产价格的不同，每户领取每月最高 3 万多元，最低 2 000 多元。我国住房反向抵押养老保险总体发展缓慢。

专栏 6-6

美国的"以房养老"市场发展状况

住房反向抵押贷款最早源于荷兰，但美国、加拿大、日本等国家此项业务发展更为成熟。随着社会养老保障压力增大，美国政府于 20 世纪末开始关注住房反向抵押贷款，并通过了《1987 国家住房法案》，按照法案规定，联邦住宅和城市开发部联合设计开发了住房权益转换抵押贷款。

美国住房反向抵押贷款产品主要有三种：联邦住房管理局担保的房产价值转换抵押贷款，联邦国民抵押贷款协会（房利美）提供的住房持有者贷款和老年人财务自由基金公司提供的财务自由贷款。这三种产品几乎占据了当今美国住房反向抵押贷款市场的所有份额。

在美国，凡是年龄在 62 岁以上的老年人家庭，不论其家庭财产或收入状况如何，都可以用独立拥有产权的房产价值转换抵押贷款。从实际运作上来看，借款人的年龄平均为 75 岁。贷款的领取方式比较灵活，可以采取终生按月领取、一定时间按月发放、在一定限额内自由支取或者是采取最后一种方式和前两种方式的结合。目前，采用最多的方式是一定限额内自由领取。

应该说住房反向抵押贷款只是各国养老保险制度的一种补充形式，即便在这项业务开展十分成熟的美国，它依然是一种小众产品。但是对于人口老龄化严重、政府养老压力大的国家来说，它还是起到了缓解压力的作用，同时也促进银行、房地产、保险、中介等金融机构业务发展。

本 章 小 结

（1）人寿保险是人身保险中最基本、最主要的种类，它是以被保险人的寿命为保险标的，以被保险人死亡或生存为保险事故的人身保险业务。

人寿保险按产品设计形态不同分为普通型寿险和新型寿险。

（2）新型人寿保险包括分红保险、投资连结保险和万能保险。分红保险是投保人可以参与保险公司盈余分配的一种保险产品；投资连结保险是死亡保险金和账户价值随投资账户资金的投资业绩波动的保险产品；万能寿险是一种交费灵活、保额可调整、结算利率浮动，但可以提供最低保证收益的保险产品。

（3）年金保险是一种特殊的生存保险，是指在被保险人生存期间，按合同的规定，每隔一定的周期支付一定的保险金给被保险人的一种保险。

关键概念索引

分红保险　死差益　利差益　费差益　万能寿险　投资连结保险　年金保险　即期年金保险　延期年金保险　定额年金保险　变额年金保险　税收递延型养老保险

复 习 思 考 题

1. 简述新型人寿保险产品的分类。
2. 简述分红保险的红利来源和分红方式？
3. 比较普通型人身保险、分红保险、投资连结保险和万能寿险的异同。
4. 比较变额年金保险和投资连结保险的不同。
5. 简述我国个人税收递延型养老保险的特点。
6. 什么是住房反向抵押养老保险？

第七章　人身意外伤害保险

本章要点

- 人身意外伤害保险的概念与特征
- 人身意外伤害保险的分类
- 人身意外伤害保险的保险责任与除外责任
- 人身意外伤害保险的给付方式

思政目标

（1）强调国家安全是国家发展的前提和人民安康的基础，人身意外伤害保险是构筑国家安全网的重要一环。

（2）强调人身意外伤害保险在完善中国特色社会主义事业保障体系中的重要作用，增强学生的职业荣誉感。

> 意外伤害风险贯穿人的一生，无论年幼还是年老，人们对意外伤害的保障需求是终生存在的。人身意外伤害保险属于保障性质的人身保险产品，而且以短期产品为主，其保费收入占比不高，但人身意外伤害保险是适用面最广泛、承保年龄最宽松、普及社会生活方方面面、具有重大社会意义的人身保险产品，它在保障经济社会稳定发展中承担着重要的社会责任。本章重点介绍人身意外伤害保险的概念、特征、分类和具体保障内容。

第一节　人身意外伤害保险概述

一、人身意外伤害保险的概念

人身意外伤害保险是当被保险人因遭受意外伤害使其身体残疾或死亡时，保险人依照合同规定给付保险金的人身保险。

人身意外伤害保险概念中的意外伤害是确定给付条件的前提。意外伤害是指在被保险人没有预见到或违背被保险人意愿的情况下,突然发生的外来致害物对被保险人的身体明显、剧烈地侵害的客观事实。意外伤害包含"意外"和"伤害"两个必要条件。目前,我国保险公司通常对意外伤害的界定是指被保险人遭受外来的、突发的、非本意的、非疾病的使其身体受到剧烈伤害的客观事件。

1. 意外

意外是针对被保险人的主观状态而言的,它是指伤害事件的发生是被保险人事先没有预见到的,或伤害事件的发生违背了被保险人的主观意愿。意外事故既是伤害的直接原因,也是被保险人或受益人主张保险给付的根据。意外事故是指外来的、突然的、非本意的事故,只有同时具备"外来""突然""非本意"三个条件才能构成意外伤害保险合同的保险事故。

(1) 外来性。外来是指伤害纯系由被保险人身体外部的因素作用所致,如发生交通事故、不慎落水、遭雷击、遭蛇咬、煤气中毒等。如果伤害由自己身体的疾病而引起,则不属于意外事故。

(2) 突发性。突发是指人体受到强烈而突然的袭击形成的伤害。如果伤害系由被保险人长期劳作损伤所致,如地质勘探工作者、运动员长年运动致腰及关节损伤等就不是意外事故;若伤害系由某些事件的原因在较长时间里缓慢发生,如长期接触某类化学物质引起慢性中毒,这些由于是可以预见的,一般也不属于意外伤害。

(3) 非本意。非本意是就被保险人的主观状态而言的,指伤害的发生是被保险人事先没有预见到的或伤害的发生违背被保险人的主观意愿。

被保险人事先没有预见到的伤害,包括两种情况:一是伤害的发生是被保险人事先所不能预见或无法预见的;二是伤害的发生是被保险人事先能够预见到的,但由于被保险人疏忽而没有预见到。被保险人事先没有预见到的伤害,必须是偶然发生的事件或突然发生的事件。

伤害的发生违背被保险人的主观意愿,也包括两种情况:一是被保险人预见到伤害即将发生时,在技术上已不能采取措施避免;二是被保险人已预见到伤害即将发生,在技术上也可以采取措施避免,但由于法律或职责上的规定,不能躲避。如警察在执行任务时的伤亡属于意外伤害。

2. 伤害

伤害是指被保险人的身体受到外来致害物侵害的客观事实。伤害由致害物、侵害对象、侵害事实三个要素构成,三者缺一不可。

(1) 致害物,是指直接造成伤害的物体或物质。没有致害物就不可能构成伤害。按照致害物进行分类,伤害一般分为器械伤害、自然伤害、化学伤害和生物伤害等。与健康保险中的疾病保险承保被保险人身体内部形成的疾病不同,在意外伤害保险中,只有致害物是外来的,才被认为是伤害,凡是在体内形成的疾病对被保险人身体的侵害不能构成意外伤害。

(2) 侵害对象,是指致害物侵害的客体。在意外伤害保险中,只有致害物侵害的对象是被保险人的身体时才能构成伤害,即这里的伤害必须是身体或生理上的伤害,而非精神上或人身权利上的侵害。这里的身体是指一个人的生理组织的整体,有时专指躯干和四肢。人工装置以代替人体功能的假肢、义眼、假牙等,不是人身躯体的组成部分,不能作为意外伤害保险的保险对象。

(3) 侵害事实,是指致害物以一定的方式破坏性地接触、作用于被保险人身体的客观事实。如果致害物没有接触或作用于被保险人的身体,就不能构成伤害。侵害的方式有碰撞、撞击、坠落、跌倒、坍塌、淹溺、灼烫、火灾、辐射、爆炸、中毒、触电、掩埋、倾覆等。

致害物、侵害对象、侵害事实三者之间必须存在因果关系,即构成伤害须存在致害物以一定的方式破坏性地作用于被保险人身体的客观事实。

 专栏 7-1

突然死亡——一起看似"意外"的保险案件

　　2005 年 9 月,马某在光大永明人寿保险有限公司北京分公司为其父投保永宁康顺综合个人意外伤害保险,保额为 5 万元人民币。依照条款约定,当被保险人遭受意外事故并且因此导致身故或高度残疾时,保险公司应承担保险责任。2006 年 3 月 26 日,老人在超市购物时倒地,经抢救无效身故。北京市海淀区公安分局刑侦大队介入此案并对尸体进行了检验,尸检报告结论为"马某尸体全身未见重要外伤,心血中未检出常见毒物,可排除外伤及中毒。结合案情,不排除猝死。此类疾病,可因过度劳累、情绪激动以及外伤等作为其诱发因素"。光大永明人寿保险公司经过调查后认为,被保险人身故原因不属于合同约定的"意外事故",因此做出了拒赔决定。

　　资料来源: 突然死亡并不等于保险意外事故——一起看似"意外"的保险纠纷案件(2008-04-03)[2018-06-23].http://www.china-insurance.com/news-center/newslist.asp? id=111391.

二、人身意外伤害保险的特征

(一) 人身意外伤害保险与人寿保险的比较

　　人身意外伤害保险与人寿保险同属人身保险,都以人的生命与身体为保障对象,因而两者在订立合同原则上是一致的,如确定保额的方法与原则,但人身意外伤害保险业务在经营方式上与人寿保险有重大区别,因而人身意外伤害保险业务也可由财产保险公司经营。人身意外伤害保险与人寿保险的区别主要有以下几点。

　　1. 承保风险不同

　　人寿保险承保的是人的生死,无论正常衰老、疾病、意外致亡都属人身保险保障内容,影响其死亡的最主要的风险因素是被保险人的年龄;而意外伤害保险保障的是外来的、剧烈的、突然的事故对人体造成的伤害,对每个被保险人来说,意外风险的发生与年龄关系不大,而与被保险人从事的职业与生活环境密切相关。

　　2. 承保条件不同

　　相对于其他人身保险业务而言,人身意外伤害保险的承保条件一般较宽,高龄者也可以投保,而且对被保险人不必进行体检。人身意外伤害保险承保被保险人因外来、突发性意外事故导致的身体残疾或死亡的保险金给付,其风险主要与职业、工种有关。人寿保险则是以被保险人在一定时期的生存或死亡为保险金的给付条件,与被保险人的年龄关系密切,高龄者作为初保客户一般不被接受。

3. 保险期限不同

人身意外伤害保险大多是短期保险,一般不超过1年,甚至还有极短期的7天以下的业务,如交通工具意外险往往保险期限只有几小时。因此,意外伤害保险的保险期限有按时间确定的,也有按事件的起始确定的,如航空意外伤害保险保障航空旅客踏入飞机舱门开始直至飞抵目的地走出舱门为止,在登机、飞机滑行、飞行、着陆期间发生的意外伤害。人寿保险则保险期限较长,少则1年,长则几十年甚至终身。因为保险期限不同,意外伤害保险为节省签单成本,通常使用保险凭证等简式保单,而人寿保险则通常使用正式的保单作为合同的证明。

4. 厘定费率的依据不同

人寿保险在厘定费率时按人的生死概率选择不同的生命表进行计算。不同年龄、不同性别的人购买寿险时所交的保费不同。同时,由于人寿保险主要为长期寿险,因此厘定费率时要考虑利率因素,选取预定利率进行定价。意外伤害保险费率的厘定则是根据过去各种意外伤害事故发生概率的经验统计计算,注重职业危险性,还与特定季节以及特定场所有密切关系。在普通意外伤害保险产品定价时,保险人一般将不同风险的职业划分为几个等级,每一等级采取不同的费率。同时,由于意外伤害保险多为1年及1年以下业务,因此厘定费率时不考虑利率因素。

 专栏7-2

意外保险中为什么有职业分类表

被保险人的职业性质是影响人身险尤其是意外险定价的重要因素,职业风险越高,费率也就越高,因而确定意外险的费率都需要有职业分类表。由中国保险行业协会组织编制的《商业保险职业分类与代码》,将职业归为20个大类、256个中类、1 842个细分类职业。如同样是金融业,就被分为银行信贷员、证券交易员、保险业务员等21个细分类职业。每一职业大类、中类和细类均被赋予一个对应的代码,以方便保险公司进行系统开发、职业识别和校验。保险行业协会也将根据后期收集的行业数据,结合实际经验数据对不同职业风险等级进行规范。

消费者需要注意的是,购买保险时,对于职业类别的说明不能忽略,它不但关系到保费的高低,而且可能和事后的理赔相联系。当职业发生变化后,应主动向保险公司进行告知,办理相应的职业变更手续,再由保险公司做出保费增加、不变或拒保的决定。

资料来源: 黄蕾.职业分类规范首成型 保险费率按"工种"确定[N].上海证券报,2015-01-13.

5. 保险金给付条件不同

人身意外伤害保险和人寿保险都是采取定额给付方式,其保险合同都是给付性质的合同。人身意外伤害保险的保险金给付主要分为死亡给付和伤残给付两种方式：当被保险人死亡时，保险人依照保险合同条款中的约定，如数给付死亡保险金；伤残保险金给付较为复杂，其数额须依据被保险人的伤残等级按保险金额的一定百分比计算给付，当伤残保险金给付未达到给付的最高限额时，保险合同继续有效。人寿保险合同的定额给付不存在比例给付规定，只要是被保险人在合同约定的时间生存或死亡，保险人按合同约定履行给付保险金义务后，合同即告终止。

6. 产品功能不同

人身意外伤害保险多属于保障性业务，保费一般不具有返还性，没有现金价值，产品没有储蓄和投资功能；而人寿保险产品大多具有储蓄性或投资性，保单具有现金价值，通常可以用来办理质押贷款。

7. 经营管理方式不同

人寿保险一般是长期性业务，采取均衡保费，因而为满足将来的死亡给付或期满给付的储蓄保费，连同其按复利方式所产生的利息构成人寿保险的责任准备金，以保证将来履行保险责任。意外伤害保险则因为纯保险费率计算原理与非寿险相同，与寿险业务有着很大的不同，所以责任准备金的计算也就采用财产保险的计提原理，按当年保费收入的一定百分比计算。

综上所述，人身意外伤害保险属于人身保险产品，但是在很多方面特别是经营管理方式上却与财产保险业务相同，因此，财产保险公司也可以经营意外伤害保险。

（二）人身意外伤害保险与人身伤害责任保险的比较

人身意外伤害保险是人身保险业务中的一种，而人身伤害责任保险是财产保险中责任保险的一种。两者的区别可从下述几方面界定。

1. 保险标的不同

人身意外伤害保险的保险标的是被保险人的身体和生命；人身伤害责任保险的保险标的是被保险人对他人依法应承担的民事赔偿责任。

2. 保障范围不同

人身意外伤害保险对凡是保险责任范围内的事故造成被保险人死亡、伤残的，保险人均负责赔偿；人身伤害责任保险则只有当被保险人依据法律对第三者负有法律赔偿责任时，保险人才履行赔偿责任。

3. 适用的原则和赔付金额的确定方式不同

人身意外伤害保险适用定额给付原则，给付金额是根据保险合同中规定的死亡或伤残程度给付标准来给付保险金；人身伤害责任保险适用补偿原则，保险赔偿是以被保险人依照法律或合同对第三者的人身伤害承担民事赔偿责任为依据，赔偿金额以保单规定的被保险人应对第三者负责的赔偿限额为最高限额。

4. 合同主体不同

人身意外伤害保险的投保人既可以为自己投保，也可以为与其有保险利益的其他自然人投保，投保人与被保险人可以为同一人，也可为不同人，并且合同需要指定受益人；人身伤害责任保险的投保人与被保险人一般为同一人,合同不需要指定受益人。

人身意外伤害保险的被保险人只能是自然人,是可能遭受意外伤害的人;人身伤害责任保险的被保险人可以是自然人,也可以是法人,是可能承担民事赔偿责任的人。

第二节　人身意外伤害保险的分类

人身意外伤害保险根据不同的分类标准,在市场上有多种多样的产品类别。

一、按照投保方式不同分类

按照投保方式不同,人身意外伤害保险可以分为个人意外伤害保险和团体意外伤害保险。

(一) 个人意外伤害保险

个人意外伤害保险是以个人作为保险对象的各种意外伤害保险,市场上大多数的意外伤害保险产品都针对个人客户设计销售。

(二) 团体意外伤害保险

团体意外伤害保险是以团体为保险对象的各种意外伤害保险。团体意外伤害保险是我国意外伤害保险中非常重要的产品。团体意外伤害保险产品很多,它们的基本特点如下:以特定团体为投保人;用对团体的选择取代了对个别被保险人的选择;规定最低保险金额;保险费率低,可根据工作性质的不同采用不同的费率标准。

二、按照保险承保风险不同分类

按照保险承保风险不同,意外伤害保险可以分为普通意外伤害保险和特种意外伤害保险。

(一) 普通意外伤害保险

普通意外伤害保险又称一般意外伤害保险。该保险是以意外事故造成被保险人死亡或伤残为保险责任,但不具体规定事故发生的原因和地点。这类意外伤害保险是为被保险人在日常生活中因一般风险导致的意外伤害而提供保障的一种保险。在实际业务中,大多数意外伤害保险均属普通意外伤害保险,如我国现开办的各种团体意外伤害保险、个人意外伤害保险、学生团体意外伤害保险等。这类产品属于意外伤害保险的主要险种,其主要特点是以1年期为保险期限,承保一般的可保风险。

(二) 特种意外伤害保险

特种意外伤害保险是指在特定时间、特定地点或由于特定原因而导致的意外伤害事件的保险,该保险与普通意外伤害保险相比较为特殊,故被称为特种意外伤害保险。其种类主要有旅行意外伤害保险、公共交通工具意外伤害保险、电梯乘客意外伤害保险及特种行业意外伤害保险等。这类产品的主要特点是承保特殊风险、保险期限短且限定特定场所和行程、意外伤害的风险较高。在实际业务中,由于保险期限非常短,保险凭证常被用作合同证明。

三、按照实施方式不同分类

按照实施方式不同,意外伤害保险可以分为法定意外伤害保险和自愿意外伤害保险。

（一）法定意外伤害保险

法定意外伤害保险又称强制意外伤害保险,是政府通过颁布法律、行政法规、地方性法规强制施行的人身意外伤害保险。强制意外伤害保险是基于国家保险法令的效力构成的投保人与保险人的权利和义务关系。目前,对于高危行业的强制意外伤害保险工作已在我国部分地区开始组织实施,如建筑行业中建筑公司为建筑工人投保意外伤害保险,采掘行业中煤矿为矿工投保意外伤害保险等。

（二）自愿意外伤害保险

自愿意外伤害保险是投保人和保险人在自愿基础上通过平等协商订立保险合同的人身意外伤害保险,即由投保人根据自己的意愿和需求投保的意外伤害保险。我国目前开办的意外伤害保险的险种绝大多数都属于自愿形式,如个人意外伤害保险,航空旅客意外伤害保险,公路、铁路乘客意外伤害保险等,均采取自愿形式投保。

四、按照保险期限不同分类

按照保险期限不同,意外伤害保险可以分为长期意外伤害保险、短期意外伤害保险和极短期意外伤害保险。

（一）长期意外伤害保险

长期意外伤害保险是指保险期限超过1年的意外伤害保险。

（二）短期意外伤害保险

短期意外伤害保险一般是指保险期限为1年或1年以内的意外伤害保险。在人身意外伤害保险中,1年期意外伤害保险占大部分。保险公司目前开办的个人意外伤害保险、附加意外伤害保险等均属于1年期意外伤害保险。短期意外伤害保险大多是普通意外伤害保险。

（三）极短期意外伤害保险

极短期意外伤害保险是指保险期限在7天以下的意外伤害保险业务,一般只有几天、几小时甚至更短时间的意外伤害保险。我国目前开办的交通工具乘客意外伤害保险、索道游客意外伤害保险、游泳池人身意外伤害保险等,均属于极短期意外伤害保险。极短期意外伤害保险大多是特种意外伤害保险。

由于意外险大量是短期及极短期业务,在销售过程中出现了一些业务管理和财务管理混乱的情况,我国保险监管机关对于意外伤害保险的业务管理规定也在不断加强。2009年3月起,我国禁止撕票式短期意外险业务(撕票式短期意外伤害保险是指保险金额、保费、保险责任等内容固定,且印制在撕票式保险凭证上,无投保人及被保险人姓名和证件号码,销售时未实现电脑联网出单、保单原始信息未能实时进入公司核心业务系统的保险业务)。2010 年 1 月 1日起,我国开始实施《人身意外伤害保险业务经营标准》,对意外险业务加强了产品管理、单证管理、出单管理、销售管理和财务管理,并要求经营意外险的保险公司必须为客户提供电话和互联网两种方式的保单信息查询服务。其后,意外险的管理进一步加强,监管机构禁止以激活注册方式销售乘客人身意外险、旅游景点意外险等极短期意外险。

 专栏 7-3

出行莫忘旅行保险

　　旅行保险是与外出旅行有关的一种综合性保险。开办初期主要是针对因公务或商务出国旅行的人员。随着个人旅游的普及,旅行保险现转为主要承保个人境内、境外外出度假过程中的各种风险。旅行保险的业务目前通过互联网大量销售,其保险期限设计灵活,保费低廉,可以完全按照个人旅行期间选择对应天数办理投保。旅行保险的产品特点是保障旅行安全、责任全面、保障金额高。旅行保险一般包括医疗费用、人身意外、交通意外双倍赔偿、紧急医疗运送、运返费用、个人行李、行李延误、取消旅程、旅程延误、缩短旅程、个人钱财及证件,还有个人责任等诸多保障责任。旅行保险一般还提供旅行救援服务,这是保险公司与救援公司联合推出的,游客无论在国内外任何地方遭遇险情都可拨打电话获得无偿救助。该项产品和服务将原先的旅游人身意外保险的服务扩大,将传统保险公司的一般事后理赔向前延伸,变为事故发生时提供及时、有效的救助。

第三节　人身意外伤害保险的主要内容

一、人身意外伤害保险的责任范围与除外责任

(一) 一般可保意外伤害

　　一般可保意外伤害是指在一般情况下都给予承保的意外伤害,投保普通意外伤害保险即可获得保障。剔除不可保意外伤害、特约承保意外伤害外,只要是符合意外伤害定义的,外来的、突发的、非本意的意外伤害均属于一般可保意外伤害。

　　其实,特约承保意外伤害与一般可保意外伤害之间并无绝对界限。随着科学技术的发展和保险承保能力的提高,某些危险程度较高、曾被列为特约承保意外伤害的活动,现在也成为一般可保意外伤害。例如,乘坐飞机危险较大,被保险人因飞机失事造成的意外伤害曾被列为意外伤害保险的除外责任,只有经过特别约定才能承保,但现在由于乘坐飞机较安全,被保险人因飞机失事造成的意外伤害不再列为除外责任,成为一般可保意外伤害。

（二）特约承保意外伤害

特约承保意外伤害从保险原理上讲是可以承保的，但是，保险人往往考虑到此类意外伤害的概率较高且保险责任不易区分或限于承保能力，将特约承保意外伤害列为普通意外伤害保险的除外责任，不予承保。投保人确实需要投保的，可选择特种意外伤害保险或在办理普通意外伤害保险的基础上经与保险人特别约定，采用在保单上特别批注的方式，另外加收保费后予以承保，或者在特殊风险领域内由特别经营机构给予办理。特约承保意外伤害一般包括以下几种。

1. 高风险运动意外伤害

高风险运动意外伤害是指被保险人从事登山、跳伞、滑雪、江河漂流、赛车、拳击、摔跤等剧烈的体育活动或比赛中造成的意外伤害。被保险人从事上述活动或比赛时会使其遭受意外伤害的概率大大增加，因而保险公司一般在普通意外伤害保险产品里不予承保。如果需要获得保障，须办理特约承保或特种意外险。

2. 医疗事故造成的意外伤害

医疗事故，如医生误诊、药剂师发错药品、检查时造成的损伤、手术切错部位等，这类意外伤害的责任判定难度较大，所以保险公司在普通意外伤害保险中不予承保医疗事故造成的意外伤害。

3. 战争造成的意外伤害

由于战争使被保险人遭受意外伤害的风险过大，保险公司一般没有能力承保。战争是否爆发、何时爆发、会造成多大范围的人身伤害，往往难以预计，保险公司一般难以厘定保险费率。

4. 核辐射造成的意外伤害

核辐射造成人身意外伤害的后果一般在短期内不能确定，而且如果发生大的核爆炸时，会造成较大范围内的人身伤害，从技术上和承保能力上考虑，保险公司一般不予承保。

（三）不可保意外伤害

人身意外伤害保险的不可保意外伤害，一般是指被保险人因违反法律规定和社会公共道德规范而引发的意外伤害，保险人一般不承担这类风险的给付责任，这类风险一律作为意外伤害保险的除外责任出现。

1. 投保人故意杀害或伤害被保险人

投保人为了获取保险金，故意杀害、伤害被保险人，形成严重的道德风险。这是我国保险法明文规定的法定除外条款，为保证被保险人安全，保险合同一律将其作为除外责任。

2. 被保险人的自加伤害和自杀行为

意外伤害保险人仅承担外来的、偶然的、突发性事件导致的被保险人的意外伤害，被保险人的自加伤害和自杀行为属于故意行为，其所导致的结果保险人不负责赔偿。

3. 被保险人在犯罪活动中所受的意外伤害

意外伤害保险不承保被保险人在犯罪活动中受到的意外伤害，因为犯罪活动是违反刑事法律具有严重社会危害性的行为，承保被保险人在犯罪活动中所受的意外伤害违反社会公共利益。

4. 被保险人在寻衅殴斗中所受的意外伤害

寻衅殴斗是指被保险人故意制造事端挑起的殴斗。寻衅殴斗不一定构成犯罪,但具有社会危害性,属于故意违法行为,因而保险公司不能承保,其道理与不承保被保险人在犯罪活动中所受的意外伤害相同。

5. 被保险人在酒醉、吸食(或注射)毒品后发生的意外伤害

酒醉或吸食毒品(如海洛因、鸦片、大麻、吗啡等麻醉剂、兴奋剂、致幻剂)对被保险人身体的损害是被保险人的故意行为所致,且违反社会公共利益,理应不给予保障。

二、人身意外伤害保险保险责任的构成条件

人身意外伤害保险的保险责任必须由以下三个必要条件构成,缺一不可,即被保险人在保险期限内遭受意外伤害、被保险人在责任期限内死亡或伤残、意外伤害是死亡或伤残的近因。

(一) 被保险人在保险期限内遭受意外伤害

被保险人在保险期限内遭受意外伤害是构成人身意外伤害保险的保险责任的首要条件。这一首要条件包括以下两方面的要求:①被保险人遭受意外伤害必须是客观发生的事实,而不是臆想的或推测的;②被保险人遭受意外伤害的客观事实必须发生在保险期限之内。如果被保险人的意外伤害发生在保险期限开始以前,而在保险期限内死亡或伤残的,不构成保险责任。

(二) 被保险人在责任期限内死亡或伤残

1. 被保险人死亡或伤残

意外伤害保险的基本保障以被保险人死亡或伤残的发生为给付条件。

被保险人死亡即机体生命活动和新陈代谢的终止。在法律上发生效力的死亡包括两种情况:一是生理死亡,是指生物学意义上的死亡,即已被证实的人的机体死亡;二是宣告死亡,即按照法律程序推定的死亡。《中华人民共和国民法典》第四十六条规定:"自然人有下列情形之一的,利害关系人可以向人民法院申请宣告该自然人死亡:(一)下落不明满四年;(二)因意外事件,下落不明满二年。因意外事件下落不明,经有关机关证明该自然人不可能生存的,申请宣告死亡不受二年时间的限制。"第四十八条规定:"被宣告死亡的人,人民法院宣告死亡的判决作出之日视为其死亡的日期;因意外事件下落不明宣告死亡的,意外事件发生之日视为其死亡的日期。"《保险法》司法解释也明确规定,在死亡保险合同中被保险人被宣告死亡后,当事人可要求保险人按照保险合同约定给付保险金,被保险人被宣告死亡之日在保险责任期间之外,但有证据证明下落不明之日在保险责任期间之内,当事人可要求保险人按照保险合同约定给付保险金。因此,针对被保险人在保险期限内遭受意外事件并自事故发生之日起下落不明满二年后被宣告死亡的,我国意外伤害保险产品一般规定,保险人按保险金额给付身故保险金。但若被保险人被宣告死亡后生还的,保险金受领人应于知道或应当知道被保险人生还后退还保险人给付的

身故保险金。

伤残包括两种情况：一是人体组织的永久性残缺（或称缺损），如肢体断离等；二是人体器官正常机能的永久丧失，如丧失视觉、听觉、嗅觉、语言机能和发生运动障碍等。

2. 被保险人的死亡或伤残发生在责任期限内

责任期限是意外伤害保险的重要概念，指自被保险人遭受意外伤害之日起的一定期限（如180天）。如果被保险人在保险期限内遭受意外伤害并在责任期限内死亡或伤残，则构成保险责任。

责任期限对于意外伤害造成的伤残来说实际上是确定伤残等级的期限。如果被保险人在保险期限内遭受意外伤害，治疗结束后被确定为伤残，且责任期限尚未结束，当然可以根据确定的伤残等级要求给付伤残保险金。但是，如果被保险人在保险期限内遭受意外伤害，责任期限结束时治疗仍未结束，尚不能确定最终是否造成伤残以及造成何种程度的伤残，那么，就应该推定责任期限结束时这一时点上被保险人的组织残缺或器官正常机能的丧失为永久性的，即以这一时点酌情确定伤残等级，并按照这一伤残等级给付伤残保险金。以后，即使被保险人经过治疗痊愈或伤残等级减轻，保险人也不追回全部或部分伤残保险金。反之，即使被保险人加重了伤残等级或死亡，保险人也不追加给付保险金。

（三）意外伤害是被保险人死亡或伤残的近因

在人身意外伤害保险中，被保险人在保险期限内遭受了意外伤害，并且在责任期限内死亡或伤残，并不意味着必然构成保险责任。只有当意外伤害是死亡或伤残的近因时才构成保险责任，即意外伤害是造成被保险人死亡或伤残事件的最直接、最有效的因素。根据近因原则，保险人必须对承保责任范围内的近因导致的被保险人死亡或伤残承担保险责任。

在意外伤害保险业务实践中，如果难以判断意外伤害是否是导致被保险人死亡或伤残的近因，难以确定被保险人的死亡或伤残系由意外事故造成或是由非意外事故、免责事由（如疾病等）造成的，对于被保险人或受益人请求保险人给付保险金的，保险公司可以按照致损的相应作用比例予以比例给付。

三、人身意外伤害保险保险金的给付

（一）死亡保险金的给付

1. 死亡保险金的给付方式

作为定额给付性质的人身意外伤害保险合同，死亡保险金的保额是在保险合同中明确规定的。被保险人在保险期限内因发生保单规定的意外事故而死亡时，保险人按照保险合同规定如数给付保险金。按照我国人身意外伤害保险条款的规定，死亡保险金为保险金额的100%。

2. 死亡保险金给付的注意事项

（1）当保险人承担死亡保险金给付责任后，保险责任即告终止。

（2）如果在给付死亡保险金之前已经给付过伤残保险金，则应当从死亡保险金中扣除

已支付的伤残保险金。

(3) 如果被保险人因意外事故而被依法宣告死亡,保险人给付死亡保险金后被保险人生还,则被保险人应当向保险人退还死亡保险金。

(4) 如果意外伤害保险中附加了医疗保险,则保险人在给付保险金时应当分别计算医疗保险金与死亡或伤残保险金。

(二) 伤残保险金的给付

1. 伤残等级

被保险人在保险期限内发生意外伤害事故,由伤害引致并且在此期间或规定的责任期限内由指定或认可医院鉴定发生约定范围内的伤残等级,则构成人身意外伤害保险的保险责任。保险人在给付前要对被保险人的伤残状况进行认定,然后再确定伤残程度,伤残程度以等级表示,保险人按伤残程度等级对应的给付比例给付全部或部分保险金。若治疗延续的时间较长,在责任期限结束时仍未能确定是否造成伤残或造成何种程度的伤残,则按一般做法是根据责任期限结束时被保险人的状态推定伤残程度,并以此为基础进行给付;若被保险人遭受意外伤害后通过治疗或自身修复在 180 天内未达到约定的伤残等级的,则不属于保险责任,保险公司不给付伤残保险金。

目前,我国意外伤害保险里使用的伤残等级认定的标准是 2013 年 6 月 8 日中国保险行业协会联合中国法医学会共同发布的商业保险意外险领域伤残给付的新行业标准,即《人身保险伤残评定标准》,该标准自 2014 年 1 月 1 日起正式启用。新标准对意外伤害保险的保障范围较原标准有了大幅扩展,提高了意外险的保障范围,进一步提升了保险消费者权益。

新标准扩大了伤残项目覆盖范围,层级划分更为细致,具体反映在合理引用了我国《道路交通事故受伤人员伤残评定》和《劳动能力鉴定——职工工伤与职业病致残等级分级》的相关标准,引入了国际功能残疾和健康分类(ICF)等。从伤残划分的标准看,新标准覆盖了8 大类共 281 项人身保险伤残条目,具体在神经、精神、眼耳、发声、心血管呼吸、消化、泌尿生殖、运动等大类中的具体分类数量都有极大的提高,尤其增加了对眼耳和运动系列的伤残保障范围。新标准还增加了之前没有的皮肤伤残标准。

新标准对功能和残疾进行了分类和分级,将人身保险伤残程度划分为 1~10 级,最重为1 级,最轻为 10 级。与人身保险伤残程度等级相对应的保险金给付比例分为十档,伤残程度 1 级对应的保险金给付比例为 100%,伤残程度 10 级对应的保险金给付比例为 10%,每级相差 10%。

2. 伤残保险金的给付方式

人身意外伤害保险的伤残保险金的数额由保险金额和伤残等级对应的给付比例两个因素确定,其计算公式为:

$$伤残保险金＝保险金额×伤残等级对应保险金给付比例$$

新标准确定的多处伤残的评定原则为:当同一保险事故造成两处或两处以上伤残时,应首先对各处伤残程度分别进行评定,如果几处伤残等级不同,以最重的伤残等级作为最终的评定结论;如果两处或两处以上伤残等级相同,伤残等级在原评定基础上最多晋升一级,最高晋升至第一级。同一部位和性质的伤残,不应采用评定标准条文两条以上或者同一条文两次以上进行评定。

在保险期限内,被保险人因不同事故导致同一伤残的,保险人取最大一项伤残比率进行给付,当后发伤残加重时按增加的比例给付保险金,而没有加重时,保险人不进行给付;被保险人因不同事故导致不同伤残的,则可以分别按对应比例给付,但所应给付保险金的责任以保险金额为限,一次或累计给付的保险金达到保险金额时,合同终止。

本章小结

(1) 人身意外伤害保险是指在保险合同有效期内因意外伤害而致被保险人死亡或伤残为给付保险金条件的保险。意外是指伤害事件的发生是被保险人事先没有预见到的或伤害事件的发生违背了被保险人的主观意愿。意外事故是指外来的、突发的、非本意的事故。伤害是指被保险人的身体受到外来致害物侵害的客观事实,伤害由致害物、侵害对象、侵害事实三要素构成。

(2) 人身意外伤害保险的保险责任的构成条件包括:①被保险人在保险期限内遭受了意外伤害;②被保险人在责任期限内死亡或伤残;③被保险人所受意外伤害是其死亡或伤残的直接原因或近因。三者缺一不可。

(3) 人身意外伤害保险是定额给付合同。死亡保险金按约定保额给付,伤残保险金在约定保额基础上按被保险人的伤残程度对应的比例给付。

关键概念索引

意外伤害　人身意外伤害保险　普通意外伤害保险　特种意外伤害保险　责任期限伤残程度评定标准

复习思考题

1. 意外伤害的含义和构成条件是什么?

2. 人身意外伤害保险的概念、特点和分类是什么?

3. 人身意外伤害保险的责任范围和除外责任是怎样的?

4. 简述人身意外伤害保险的保险金给付条件。

第八章　健康保险

本章要点

- 健康相关概念及健康风险
- 健康保险的概念与特征
- 健康保险的种类
- 医疗保险与疾病保险
- 失能收入损失保险和长期护理保险

思政目标

(1) 强调健康保险在保障社会稳定、促进国家发展和民族复兴中的重要作用,激发学生的爱国情怀。

(2) 对比国内外健康保险发展概况,强调市场制度选择是经济发展水平和国情等因素共同决定的结果,教育学生理性看待市场风险、市场机制和制度选择。

> 现代社会,人们的健康受到自然、社会和人体自身等诸多因素的影响,人们面临着各种各样的健康风险并因此承受医疗费用或收入损失压力,健康风险管理变得越来越重要。健康保险是健康风险管理的重要手段。本章从健康风险与健康风险管理入手,重点介绍健康风险和健康风险管理的概念,健康保险的概念和特征、基本分类、产品体系,以及医疗保险、疾病保险、失能收入损失保险和长期护理保险四大类商业健康保险的定义、特点、主要内容和分类,以期让读者对健康保险有更为深入的认知。

第一节　健康保险概述

一、健康相关概念及健康风险

（一）健康相关概念

1. 健康的定义

近代以来，对于什么是健康，形成了传统的和现代的两种健康观。传统健康观是完全从生物医学的角度来看，人完全被理解为一种生物人，认为健康就是人的肌体健壮，没有疾病，人体的各个组织器官及其功能处于良好状态。随着社会和科技的进步以及经济、教育和医学科学的发展，人们对健康也有了更多元、更广泛意义上的理解，逐渐由单纯的生物医学向生理、心理和社会三位一体的医学模式转化，对人的健康也有了更全面和科学的界定。现代健康观认为，健康已不再仅仅是指四肢健全或无病，除身体健康外，还应包括人的心理健全、行为正常和社会道德规范，以及环境因素的完美等。1948年，世界卫生组织（World Health Organization，WHO）在组织章程中提出"健康是一种在身体上、心理上和社会上的完满状态（complete well-being），而不仅仅是没有疾病和虚弱的状态"。1989年，WHO又提出了"身体健康、心理健康、道德健康、社会适应良好"四个方面的健康新标准，即"健康四维观"，并首次把道德修养也纳入了健康的范畴，包括机体的和精神的健康状况，具体可用"五快"（肌体健康）和"三良好"（精神健康）来衡量。其中，"五快"是指吃得快、便得快、睡得快、说得快和走得快；"三良好"是指良好的个性、良好的处事能力和良好的人际关系。

2. 疾病

疾病是一种特殊的生命状态，对疾病本质的认识是随着人类对疾病认识水平的不断提高以及疾病本身的发展而变化的。因此，对于疾病的概念迄今尚无统一的界定。一般来讲，疾病是机体在一定的致病因素作用下，因内外环境的平衡被破坏而发生的内环境紊乱和生命活动障碍。

疾病的种类纷繁复杂。世界卫生组织1978年颁布的《疾病分类与手术名称》记载的疾病名称有上万个，而且新的疾病仍在不断被发现。危害人类健康的常见疾病主要包括高血压、糖尿病、心脏病、乙型肝炎、脑卒中、恶性肿瘤、急性心肌梗死、尿毒症、重型再生障碍性贫血、阿尔茨海默病等。

3. 亚健康

世界卫生组织将机体无器质性病变但有一些功能改变的状态称为"第三状态"，在我国称为"亚健康状态"。亚健康即指非病非健康状态，是介于健康和疾病之间的一种特殊身体状态，是指人的机体虽然无明显疾病，但会呈现出疲劳、活力不足、反应能力和适应力减退、创造能力较弱以及自我感觉有种种不适的一种生理状态，也称为"次健康""中间状态""游移状态"等。亚健康状态是由生物的、社会的和心理的三方面因素综合作用导致机体的功能紊乱而致的。引起亚健康的原因主要包括过度紧张和压力、不良生活习惯、环境污染和精神、心理因素刺激等。

亚健康是一种临界状态,处于亚健康状态的人虽然没有明确的疾病,但却出现精神活力和适应能力的下降。亚健康是大多数慢性非传染性疾病的疾病前状态,大多数恶性肿瘤、心脑血管疾病和糖尿病等均是从亚健康状态转化的。亚健康状态明显影响工作效能和生活、学习质量,甚至危及特殊作业人员的生命安全。心理亚健康极易导致精神心理疾患,甚至造成自杀和家庭伤害。多数亚健康状态与生物钟紊乱构成因果关系,直接影响睡眠质量,加重身心疲劳。严重亚健康可明显影响健康寿命,甚至造成英年早逝、早病和早残。

健康、疾病和亚健康是人类身体状态的三种表现形态,而影响人类健康状况的因素有很多,包括环境因素、生物因素、心理因素、生活习惯和医疗卫生保健等。判断和衡量机体处于健康、疾病亦或是亚健康状态,主要是看机体在致病因素的损伤和机体的抗损伤相互作用的过程中处于哪种状态。如果自稳调节功能运行良好,机体就处于健康状态;如果自稳调节功能运行不稳定,机体就处于亚健康状态;如果自稳调节功能紊乱,机体就处于疾病状态。三者之间在一定条件下是可以相互转化的。

(二)健康风险

1. 健康风险的概念

健康风险可以从狭义和广义两个层面来理解。狭义的健康风险仅是指人的身体健康或健全程度的风险,即人的身体机能、组织器官等遭受疾病或意外伤害导致的医疗费用增加、收入下降或中断等损失的不确定性,它与传统健康观相一致。广义的健康风险是指人的身体健康或健全程度以及心理健康、道德健康和社会适应能力等方面的不确定性。

从现代健康保险实践来看,健康保险所承保的主要是狭义的健康风险,即当被保险人因某种原因引发身体疾病或残疾,保险人负责赔偿医疗费或收入损失。对于心理健康、道德健康以及社会适应能力等方面的风险,健康保险并不予以承保。因此,本书所关注和探讨的主要是狭义的健康风险。

2. 健康风险的特征

健康风险具备一般风险所共有的客观性、危害性、不确定性、发展性等特征。但同时,由于其作用对象及其表现形式的特殊性,健康风险还有其自身的特征。

(1)人身伤害性。健康风险的危害对象是人,健康风险发生后,首先会对人体健康造成伤害、病痛或者伤残,可能造成暂时或永久性劳动能力的丧失,这会给人们的生活、工作带来困难、损失,甚至是不幸。

(2)普遍频发性。在现代社会中,影响人体健康的因素越发复杂繁多,如各类自然灾害、意外事故、环境污染等都会危害人身健康。仅就健康风险中的疾病风险而言,对每个人或每个家庭都是无法回避的,其发生频率远高于其他风险。

(3)复杂性。由于影响人体健康的因素多种多样、纷繁复杂,导致健康风险也具有了复杂性。仅就疾病风险而言,人类已知的疾病种类繁多,每一种疾病的根源可能不同,有的是细菌侵入,有的是病毒感染,有的是物理性创伤,且会因个体差异而症状各异。此外,还存在着一些未知疾病、潜在疾病以及亚健康状态等,这使得疾病风险难以预测、分散和化解,防范疾病显得尤为困难。但这一切不利的因素都可能危害人体健康乃至生命。

(4)社会性。由于某些疾病具有传染性,这类风险不仅直接危害个人健康,而且会涉及整个地区乃至社会,从而使健康风险具有了社会性,如肺结核、肝炎、非典型性肺炎、疟疾等。这些疾病一旦发生,如不进行有效预防、治疗和控制,很快会传染给他人,甚至会蔓延到整个地区乃至社会,给更多人的健康乃至生命造成严重危害。

3. 健康风险的种类

从风险引发的后果来看,健康风险可以分为疾病风险和伤残风险两类。

(1)疾病风险。狭义的疾病风险是指个人由于人体器官或组织感染疾病或身体机能病变而导致的人身风险;广义的疾病风险除了疾病引起的风险外,还包括个人由于生育及意外伤害而引起器官或部分组织感染疾病的人身风险。在人类所面临的多种人身风险之中,疾病风险是一种危害严重、复杂多样、涉及面广,几乎会直接影响所有社会成员基本生活和生存利益的特殊风险。

(2)伤残风险。伤残风险是由于疾病、意外伤害事故等导致人体肌体损伤、组织器官缺损、功能障碍或永久丧失功能等给个人和家庭带来损失的不确定性。从经济角度来讲,伤残风险给个人和家庭所带来的问题可能比早逝风险或疾病风险更为严峻。因为如果一个人不幸死亡,其后果仅仅是家庭收入的减少或中断,但如果是伤残,则不仅家庭收入减少了,而且由于要承担伤残者的医疗费用、生活自理辅助设备的购置等,给个人和家庭造成的财务负担会更大。如果伤残者是家庭收入的主要来源者,情况会变得更严峻,给个人或家庭造成的经济负担更大。

二、健康保险的概念

(一)健康保险的定义

健康保险,是指以人的身体为保险标的,由保险人为被保险人因身体健康原因在发生疾病或遭受意外伤害时产生医疗费用或经济损失提供补偿的人身保险。但不同学者、不同国家对健康保险也有不同的定义。在美国,健康保险通常属于人寿保险的范围,是指支付伤害或疾病费用的保险,但有的时候,健康保险保单也支付由生理上的或精神上的失能所引起的花费。我国 2019 年发布的《健康保险管理办法》第 2 条规定:健康保险,是指由保险公司对被保险人因健康原因或者医疗行为的发生给付保险金的保险,主要包括医疗保险、疾病保险、失能收入损失保险、护理保险以及医疗意外保险等。

(二)健康保险的要素

1. 健康保险的保险标的是人的身体

健康保险是为了解决健康风险带来的损失,而健康是针对人的身体而言的,因此健康保险的保险标的是人的身体。

2. 健康保险承保的风险事故包括疾病和意外伤害

疾病和意外伤害均属健康保险可以承保的风险事故。构成健康保险中"疾病"的条件有以下三点。

（1）疾病必须是由于明显非外来原因造成的。疾病是由身体内在的生理原因所致，如果是由于外来的原因造成的病态可视为意外伤害。通常把是否由明显外来的原因所致作为疾病和意外伤害的判断标准。

（2）疾病必须是非先天性的原因造成的。由于先天原因造成的身体缺陷或先天性疾病等，保险人不负责，保险人仅对被保险人的身体由健康状态转入病态而支付的医疗费或收入损失承担责任。

（3）疾病必须是由于非长存的原因造成的。按照人的生命规律，机体衰老是一个长期的、自然的过程，对每一个人来讲，衰老都是必然的。因此，人到一定年龄以后出现的衰老现象不属于健康保险的疾病范围，但在衰老的同时可能诱发的其他疾病是健康保险的保障范围。

3. 健康保险的保障项目包括医疗费用和收入损失

健康保险的保障项目包括：①被保险人因疾病或意外事故引起的医疗费用支出，即通常所说的医疗保险或医疗费用保险；②因疾病或意外事故导致的收入损失，这类保险被称为收入损失补偿保险。所以健康保险并不是保证被保险人不生病、不受伤害，而是对被保险人因病或意外伤害等原因而支付的医疗费和护理费、暂时或永久不能工作而遭受的收入损失进行补偿。

三、健康保险的特征

健康保险的特征表现为其与人寿保险、意外伤害保险相比较而具有的特殊性，主要表现在以下几个方面。

（一）保险标的、保险事故具有特殊性

健康保险以人的身体为保险标的，以疾病（包括生育）、意外伤害引起的医疗费用和收入损失，以及由于疾病或生育致残、失能、死亡为保险事故。人寿保险则是以人的生命或寿命为保险标的，以死亡与生存为保险事故，当被保险人在保险期限内死亡或合同期满仍生存时由保险人按合同约定金额给付死亡保险金或生存保险金。意外伤害保险虽然也以人的身体为保险标的，但以意外伤害事故导致被保险人死亡或伤残为保险责任。

（二）承保的风险具有变动性且难以测定

不论是疾病风险还是残疾风险都受很多因素的影响，且会随着内外部环境的变化而变化，要准确确定其发生的规律性是极其困难的。即使是同一种疾病，在不同地区、不同级别的医院就诊，选择不同的诊疗方法、不同的诊疗路径等，其花费也是不同的，有的还相差甚远。同时，健康风险极易发生逆选择和道德风险。在被保险人的门诊就医、住院治疗、医生出具药方及有关证明、被保险人的索赔等诸多环节中，任一环节都可能发生道德风险，如带

病投保、小病大治等。因此，为降低道德风险和逆选择，要求精算人员要依据以往疾病和意外伤害发生及赔款的统计资料进行风险评估及厘定费率，同时严把核保关和理赔关，以降低风险不确定性对保险经营的影响。人寿保险的生命风险则具有相对稳定性，保险公司可以依据生命表所揭示的生命规律来科学、合理地厘定费率。意外伤害保险承保的大多为标准的可保风险，多有可以预期的死差益。

（三）承保标准复杂

由于健康保险承保事故的特殊性，其承保条件比人寿保险复杂和严格得多。被保险人的健康状况除了要根据其病历了解既往病史、现病史，还要了解家族病史，并对其所从事的职业、居住的地理位置及生活方式进行评估。在健康保险核保中，需要综合考虑被保险人的年龄、既往病症、现病症、家族病史、职业、居住环境及生活方式等多种因素，区分标准体、次标准体、拒保体以及使用特约除外条款或延期承保等不同承保条件进行承保。人寿保险通常要考虑被保险人的年龄、性别、健康状况及家族史、职业危险性、嗜好、环境等影响生理的因素，以及保险利益、经济状况、投保动机、保费交付方式、道德风险和逆选择等非生理因素，符合条件的予以承保。意外伤害保险的承保条件相对宽松，主要考虑被保险人的职业和工种等与可保风险有关的因素，不对被保险人进行体格检查，高龄者也可以投保。

（四）保险费率厘定的依据是平均保额损失率

健康保险通常是依据平均保额损失率来厘定保险费率，但同时要考虑疾病的发生率、疾病持续时间、残疾发生率、死亡率、续保率、附加费用、利率、保险公司展业方式、承保理赔管理、公司主要目标、道德风险以及逆选择等因素对费率的影响。而人寿保险费率的厘定则主要依据生存率、死亡率，并考虑预定利率和预定费用率来厘定。意外伤害保险费率厘定的依据主要是意外伤害事故的发生概率。

（五）兼具补偿性和给付性

健康保险虽然是以人的身体为保障对象，是人身保险的一种，但疾病保险以外的健康保险是以被保险人因疾病或意外事故所致的医疗费用支出、收入损失、护理费用为保险责任，而医疗费用、收入损失、护理费用等都可以用货币衡量其大小，因此疾病保险以外的健康保险具有补偿性，可以设计为补偿性保险合同，即保险人支付的保险金不能超过被保险人实际发生的费用或收入损失。同时，如果由于第三者责任致使被保险人遭受意外事故而支付医疗费或收入减少，保险人在责任方已经补偿情况下不再补偿。疾病保险是给付性合同，当被保险人罹患合同约定疾病时，保险人按合同约定金额给付保险金。

我国《健康保险管理办法》第五条规定，医疗保险按照保险金的给付性质分为费用补偿型医疗保险和定额给付型医疗保险。费用补偿型医疗保险是指根据被保险人实际发生的医疗费用支出，按照约定的标准确定保险金数额的医疗保险，给付金额不得超过被保险人实际发生的医疗费用金额；定额给付型医疗保险是指按照约定的数额给付保险金的医疗保险。

人寿保险是给付性保险，当被保险人在保险期间身故或生存至保险期限届满时，保险人给付身故保险金或生存保险金。意外伤害保险也是给付性保险,出险时由保险人按合同的约定给付身故保险金或残疾保险金(残疾保险金根据合同约定的保险金额和被保险人的伤残程度来确定)。

(六)实行成本分摊

由于健康保险有风险大、不易控制和难以预测的特性,因此保险人对所承担的医疗保险金的赔偿责任往往带有很多限制或制约性条款,以使被保险人与保险人共同承担所发生的医疗费用支出,进行成本分摊。常用的方法是在合同中规定免赔额条款、比例给付条款和给付限额条款。而人寿保险和意外伤害保险中,当发生保险事件时保险人承担全部保险责任。

四、健康保险的分类

按照不同的标准,我们可以对健康保险进行以下分类。

(一)按保障内容划分

依据我国《健康保险管理办法》,按保障内容划分,健康保险可以分为医疗保险、疾病保险、失能收入损失保险、护理保险和医疗意外保险。

医疗保险是指按照保险合同约定为被保险人的医疗、康复等提供保障的保险。疾病保险是指发生保险合同约定的疾病时,为被保险人提供保障的保险。失能收入损失保险是指以保险合同约定的疾病或者意外伤害导致工作能力丧失为给付保险金条件,为被保险人在一定时期内收入减少或者中断提供保障的保险。护理保险是指按照保险合同约定为被保险人因日常生活能力障碍引发护理需要提供保障的保险。医疗意外保险是指按照保险合同约定,在被保险人遭遇不能归责于医疗机构、医护人员责任的医疗损害时,为被保险人提供保障的保险。

(二)按投保方式划分

按投保方式划分,健康保险可以分为个人健康保险和团体健康保险。

个人健康保险是指以自然人为投保对象,保险人为一个或数个被保险人提供健康风险保障的保险。团体健康保险是指以团体单位作为投保人与保险人签订保险合同,保险人为团体内的成员提供健康风险保障的保险。

(三)按承保标准划分

按承保标准划分,健康保险可以分为标准体健康保险和次标准体健康保险。

标准体又称为健康体。标准体健康保险是指被保险人身体健康状况符合承保要求,保险人按标准费率承保的健康保险。次标准体又称为次健体。次标准体健康保险是指健康状况没有达到标准条款规定的身体健康要求的人,通过提高保费和重新规定承保范围等方法来予以承保的健康保险。

(四)按保险期限划分

按保险期限划分,健康保险可以分为短期健康保险和长期健康保险。

短期健康保险是指保险期间在1年及1年以内,且不含有保证续保条款的健康保险。长期健康保险是指保险期间在1年以上的健康保险或保险期间在1年及1年以内,但含有保证续保条款的健康保险。

（五）按保险合同性质划分

按保险合同性质划分，健康保险可以分为定额给付型健康保险和补偿型健康保险。

定额给付型健康保险是指保险人在被保险人发生合同约定的保险事件（如罹患合同约定的某种疾病）时，按照合同约定的保险金额和方法一次或分次给付保险金的健康保险。补偿型健康保险是指保险人对被保险人因患疾病或发生意外伤害实际支出的医疗费用或遭受的收入损失，按照保险合同的约定补偿其经济损失的健康保险。医疗保险遵循损失补偿原则时，合同中须明确规定理赔时必须提供就医期间各项开支的原始发票或分割单，保险公司需要对各项开支的真实性以及是否符合赔偿条件进行审核。

（六）按续保条件划分

按续保条件划分，健康保险可以分为保证续保健康保险、条件性续保健康保险和不可续保健康保险。

保证续保健康保险是指只要被保险人根据合同约定按期交纳既定保费，保险人就必须允许被保险人续保至合同约定年龄，通常至65岁或终身。条件性续保健康保险是保险人只能根据保单载明的特定理由，如被保险人的年龄和职业状况变化，拒绝续保，如果被保险人的健康状况发生变化，保险人不能以此为由拒绝承保，必须按合同约定续保直至某一特定的时间或年龄。不可续保健康保险是在保险合同中没有规定续保条款，合同到期后即终止。

第二节　医　疗　保　险

一、医疗保险的概念与特点

（一）医疗保险的概念

医疗保险又称医疗费用保险，是一种旨在通过订立商业保险合同对被保险人因疾病或意外事故所致伤害时发生的医疗费用进行给付或补偿的保险。

（二）医疗保险的特点

医疗保险具有以下四个特点。

1. 无需指定受益人

医疗保险是为被保险人提供医疗费用的保险，基本以被保险人的存在为条件，因其受益人与被保险人一致，故无需指定受益人。

2. 所覆盖的风险具有复杂性

造成被保险人医疗行为的因素包括疾病及意外事故，随着人类生存环境的变化，意外事故和疾病的发生率日益增加，治疗费用支出不断增加且种类繁多，加之对意外事故和疾病的预测困难，这些都影响到保险金额和费率的计算，所以保险公司设计和研发的医疗保险产品覆盖的风险复杂多变。

3. 多为短期性产品

定期型医疗保险产品的保险期限一般为 5 年、10 年和 20 年,大多医疗保险产品及附加型医疗保险产品的保险期限多为 1 年。定期保险产品的保费不会随着投保者年龄增长和身体状况变化而增加,也不存在保险公司中途提高保费或拒保现象。不过由于期限较长,投保人也就失去了可选择的灵活性,且所需支付的保费也高。1 年期的保险产品对投保人而言,既可灵活选择投保时间,又有较高的财务自由度,而且合同往往有续保条款的严格规定。例如,对年龄超过 40 岁的投保人,体检标准会更为严格,而对于超过 50 岁的投保人几乎都要求体检。因此,被保险人在年轻时由于身体健康几乎都可续保,但对中老年人,尤其对于多次发病并有理赔记录者,保险公司有可能拒绝续保,或者增加保费。

4. 产品设计有年龄限制与分档要求

由于年龄的不同,各种疾病的发病率也就不同,从而造成不同的承保条件与保费厘定,所以医疗保险具有严格的投保年龄限制。而且,医疗保险还具有年龄分档的要求,在保险实务中,同一款医疗保险产品会被分为少儿险和老年险,而且在各自险别下还有更加细致的年龄划分。

二、医疗保险的分类

根据分类依据不同,医疗保险可以分为不同的类型。

(一) 按承保人划分

根据承保人的不同,医疗保险可分为社会医疗保险和商业医疗保险。

1. 社会医疗保险

社会医疗保险是指由政府通过国家立法强制实施,当居民发生医疗支出时为其提供基础性的经济补偿的法定保障制度,是国家为其居民提供的一项福利。

2. 商业医疗保险

商业医疗保险是指由商业保险公司提供的保险,用人单位或者个人出于自身的意愿与保险公司签订的医疗保险合同,当被保险人发生医疗费用支出时,保险公司给予一定的补偿或给付。

(二) 按给付方式划分

根据给付方式的不同,医疗保险可以分为报销型(补偿性)医疗保险和津贴型(给付性)医疗保险。

报销型医疗保险是指保险公司根据被保险人的实际医疗费用,按照合同约定的比例报销的保险产品,若被保险人通过其他途径获得部分医疗费用的补偿,则保险公司只需补偿差额部分。津贴型医疗保险产品属于定额给付性医疗保险产品,一般见于住院医疗保险,这种医疗保险与实际发生的医疗费用无关,理赔时无须提供发票,保险公司按照合同规定的补贴标准向被保险人按次、按日或按项目支付保险金。无论被保险人得了什么病,在治疗中花了多少钱,给付标准不变。

(三) 按承保内容划分

根据承保内容的不同,医疗保险可以分为基本医疗保险、高额医疗保险和特种医疗保险。

1. 基本医疗保险

基本医疗保险对保险范围内的各种医疗费用进行分项赔付,常见的基本医疗保险包括门诊医疗保险、住院医疗保险、手术医疗保险和综合医疗保险。其中,综合医疗保险可作为独立保险,而门诊医疗保险、住院医疗保险、手术医疗保险若只保障其中一项,多附加在其他保险产品中。

2. 高额医疗保险

高额医疗保险又称大额医疗保险,顾名思义,高额医疗保险能为被保险人提供较高额度的医疗费用的补偿。在社会医疗保险体系中,它可覆盖基本医疗保险限额以外的医疗费用、医疗服务费用以及预防保健费用等,我国称之为大病保险。目前,除了基本医疗保险和大病保险之外,很多健康保险公司也都提供高额医疗保险产品,高额医疗保险允许被保险人到任何注册医疗机构接受治疗。

3. 特种医疗保险

特种医疗保险是指对被保险人的特别医疗费用提供补偿的一种医疗保险,主要包括牙科费用医疗保险、眼科保健保险、生育保险等。这些保险所承保的范围通常是基本医疗保险和高额医疗保险的除外责任,一般在实务中以附加险的形式存在。

三、医疗保险合同的主要内容及特殊规定

在医疗保险合同中,保险标的是被保险人的身体,保险事故为意外事故或疾病,保险人的责任是对被保险人支出医疗费用的补偿或医疗行为的给付。在补偿性医疗保险合同中,医疗费用支出种类繁多,医疗保险合同中会列明承保的项目,保险人一般只对直接费用给予补偿,如门诊费、住院费、手术费、护理费、医疗设备费、床位费、检查检验费、救护车费、药品费用等,而对于类似膳食费、误工费、营养费等间接医疗费用支出,保险公司一般不承担赔付责任。所以为了避免发生纠纷,保险人通常会在保险合同中详细列明保险公司的保险责任。当然,医疗保险合同相对灵活,对于保险双方事先约定的间接费用的赔偿,可以附加条款的方式列明。随着医疗技术的进步和保险业风险管控能力的提升,商业医疗保险可以承保的费用支出项目也会越来越多。

为了避免道德风险和逆选择,保证医疗保险机制有效运行,合同中除了列明双方当事人、关系人等相关信息,以及保险期限、保险金额、保险责任、保费及支付方式、争议处理等基本条款及内容外,医疗保险合同还有一些如下的特别规定。

1. 等待期

医疗保险合同中通常会设有等待期条款,即在医疗保险合同生效后的约定时期内(多为 90 天、180 天)所发生的保障范围内的费用,保险公司无赔付责任。等待期的存在使得医疗保险的保险期限和责任期限并不一致。医疗保险合同设置等待期条款的目的在于防止被保险人带病投保,从而保障保险公司的权益。

2. 免责条款

免责条款是指保险合同中的除外责任,又称责任免除,它是为了避免保险人过度承担

责任,以维护公平和最大诚信原则而对保险责任的限制。免责条款的内容一般都是以列举的方式在保险合同中注明。除人身保险合同的法定除外条款和一般常见除外条款以外,在医疗、疾病等健康保险中还有下列特殊的免责条款:①既往症,指被保险人在本附加险合同生效日之前已患的已知或应该知道的有关疾病或症状;②遗传性疾病、先天性畸形、变形或染色体异常;③被保险人感染艾滋病病毒(HIV 呈阳性)或患艾滋病(AIDS);④不孕不育治疗、人工授精、怀孕、分娩(含难产)、流产、堕胎、节育(含绝育)、产前产后检查以及由以上原因引起的并发症;⑤疗养、矫形、视力矫正手术、美容、牙科保健及康复治疗、非意外事故所致整容手术。

3. 免赔额

免赔额是指对被保险人支出的一定限度内的医疗费用,保险公司无需承担赔偿责任。免赔额的部分通常设定为被保险人经济上可承受的、金额较低的医疗费用,这有两个方面的好处:一是降低了保险公司的理赔成本;二是减少了被保险人所需交纳的保费。医疗保险的免赔额一般采取绝对免赔额的赔款方式。

4. 比例给付

比例给付(共保条款)是指在费用报销类的医疗保险中,保险公司会对超出免赔额的部分按照约定比例给付保险金。这就意味着被保险人自己需要承担部分医疗费用,其目的是使被保险人加强费用控制意识,减少过度医疗消费。给付比例的确定一般有以下两种形式:①固定比例,即事先在合同中约定固定的报销比例,一般为 80%,剩余的 20% 由被保险人自己负担;②累进比例,即随着实际医疗费用支出的增大,保险人承担的比例递增,被保险人自付的比例累计递减。

5. 给付限额

由于被保险人患病的概率差异很大,医疗费用支出的高低也相差很大,为了保障保险公司和广大被保险人的利益,一般对保险人医疗保险金的最高给付有限额规定,以控制总支出水平。实际医疗支出超过最高限额的部分,由被保险人自行承担。除此之外,医疗保险对单项医疗费用也规定了限额:①规定住院费用的给付限额,包括每天的给付限额和住院天数的限制;②规定外科手术费用限额;③规定门诊次数、每次门诊费用,以及一定时期内总的门诊费用限额;④规定各种疾病的给付限额。

6. 止损条款

在有些医疗保险合同中,有止损条款规定,即当被保险人支付的免赔额和自担额达到规定额度(通常为 5 000 元)以上时,保险公司将补偿超过的其余部分。

7. 保证续保条款

医疗保险产品多为中短期产品,这样对被保险人来说无法获得连续的保障,同时不利于保险公司业务的稳定,所以医疗保险产品中可以含有保证续保条款,即当医疗保险合同到期时,在满足一定条件的情况下,保险公司保证被保险人续保权利的一种规定。目前,医疗保险的保证续保可分为以下三类。

(1) 首年保证续保。含有首年保证续保条款的保险产品,只要被保险人通过首年的投保审核,便可直接享有保证续保权。在续保时,保险公司不会因为被保险人的健康状况发生变化而拒绝其继续投保,或者提高保费,增加除外责任。首年保证续保条款对消费者最有利,但是含有首年保证续保功能的产品保费会较高。

(2)准保证续保。有的公司推出投保 3 年后可以申请保证续保的医疗保险,即消费者投保的前 3 年,保险公司年年核保,如果核保通过,被保险人便可在 3 年后申请每年保证续保。这样,保险公司可以避免道德风险,消费者也能获得长期、稳定的保障。

(3)每 5 年保证续保。此类医疗保险将保证续保期限设置为 5 年,即如果消费者连续投保(或续保)医疗保险产品满 5 年,经保险公司重新审核并同意继续承保后,则保证续保期间再延续 5 年。每 5 年保证续保的医疗保险产品与每年都需要核保的产品相比有了一定的进步,价格也易接受。

 专栏 8-1

医疗保险产品示例

表 8-1　太平洋健康保险股份有限公司个人长期医疗保险(2021)
主要保障内容

项目	内容
保险期间	1 年
保证续保	本合同是费率可调的保证续保型医疗保险合同。 在保证续保期间内,若被保险人未失去保证续保权,且未声明不再续保,本合同将自上一保险期间届满之日的次日起自动续保 1 年
保证续保期间	本合同的保证续保期间为 20 年。若首次投保本合同,自首次投保本合同的保险期间开始之日起,20 年为一个保证续保期间
保证续保权终止	在保证续保期间内,若发生合同规定情形,被保险人将失去保证续保权
保证续保期间届满时的续保	被保险人在保证续保期间届满后的 30 日内提出续保申请,经保险公司同意承保并收到保险费后,进入下一个保证续保期间,等待期不重新计算。但如有以下情况之一则不能续保:①被保险人的年龄超过 80 周岁;②本保险已停售

保险金额	
基本保险金	100 万元
重大疾病关爱保险金额	1 万元

保险责任		
基本保障	一般医疗保险金	一般医疗保险金包括: (1)住院医疗费用 (2)门诊手术医疗费用 (3)住院前后门(急)诊医疗费用 (每一保险期间内保险公司一次或多次累计给付的一般医疗保险金给付限额为本合同基本保险金额的 2 倍)

（续表）

基本保障	特定疾病医疗保险金	若被保险人因遭受意外伤害或在等待期后被确诊初次发生本合同约定的特定疾病（无论一种或多种），在保险公司指定医疗机构普通部接受治疗的，对于被保险人发生的合理且必要的下列医疗费用，按规定计算并给付特定疾病医疗保险金： （1）住院医疗费用 （2）门诊手术医疗费用 （3）住院前后门（急）诊医疗费用 （每一保险期间内保险公司一次或多次累计给付的一般医疗保险金给付限额为本合同基本保险金额的2倍）
	重大疾病医疗保险金	若被保险人因遭受意外伤害或在等待期后被确诊初次发生本合同约定的重大疾病（无论一种或多种），可给付： （1）住院医疗费用 （2）门诊手术医疗费用 （3）特殊门诊医疗费用，包括门诊肾透析费、门诊恶性肿瘤治疗费、器官移植后的门诊抗排异治疗费 （4）住院前后门（急）诊医疗费用 （5）质子重离子医疗费用 （每一保险期间内保险公司一次或多次累计给付的重大疾病医疗保险金给付限额为本合同基本保险金额的4倍）
	重大疾病关爱保险金	被保险人被确诊初次发生本合同约定的重大疾病，保险公司给付重大疾病关爱保险金，同时本项责任终止（被保险人在保证续保期间内，无论确诊发生一种或多种重大疾病，重大疾病关爱保险金的给付以一次为限）
可选保障	特定药品费用医疗保险金	若被保险人在等待期后被确诊初次发生本合同约定的恶性肿瘤，给付被保险人因治疗该恶性肿瘤所发生的满足合同条件的特定药品费用 （每一保险期间内保险公司一次或多次累计给付的一般医疗保险金给付限额为本合同基本保险金额的2倍）

资料来源：中国保险行业协会产品信息库。

第三节　疾病保险

一、疾病保险的概念与特点

（一）疾病保险的概念

疾病保险（sickness insurance）是以保险期限内被保险人首次诊断出保险合同约定的疾病为保险金给付条件的健康保险。只要在保险期间，被保险人初次诊断出符合合同条款的疾病，无论被保险人是否选择就医，只需向保险公司出具病情诊断书证实确实患病，保险公司就给予约定的保险金额，属于定额给付性保险。

（二）疾病保险的特点

1. 按照性别设计疾病保险产品

由于基因组成与生理构造的不同，男女容易罹患的疾病种类不同，患相同疾病的概率也不尽相同,甚至由于男女生活习惯、工作种类的不同,也造成两者患病的差异。所以在保险实务中,常常会按照被保险人的性别设计不同的险种,各大保险公司中常见的是女性各种重大疾病保险。

2. 疾病保险产品多为长期保险,甚至为终身型保险

一方面,投保方购买疾病保险的目的是在被保险人患病时能够获得更大的保障,不少疾病的发病率是随着年龄的增长而提高的,但是若被保险人购买的是短期疾病保险产品,续保时要承担更高额的保费,所以长期疾病保险产品是投保方的最优选择;另一方面,保险公司销售长期保险产品能够保障其业务稳定性,有利于公司发展。

3. 具有保费豁免条款

疾病保险合同中通常设有保费豁免条款,即在保费交纳的过程中,被保险人罹患合同约定的疾病,不但可以获得约定的保险金,还可以不再交纳剩余的保费,即保费豁免。所以投保人在购买疾病保险产品时,选择保费期交的方式比较有利。

4. 理赔程序相对简便

购买疾病保险,保险金的给付与是否发生医疗行为、实际医疗费用的多少均无关系,即保险公司在理赔时只关注被保险人是否患病、所患疾病是否符合合同的约定,并不像医疗保险需要关注实际损失是多少,所以疾病保险的理赔手续相对简便。

二、疾病保险的基本分类

根据所保疾病不同,疾病保险可分为特种疾病保险和重大疾病保险。

1. 特种疾病保险

特种疾病保险是一种以被保险人罹患特定疾病为保险事故,当被保险人被确诊为合同规定某种特定疾病时,保险公司按照约定金额给付保险金的健康保险产品。一份特种疾病保险的保单可以仅承保某一种特定疾病,也可以承保若干种特定疾病,既可以单独投保,也可以作为附加险投保。例如,少儿白血病保险、艾滋病保险、传染性疾病保险(如非典型肺炎急性保险)等都是特种疾病保险。

2. 重大疾病保险

重大疾病保险是由保险公司经办的以特定重大疾病,如恶性肿瘤、心肌梗死、脑溢血等重大疾病为保险范围,当被保险人患有上述疾病时,由保险公司按照约定给付保险金的健康保险产品。

根据是否可以单独承保,重大疾病保险可分为基本重大疾病保险和附加重大疾病保险。

1. 基本重大疾病保险

基本重大疾病保险是可以单独投保的保险产品,这类疾病保险产品一般保险期间较长,甚至提供终身保障。

2. 附加重大疾病保险

附加重大疾病保险一般附加在其他主险后面,不可单独投保,保险双方可以在签订保

险合同时约定是否附加购买此类疾病保险。这类疾病保险一般期限较短,或者随主险的到期而自动终止。

三、疾病保险合同的主要内容及特殊规定

疾病保险属于定额给付性保险,被保险人在保险责任期间初次被确诊为保险合同规定的疾病,就可以向保险公司提出索赔,无论疾病是否给被保险人造成费用支出,保险公司都会根据合同的规定给付保险金。此外,如果被保险人在保险责任期间因疾病身故或发生身体高度残疾,保险公司也会按保险金额给付身故保险金或高残保险金,合同终止。故而疾病保险合同包含身故保险责任的,被保险人或投保人可指定一人或数人为身故保险金受益人;除身故保险金外的其他保险金的受益人为被保险人本人。此外,疾病保险还有以下几方面的特殊规定。

1. 等待期

疾病保险和医疗保险一样,合同一般也都规定了一个等待期,等待期结束后保单才正式生效。通常为合同生效(或复效)之日起 90 天或 180 天,被保险人被诊断出相应的疾病,保险公司无给付责任。疾病保险合同设置等待期条款的目的在于防止被保险人带病投保,从而保障保险公司和其他被保险人的权益。

2. 保险责任的履行方式

在疾病保险实务中,一部分产品是在被保险人首次诊断出合同规定疾病,保险公司给付约定保险金后,保险合同终止;另一部分产品则具有多次重疾赔付功能,与一般疾病保险仅一次赔付不同,该类型产品将重大疾病分成多组,如果被保险人不幸身患其中一组中的重大疾病,该产品在对其进行重大疾病赔付后,该组剩余重疾责任终止,身故全残责任也终止,且保单现金价值为零,但仍然提供剩余几组重大疾病的保障。

3. 身体高度残疾保险金及鉴定

被保险人于本合同生效(或后复效)之日起在等待期(通常为 90 天或 180 天)因疾病导致身体高度残疾,保险公司按合同所交保费(不计利息)给付身体高度残疾保险金,合同终止;若被保险人在等待期后因疾病导致身体高度残疾,保险公司按合同基本保险金额给付身体高度残疾保险金,合同终止。关于高度残疾的鉴定,保险公司一般会要求在治疗结束后,由一定级别的医院或保险公司认可的医疗机构、鉴定机构出具能够证明被保险人身体高度残疾的资料。若保险合同任何一方对残疾程度的认定有异议,则以司法鉴定机构的鉴定结果为准。如果被保险人遭受意外伤害或患病之日起一定期限(通常为 180 天)内治疗仍未结束,则按该期限的最后 1 天(通常为第 180 天)的身体情况出具资料或进行司法鉴定。

4. 身故保险金

疾病保险合同规定,被保险人于本合同生效(或后复效)之日起至年满十八周岁的年生效对应日前身故,保险公司按本合同所交保费(不计利息)给付身故保险金,合同终止。若被保险人年满十八周岁,且在等待期结束后因疾病身故,保险公司则按合同基本保险金额

给付身故保险金。

5. 免责条款

疾病保险和医疗保险在免责条款方面的规定基本相同,除了人身保险的一些共有免责条款外,下列情况也都属于免责事项:①和疾病相关的既往症;②遗传性疾病;③先天性畸形、变形或染色体异常;④性病;⑤不孕不育治疗、人工授精、怀孕、分娩(含难产)、流产、堕胎、节育(含绝育)、产前产后检查以及由以上原因引起的并发症;⑥疗养、矫形、视力矫正手术、美容、牙科保健及康复治疗、非意外事故所致整容手术;⑦被保险人感染艾滋病病毒(HIV 呈阳性)或患艾滋病(不过,现在保险公司也逐渐推出承保因职业原因感染艾滋病的疾病保险产品)。

四、我国重大疾病保险介绍

重大疾病保险(简称重疾险)是当被保险人在保险期间罹患保险合同约定的疾病、达到约定的疾病状态或实施了约定的手术时给付保险金的健康保险。此类保险中的重大疾病通常具有三个特点:①灾难性(可能造成暂时或永久劳动能力丧失,甚至死亡);②复杂性(病情复杂、并发症较多或病程迁延反复,需要在医疗技术水平较高的医疗机构诊治);③费用高。

该制度设计的目的包括:①使患有重大疾病的被保险人在生存期间能有较多现金完成疾病的康复治疗;②弥补被保险人因患重大疾病而丧失工作能力造成的收入损失;③帮助被保险人在有生之年完成其未了的心愿。

在我国的保险实务中,保险公司推出的疾病保险多为重大疾病保险,它有别于我国社会医疗保险体系中的大病医疗保险,下面将对它们进行对比分析。

(一)我国重大疾病保险的保障范围规定

2007 年 8 月 1 日,我国首部《重大疾病保险的疾病定义使用规范》正式开始实施,其中规定针对成年人以重大疾病保险命名的产品必须涵盖以下六种核心疾病:恶性肿瘤、急性心肌梗塞、脑中风后遗症、冠状动脉搭桥术(或称冠状动脉旁路移植术)、重大器官移植术或造血干细胞移植术、终末期肾病(或称慢性肾功能衰竭尿毒症期),除此六种疾病外,保险公司可以根据市场需求和自身承保能力,选择其他承保疾病。

2020 年,为进一步保护消费者合法权益,提升重大疾病保险产品供给质量,在参考国内外成年人重大疾病保险发展状况并结合现代医学最新进展情况的基础上,中国保险行业协会与中国医师协会共同对 2007 年制定的重大疾病保险的疾病定义进行了修订,制定了《重大疾病保险的疾病定义使用规范(2020 年修订版)》。其中规定针对成年人以重大疾病保险命名的产品必须涵盖以下六种核心疾病:恶性肿瘤、重度急性心肌梗死、严重脑卒中后遗症、重大器官移植术或造血干细胞移植术、冠状动脉搭桥术(或称冠状动脉旁路移植术)、严重慢性肾衰竭;如果该产品还保障了保险金额低于上述六种重度疾病的其他疾病,则还应当包括本规范内的恶性肿瘤——轻度、较轻急性心肌梗死和轻度脑卒中后遗症。除前述疾病外,对于本规范疾病范围以内的其他疾病,保险公司可以选择使用。该规范中所称"疾病"是指重大疾病保险合同约定的疾病、疾病状态或手术。保险公司重大疾病保险条款中的疾病名称、疾病定义、除外责任和术语释义应当符合该规范的具体规定。保险公司可以根据市场需求和经验数据,在其重大疾病保险产品中增加本规范疾病范围以外的其他疾病,并合理制定相关定义。

(二) 我国重疾险与大病医疗保险的区别

1. 属性不同

重疾险属于商业保险,保险产品运营以盈利为目的。大病医疗保险属于社保保险,不以盈利为目的。

2. 保障对象不同

重疾险的保障对象是自主购买保险的自然人。重疾险对被保险人的身体健康状况有一定的要求,即被保险人需要符合核保的条件。大病医疗保险的保障对象是已参加社会医保的人员。大病医疗保险对被保险人的身体健康状况没有要求,带病投保也可以。

3. 保障内容不同

大病医疗保险的保障范围与基本医疗保险相衔接,主要在参保人患医保规定的大病且发生高额医疗费用的情况下,对基本医疗保险报销后需个人负担的合规医疗费用给予保障。重疾险是按照商业保险合同的约定,被保险人罹患合同约定的重大疾病后即可申请赔付。

4. 赔偿类型不同

重疾险是给付型保险,即无论被保险人因患重疾花费多少,保险人只按照合同约定赔付固定额度的保险金。大病医疗保险是报销型保险,和医保一样有报销比例限制,医疗费用越高,报销比例越高,但有一定的免赔额和总额限制。

(三) 我国发展商业重疾险的必要性

与大病医疗保险相比,重疾险的保障更加充分。重大疾病具有病情严重且治疗费用巨大的特点,但是由于大病医疗保险保险金的赔付通常是在被保险人的医疗费用开销之后,且存在着免赔额和赔偿限额、比例赔付等限制,往往患病的被保险人仍然无法承受高额的治疗开销。重疾险保险金属于事前给付,只要被保险人确诊就可以得到一笔保险赔偿金,确保被保险人能够及时就医,且重疾险的保险金额一般较大,能为被保险人提供更加充分的保障。具体包括:① 为被保险人支付因疾病、疾病状态或手术治疗所花费的高额医疗费用;② 为被保险人患病后提供经济保障,尽可能避免被保险人的家庭在经济上陷入困境。因此,作为大病保险的有利补充,我国发展商业重疾保险具有重要意义。

专栏 8-2

疾病保险产品示例

国寿康宁终身重大疾病保险(2021 版),定额给付(见图 8.1)不仅对 120 种重大疾病提供重大疾病保险金,还对 15 种特定疾病进行额外给付。针对 15 种特定疾病,康宁终身重大疾病保险(2021 版)在给付重大疾病保险金外,再按本合同基本保险金额的 50％给付特定重大疾病额外给付保险金,但只给付一次。重大疾病保险金和身故保险金保险公司公司仅给付一项,并以一次为限。另外,受益人在领取被保险人的身故保险金时,可选择一次性领取,也可以将身故保险金全部或部分转换成年金领取。若转换成年金领取,转换年金领取金额根据转换年金当时保险公司提供的年金领取标准确定。

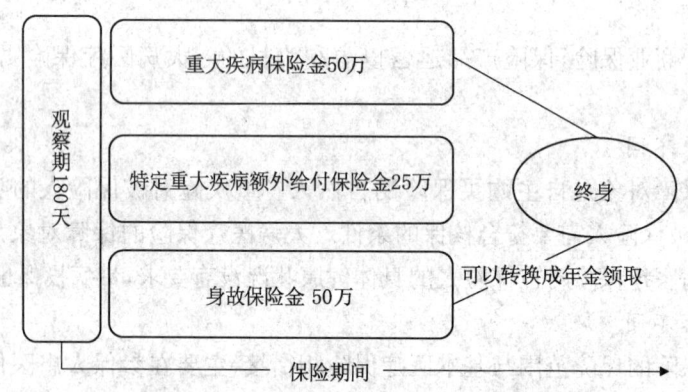

图 8-1　国寿康宁终身重大疾病保险(2021 版,定额给付)主要内容

第四节　失能收入损失保险

一、失能收入损失保险的概念与特点

(一) 失能收入损失保险的概念

失能收入损失保险(disability income insurance)历史悠久,最早可以追溯到 14 世纪德国的私营救助基金为失能矿工给予收入补偿,而作为独立险种则问世于 19 世纪末。经过一百多年的发展,失能收入损失保险已经成为德国、美国、英国等成熟保险市场上的成熟产品。失能收入损失保险已成为工业化国家应对劳动者失能风险的重要措施,是其社会保障体系必不可少的组成部分。

失能收入损失保险是指当被保险人在保险合同有效期内因疾病或意外伤害导致残疾,丧失部分或全部工作能力而不能获得正常收入或正常收入减少时,为被保险人的收入损失提供经济补偿的健康保险产品。失能收入损失保险弥补的不是为恢复健康而产生的直接经济损失,而是因失去工作能力而产生的间接经济损失。很多人非常关注医疗费用,但对因健康引起的收入损失却不太关注。

为了更加清楚地了解失能收入损失保险的定义,下面对失能及类别进行具体阐释。

1. 失能的定义

失能即丧失工作能力,无法获得正常收入,在具体的收入保障保单中又可分为完全失能、部分失能、永久失能等。实际上,各个国家的健康保险公司或人寿保险公司所销售的失能收入损失保险的责任范围差异比较大,主要是由于对完全失能所作的定义不同。失能的界定至关重要,直接影响理赔及险种的盈利能力。通常,失能的鉴定是被保险人在治疗结束后,由司法鉴定机构或其他有资质的医疗鉴定机构进行。通常规定,若被保险人在患疾病或发生意外伤害事故之日起至第 180 日时治疗仍未结束,按第 180 日时的身体状况进行鉴定。

2. 失能的分类

1) 任何职业完全失能

任何职业完全失能一般也称为绝对全残,指被保险人因疾病或意外伤害以致不能从事其原来的工作或其他任何与其所受教育、培训和经验相当的职业。由于该定义过于严格,使得大多数被保险人都不能满足获得全部残疾给付的资格,这不仅会影响到被保险人的利益,也降低了保险公司失能收入损失保险产品的吸引力,损害保险公司的利益。

2) 以往职业完全失能

以往职业完全失能一般也称为原职业全残,指被保险人因疾病或意外伤害而不能完成其以往职业的基本工作。采用该定义的保单扩大了保险保障的范围,只要被保险人因残疾不能完成其原来职业的基本工作,保险公司就应向其支付全残保险金,无论他此时是否能从事其他有偿工作。

3) 通用完全失能

当前,有很多失能收入损失保险的保单将上述两种定义结合起来。例如,保单中约定一个期限(我国通常规定为两年),称之为残疾初期,若被保险人在残疾初期由于伤残不能履行其以往职业的基本职责,则该被保险人被定义为完全失能,并按照合同规定领取失能保险金;该期限结束后,如果被保险人仍然不能完成与其所受教育、培训和经验相当的工作,可仍然被认定为完全失能,继续领取失能保险金至保险金给付期满。

4) 推定完全失能

有些收入保障保单规定,当被保险人出现下列情形之一时,即可被认定为完全失能,可领取合同中规定的完全失能保险金,而不论他是否从事原职业或其他职业。通常这些情形包括:①双目永久完全失明;②两上肢腕关节以上或两下肢踝关节以上缺失;③一上肢腕关节以上及一下肢踝关节以上缺失;④一目永久完全失明及一上肢腕关节以上缺失;⑤一目永久完全失明及一下肢踝关节以上缺失;⑥四肢关节功能永久完全丧失;⑦咀嚼、吞咽功能永久完全丧失;⑧中枢神经系统功能或胸、腹部器官功能极度障碍,终身不能从事任何工作,丧失生活自理能力。

(二) 失能收入损失保险的特点

1. 按照被保险人的职业类别制定级别费率

职业是影响失能收入损失保险费率厘定的重要因素。失能收入损失保险产品费率通常按照被保险人的职业类别制定级别费率。职业风险越高,失能风险越高,费率也就越高。

对于那些重体力劳动者和高空作业工人等，由于其职业风险过高，被排除在失能收入损失保险之外。

2. 保险金支付低于实际收入损失

失能收入损失保险的保险金支付必须低于实际收入损失，且保险金的支付比例在保障被保险人失能后生活的同时又不会过高，以防止被保险人夸大病情来获得更高的失能保险金，同时防止被保险人怠于主动寻求可以获得收入的工作返回工作岗位。一般地，失能收入损失保险金等于月保障工资乘以失能收入替代比例，失能收入替代比例由投保人在投保时与保险公司约定并在保单上载明。

3. 保险金支付采用年金的方式

失能收入损失保险的保险金支付一般按月或按周进行，被保险人可选择具体方式。一方面，失能收入损失保险主要用于保障被保险人失能后的生活，保险人有义务为被保险人的利益考虑，若保险人一次性给付失能保险金，被保险人可能将此笔资金用于投资等非合理渠道；另一方面，若保险人一次性给付失能保险金，被保险人即使重返工作岗位，保险公司也不能拿回已赔付的保险金，这样，被保险人就有寻找理由索赔的动机，诱发道德风险。

4. 有保险金给付期限的设定

给付期限是指失能收入损失保单支付保险金的最长时间。给付期限可以是短期，如13周、26周或52周；也可以是长期，如1年以上，甚至延长至被保险人正常退休年龄或70岁。短期补偿是为了补偿被保险人在身体恢复前不能工作的收入损失；长期补偿是为了补偿被保险人全部残疾而不能恢复工作的收入损失。一般而言，失能保险给付期限不论是生病致残还是受伤致残均相同，从13周、26周、52周，到2年、5年或给付至65岁。如全残始于55岁、60岁或65岁，可提供终身给付。多数失能为短期失能，约98%的失能者或在6个月内可恢复。若恢复期超过12个月，恢复工作能力的概率也锐减，尤其是年老者，更适合选择较长的保险金给付期限。

二、失能收入损失保险的主要内容及规定

以上有关失能收入损失保险的定义及特点的总结，亦是对失能收入损失保险主要内容的一种概括和呈现，比如保险责任、保险费率的厘定、保险金额的约定与给付方式、免责期等，除此之外，失能收入损失保险所具有的一些特殊条款及规定如下。

（一）部分失能保险金给付条款

部分失能是指导致被保险人不能完全从事其原有职业的某些工作内容或全天从事其职业的残疾。有些失能收入损失保险将部分残疾所致的失能也列入保险责任，当被保险人部分残疾时可按合同约定领取部分失能收入损失保险金。这是在原有失能收入损失保险业务发展到一定阶段之后才产生的，一般情况下，部分失能收入损失保险金可以在保单中约定（如为完全失能收入保险金的一个固定比例），也可以约定给付公式，其给付金额依被

保险人因残疾所致收入损失程度而定。

(二) 加保选择权条款

加保选择权的全称是未来增加保险金额选择权,即如果被保险人在未来某一时期的收入增加,则不论他当时的健康状况怎样都有增加保险金额的权利。被保险人增加保险金额时,不必提供可保证明,但须提供收入增加证明。通常,被保险人根据合同约定可以加保,但是须在保险合同约定的购买限定年龄(一般为 50 周岁或 55 周岁)之前且每次允许增加的保险金额额度依各保险公司的规定而有所不同,但一般不会超过最初合同给付额的 2 倍。而有些保险公司规定被保险人在 45 周岁之前可以按保险合同的约定额度购买,在 45 周岁之后每年可以增加的保险金额减少到最初额度的 1/2 或 1/3。

(三) 生活指数调整给付条款

生活指数调整给付条款是指为了解决通货膨胀所导致的给付保险金购买力下降的问题,需要按生活费用调整保险金给付额,为失能的被保险人提供定期增长的失能收入损失保险金。在此条款下,失能收入损失保险金根据消费者物价指数的增长或保单中规定的比例而增加,既定比例通常是 5%～6%,增加部分的年交保费按被保险人增加保险金时的年龄计算。对于增加失能收入损失保险金的机会,被保险人有权拒绝。

(四) 免交保费条款

大多数失能收入损失保险合同都含有免交保费条款。如果被保险人完全失能并且持续期超过规定的最短期限即可免交保费,但仅在被保险人的保险金给付期间或在其伤残失能期间可免交。同时,被保险人在没有完全康复的伤残期间也可免交保费。

(五) 免责期间的设定

免责期间是指被保险人在残疾失能开始后无保险金可领取的一段时间,即残疾后的前一段时间。免责期间类似于医疗费用和疾病保险中的免责期,是一种特殊的免赔额或者说自负额,在此期间保险人不给付任何补偿。免责期的设定目的在于排除一些不连续的疾病或受伤,被保险人因其所致丧失劳动能力可能只有几天,或者在短时间内,被保险人还可以维持一定的生活。除此之外,设置免责期还可以通过取消对短期残疾的给付而减少保险成本。各保险公司的免责期不同,如 30 天、2 个月、3 个月、6 个月和 1 年,免责期越长,保费越便宜。此外,免责期间允许中断,如被保险人在短暂恢复后(一般限定为 6 个月内)再次失能,可将两段失能期间合并来计算免责期。

(六) 特殊条款

失能收入损失保险除了在被保险人全残时给付保险金外,还可以提供其他利益,包括部分伤残保险金给付、未来增加保额给付、生活费用调整给付、移植手术保险给付、非失能性伤害给付、意外死亡给付等。这些补充的保险利益以特殊条款的形式通过交纳附加保费获得。

表8-2　平安团体失能收入损失保险主要内容

产品特色	短期保障一年,保障因疾病或意外导致的完全丧失劳动能力,给付失能收入损失保险金
保险期间与续保	保险期间为1年,本保险合同保险期间届满时投保人可向本公司申请续保本保险,本公司审核同意后为投保人办理续保手续,并按续保当时被保险人的风险性质重新厘定费率并收取保费
投保方式	团体投保
交费方式	趸交
保障项目	失能收入损失保险金:被保险人在保险期间内发生疾病或遭受意外事故,并以该次疾病或意外事故为直接原因导致其完全丧失劳动能力,且持续经过等待期(等待期由投保人在投保时与本公司约定并在保险单上载明)后,本公司自等待期届满时起按月给付失能收入损失保险金

第五节　长期护理保险

一、长期护理保险的概念与特点

(一)长期护理保险的概念

目前,人口老龄化已成为世界各国密切关注的问题,为解决这一问题,各国都在积极地寻找应对措施,制定相应政策。20世纪70年代,美国首先出现了长期护理保险(long-term care insurance),也称长期照料、长期照护保险。80年代在德国和法国也相继出现此类保险。2000年4月,日本正式开始实施全民长期护理保险计划。

长期护理保险指对被保险人因年老、慢性或严重疾病、意外伤害等导致身体上的某些功能全部或部分丧失,生活无法自理,需要在家接受他人护理或在护理机构接受稳定护理时所支付的各种费用进行补偿的健康保险。长期护理通常周期较长,其保险期限一般可达半年、数年、十几年、几十年甚至终身。其目的在于尽可能维持和增进被保险人的身体机能,提高其生存质量,并不以完全康复为目标。

调查数据显示,我国80岁以上需要护理老人的比例超过30%;90岁以上高龄老人,每两个老人中就有一个生活不能自理。一旦老年人丧失生活自理的能力就需要别人长期照料才能生存下去,不仅需要大量人力成本以提供护理服务,同时还面临高昂的护理费用,因此发展长期护理保险至关重要。国家统计局数据显示,2017年年末,中国60岁以上老年人口已超过2.4亿人,占总人口的17.3%,未来老龄人口的占比还会不断升高。根据联合国人口预测,到2050年,我国60岁以上人口比例将达到36.5%,远远超过英、美等国家。在我国人口老龄化的大背景下,如何长期照护好失能、半失能老人已经成为刻不容缓的问题。

(二)长期护理保险的特点

1. 与老年人养老密切相关

典型的长期护理保险,是一款主要负担中老年人专业护理、家庭护理及其他相关服务项目费用支出的新型健康保险产品,相较于传统健康医疗险来说,更易满足年老后的长期看护需求。

2. 保险金给付期限灵活

长期护理保险的给付期限十分灵活,有一年、数年甚至终身等几种不同选择。同时也规定有 20 天、30 天、60 天、90 天、100 天等多种免责期。通常,免责期越长,保费越低。但终身给付的长期护理保险产品通常很昂贵。

3. 具有豁免保费功能

长期护理保险产品的保费通常为平准式,但也有每年或每一期间固定上调保费者,其年交保费因投保年龄、等待期、保险金额和其他条件的不同而有较大区别。长期护理保险产品一般都有保费豁免功能,在交费期间,被保险人一经确定需要长期护理,保险公司将豁免以后各期保费。

4. 长期护理保险通常保证续保

长期护理保险保单可以保证对被保险人续保到一个特定年龄如 79 岁,有的甚至保证对被保险人终身续保。保险人可以在保单更新时提高保险费率,但不得针对具体某个人,必须一视同仁地对待面临同样风险的所有被保险人。

二、长期护理保险的分类

(一)按照保险责任划分

按照保险责任,长期护理保险可分为单一责任长期护理保险、寿险保单附加长期护理保险、医疗费用附加长期护理保险等。

1. 单一责任长期护理保险

单一责任长期护理保险产品仅提供长期护理保障,也就是说,只有被保险人满足保险合同中规定的护理条件时,保险公司才会给付长期护理保险金。若被保险人在交纳了多年的保费之后,却在长期护理之前因疾病或意外伤害身故,那么被保险人没有任何身故保障,也无法获得长期护理保险金给付。这种保险容易造成被保险人家属对保险公司的不满,影响保险公司的社会声誉。

2. 寿险保单附加长期护理保险

寿险保单附加长期护理保险是指在提供传统寿险保障的同时,增加长期护理保险责任。这类产品弥补了单一责任的长期护理保险的不足。

3. 医疗费用附加长期护理保险

医疗费用保险是对被保险人因疾病、意外伤害所产生的治疗费用进行补偿,而长期护理保险是对被保险人因慢性疾病或健康状况恶化所产生的长期护理费用进行补偿。两者都是健康保险,且都涉及费用补偿,因此,可将长期护理保险作为医疗费用保险的延伸。

(二) 按照投保人不同划分

按照投保人不同,长期护理保险可分为个人长期护理保险和团体长期护理保险。

1. 个人长期护理保险

个人长期护理保险是指以个人名义购买的长期护理保险产品。

2. 团体长期护理保险

团体长期护理保险可分为雇主型保险计划和非雇主型保险计划两种。雇主型保险计划是指由雇主为雇员以团体形式购买的个人长期护理保险。非雇主型计划是指一些社会团体通过团体的形式为团体中的个人购买长期护理保险,以获得较低的保险费率。

(三) 按照保额是否变化划分

按照保额是否变化,长期护理保险可分为保额固定型长期护理保险和保额递增型长期护理保险。

1. 保额固定型长期护理保险

保额固定型长期护理保险是指保险金按保险合同中约定的金额给付,固定不变的保险产品。

2. 保额递增型长期护理保险

保额递增型长期护理保险是指随着生活费用指数和护理机构的护理费用指数的变化,逐年增加保险金给付的保险产品。

(四) 按照承保人的不同划分

根据承保人的不同,长期护理保险可划分为社会保险型长期护理保险、商业保险型长期护理保险和国家福利型长期护理保险。

为应对人口老龄化的挑战,很多国家纷纷建立了长期护理保险制度。关于长期护理保险的内涵,国外理论界和实务界并无太大分歧,但因主办主体、筹资模式、制度特征等差异而形成了不同的长期护理保险制度,大致可以分为社会保险型、商业保险型和国家福利型三种模式。社会保险型长期护理保险是指由政府或社会通过法律强制规范,对参保人提供护理服务所产生的费用进行补偿的一项社会保险。这是目前发达国家中最成熟、关注度最高的一种长期护理保险制度,以德国和日本为代表。商业保险型长期护理保险是指由保险公司主办,投保人自愿交费参保并在产生长期护理服务费用后由商业保险公司来给付的商业保险。美国是世界上较早建立长期护理保险制度的国家,也是商业长期护理保险制度的代表国家。国家福利型长期护理保险是指国家通过提供福利津贴、实物和护理服务,来满足国民的长期护理需求。英国和瑞典是这种制度模式的代表国家。

三、长期护理保险保险金的给付

(一) 保险金给付责任的规定

在保险实务中,各保险公司约定的保险金给付责任并不一样,但通常都包含以下内容。

（1）被保险人由于年老、疾病、意外伤害等原因造成丧失生活能力的,受益人可获得长期护理保险金。

（2）被保险人死亡的,受益人可获得身故保险金。

（3）被保险人60岁后,按规定领取老年护理保险金。

有不少长期护理保险产品也会对癌症等特殊疾病提供附加给付。

（二）保险金给付条件的规定

1. 丧失日常生活能力

一般保险条款约定,被保险人经医院诊断确定丧失独立完成以下六项"日常生活活动"中的三项或三项以上的活动能力,即为丧失日常生活能力。

（1）进食,指在食物已经准备好的情况下,自己进食的能力。

（2）洗澡,指淋浴、沐浴或以任何其他方式清洗自己身体的能力。

（3）更衣,指穿脱、扣紧或解开所穿衣物,以及脱戴义肢及其他医疗辅助器具的能力。

（4）移动,指从床上移动至座椅、轮椅或其他替代器械上的能力。

（5）步行,指在室内从房间到房间之间的平地行走能力。

（6）如厕,指独立使用厕所和控制大小便的能力。

2. 医学上的必要性与住院治疗

保险公司要求被保险人住进护理院时与住进医院一样,要有医学上的必要性,此举旨在防范被保险人仅为获取护理保险金而进入护理院的道德风险。

3. 认知能力障碍

对于一些患有老年痴呆症等认知能力有障碍的人,他们虽然能够执行某些日常活动,但仍然需要长期护理。为了解决这一矛盾,更加客观地确定保险金给付条件,有些保险公司将认知能力障碍也作为判断丧失日常生活能力的标准之一。

（三）保险金给付方式的规定

长期护理保险保险金的给付方式主要有现金给付（费用补偿）和实物给付。

1. 现金给付

现金给付方式又分为固定金额给付型（年金方式给付或一次性给付）和费用补偿型。采用固定金额给付时,保险公司根据被保险人所要接受的不同等级长期护理服务给付不同的护理保险金。固定金额给付与被保险人接受长期护理服务所花费的实际支出没有关系。法国主要采用固定金额方式中的固定年金给付,我国主要采用一次性的给付方式。采用费用补偿给付时,保险公司对被保险人接受长期护理服务时所产生的实际、直接的护理费用进行补偿,美国主要采取这种方式。采用现金给付方式可以使被保险人在一定范围内自由选择护理机构,较大程度地满足其护理需求。

2. 实物给付

实物给付即被保险人在满足给付条件的前提下,保险人直接向被保险人提供护理服务作为保险给付方式。实物给付的优点在于它可以真正满足被保险人的长期护理需求,不需要自己寻找护理机构,同时可有效防范道德风险。但此种给付方式对保险公司的专业化要求较高。日本和德国主要采用实物给付方式。

专栏 8-4

普惠型健康保险的探索和推广彰显社会主义制度的优越性

"看病难、看病贵"一直是老百姓面临的重大难题。在城乡居民大病保险制度基础上，基于"政府指导、商业运作"的推动模式，2015 年深圳出台《深圳市重特大疾病补充医疗保险试行办法》，开始了普惠型大病保险探索，即通常所称的"惠民保"。各地争相效仿，惠民保业务迅速发展，并根据城市名赋予了独有的名称，如北京为"京惠保"，上海为"沪惠保"，广州为"穗岁康"，成都为"蓉惠保"等。截至 2021 年年底，全国有 27 个省自治区直辖市，200 多个地级市已开展惠民保业务，累计参保超过 1.4 亿人次。

一、政府相关政策有力地支持和保障惠民保发展

2016 年 10 月，《"健康中国"2030 规划纲要》出台，全民健康作为一项重要的国家战略已融入各行各业的发展当中。2020，国务院发布《关于深化医药保障制度改革的意见》，指出要加强建设多层次医疗保障体系。2021 年 6 月 2 日，《中国银保监会办公厅关于规范保险机构城市定制型商业医疗保险业务的通知》发布，"惠民保"获得了正式官方名称："城市定制型商业医疗保险"。

二、惠民保的业务模式与典型方案内容

（一）业务模式

在业务开展上，"惠民保"模式通常会由政府及相关部门、商业保险机构以及第三方平台公司共同参与，这对于"惠民保"业务的开展具有显著的影响。第三方平台公司是"惠民保"的重要参与方和推动方，包括了健康医疗服务类公司、保险中介类公司和科技服务类公司三大类，其中以健康医疗服务类公司的参与度最高，主要提供特药和健康管理服务。

各地惠民保大多采用基本统一的产品费率、普惠开放的投保条件、百万额度的保障水平、快捷方便的投保流程（线上投保为主，辅以线下投保），以及特色化健康增值服务等产品设计，结合可以用个人医保账户余额支付个人及家人的保险费等措施，极大地降低了客户投保商业健康保险的门槛。

（二）典型方案内容——上海地区"沪惠保"2022 年版

"沪惠保"是根据上海医疗和生活水平，专为上海定制、紧密衔接社会医疗保险，以普惠价格为上海市基本医疗保险参保人员提供百万级保险保障和便民化健康服务，提升上海市民的健康保障水平。

1. 投保范围：全体参加上海市基本医疗保险的在保人员。

2. 投保年龄：不受限制。

3. 健康状况：免体检，既往症可承保可赔付。

4. 等待期：无等待期。

5. 保险期间：一年。

6. 交费方式:趸交。

7. 保险费:129 元/人/年。

8. 保障概要。

保障责任	特定住院自费医疗费用保险金	国内特定高额药品费用保险金	质子、重离子医疗保险金	海外特殊药品费用保险金	CAR-T 治疗药品费用保险金
免赔额	20 000 元/年	0	0	0	0
赔付比例	非既往症人群 70% 既往症人群 50%	非既往症人群 70% 既往症人群 30%	非既往症人群 70% 既往症人群 30%	非既往症人群 70% 既往症人群 30%	非既往症人群 100% 既往症人群 100%
保险金额	100 万元(其中单品药品费年度限额 30 万元,单次住院手术材料费年度限额 20 万元,PET-CT 每年仅限一次)	100 万元	30 万元	30 万元	50 万元
医院范围	当地二级及以上医保定点医院普通住院部	上海市二级及以上医院门诊或上海市具备销售药品资质的药店(建议通过提供药品直付和送药上门服务的特约药店购买特定高额药品)	上海市具备质子、重离子治疗资质的医疗机构	海南博鳌超级医院、博鳌国际医院、博鳌恒大国际医院、上海交通大学医学院附属瑞金医院海南医院(海南博鳌研究型医院)	接受复星凯特生物科技有限公司阿基仑赛注射液/上海药明巨诺生物科技有限公司瑞基奥仑赛注射液使用培训和认证的上海市医疗机构,详见 CAR-T 治疗指定医院目录

9. 理赔:参保人员无论在上海还是外地的二级及以上医保定点医院普通部住院治疗,若用上海医保卡实时结算的可申请特定住院自费医疗费用保险金理赔;若未用上海医保卡实时结算的,须经上海基本医疗保险结算后方可申请特定住院自费医疗费用保险金理赔。国内特定高额药品费用保险金/质子、重离子医疗保险金/海外特殊药品费用保险金/CAR－T 治疗药品费用保险金等四项责任无需使用医保卡但须在本产品说明书中上述四项责任指定的医疗机构就诊方可申请理赔。

三、惠民保的主要特征

(一)深度衔接医保的商保属性

"惠民保"的产品属性是商业健康保险,但在政府支持指导下,"惠民保"与社保紧密衔接,产品定价的基础数据源于当地医保数据,目标人群限于当地医保参保人员,投保条件和投保方式也与基本医保更为接近,部分地区不仅支持使用医保个人账户支付保费,还支持医保商保同步结算。在保障方面,"惠民保"主要针对基本医保报销后医疗费用的二次保障。

(二)区域化差异化的定制属性

"区域化定制"是"惠民保"产品的一个显著特征。我国地区之间经济发展水平和人口基础等诸多因素的不同,造成了各地医疗保险政策、基金收入与支出水平、甚至居民的医保观念和医疗保障需求等均存在差异。"惠民保"采用"区域化定制"的运行策略,不仅能更好地适配各地不同的医保政策,也能发挥各地政府部门的主动性,满足不同地区居民差异化的保障需求。

（三）低价格高保额的惠民属性

价格惠民、投保门槛低,是"惠民保"产品的重要特征。2020年1月,在中国银保监会、国家发展改革委、国家卫生健康委、国家医保局等13部委联合下发的《关于促进社会服务领域商业保险发展的意见》中明确提出,"鼓励地方政府及有关部门更多运用保险机制加强社会治理。有序发展面向农村居民、城镇低收入人群、残疾人的普惠保险"。"惠民保"通过商业保险的市场化手段以低廉的保费为参保人解决潜在的高额医疗费用风险,正是基于对民众普惠保障的一种供给理念。

从宏观视角来看,"惠民保"作为一种新的商业保险形态,当前仍处在不断地变化和演进中,相较于关注它的属性特征和市场表现,从研究其出现的时代背景和兴起的深层原因出发,也许更有助看清其未来的演变方向。

整体上,由于惠民保业务模式得到政府、商业保险机构以及第三方服务平台等"大健康"主体的广泛参与,惠民保的普惠性和便民性凸显,成为政府民生工程的组成部分,体现出社会主义制度的优越性。

本 章 小 结

（1）健康保险是指以人的身体为保险标的,由保险人为被保险人因身体健康原因在发生疾病或遭受意外伤害时产生的医疗费用或经济损失提供补偿的人身保险。

（2）医疗保险是指通过订立商业保险合同,对被保险人因疾病或意外事故所致伤害时发生的医疗费用进行给付或补偿的保险。

（3）疾病保险是指以保险期限内被保险人首次诊断出保险合同约定的疾病为保险金给付条件的健康保险,属于定额给付型保险。

（4）失能收入损失保险所弥补的不是被保险人为恢复健康而产生的直接经济损失,而是因失去工作能力而产生的间接经济损失。

（5）长期护理保险是指对被保险人因年老、慢性或严重疾病、意外伤害等导致身体上的某些功能全部或部分丧失,生活无法自理,需要在家接受他人护理或在护理机构接受稳定护理时所支付的各种费用进行补偿的健康保险。

关键概念索引

健康　亚健康　疾病　健康风险　健康保险　医疗保险　疾病保险　失能收入损失保险长期护理保险

复习思考题

1. 如何理解疾病、健康与亚健康?

2. 简述健康风险的概念、特征及种类。

3. 简述健康保险的概念、要素与特征。

4. 健康保险如何分类?

5. 简述健康保险的发展趋势。

第九章 团体人身保险和企业年金

本章要点

- 团体人身保险的含义与特征
- 团体人身保险的主要产品与特殊条款
- 企业年金的概念与特征

思政目标

(1) 强调企业年金和职业年金保险在社会养老保障体系中的重要作用。
(2) 激发学生的民族自豪感和爱国热情。

> 现代企业为了更好地吸引和留住优秀人才,除正常薪资外,还为员工提供各种福利待遇。其中,团体人身保险产品和企业年金是员工福利中的重要内容。我国人身保险行业为了更好地满足企业的员工福利计划需求,相应开发了各类团体人身保险产品,同时按照我国企业年金管理规定发展企业年金业务。团体人身保险和企业年金不同于个人保险业务,有其特殊的法律规范、监管规定和业务管理方法,本章主要介绍其特殊的管理制度和业务方法。

第一节 团体人身保险概述

一、团体人身保险的含义及发展历程

(一)团体人身保险的含义

团体人身保险简称团体保险,即"一张保单保团体"。根据我国 2015 年 1 月 29 日颁布实施的《中国保监会关于促进团体保险健康发展有关问题的通知》的监管规定,团体保险是指投保人为特定团体成员投保,由保险公司以一份保险合同提供保险保障的人身保险。而特定团体是指法人、非法人组织以及其他不以购买保险为目的而组成的团体。特定团体属

于法人或非法人组织的,投保人应为该法人或非法人组织;特定团体属于其他不以购买保险为目的而组成的团体的,投保人可以是特定团体中的自然人。

在上述规定中,监管机关同时规定我国团体保险的被保险人在合同签发时不得少于3人,特定团体成员的配偶、子女、父母可以作为被保险人。根据该监管规定,目前我国团体保险最低人数要求从该规定颁布前的5人降低至3人,并且取消了被保险人的人数不低于团体成员人数75%的比例限制。新政策将使购买团体保险的主体更加广泛,特别是将其他不以购买保险为目的而组成的团体加入投保团体范畴内,因而家庭保单形式的团体保险将获得一定发展。新政策还消除了非法人团体中由自然人购买团体保险的障碍,合理放宽了投保限制,扩大了团体保险的购买便利和主体,使得条款、费率的使用及变更更加规范化,使我国团体保险市场秩序得到进一步改善并健康发展。

在团体保险概念中,需要注意以下三点。

(1)"团体"主要包括各类机关、社会团体、企事业单位等正式的机构组织,有特定的业务活动,并进行独立核算;但也包括不以购买保险为目的而组成的临时性、流动性团体,如旅游团体、乘客团体等,甚至也包括家庭团体。

(2)团体成员在对正式机构组织提供保障时,主要承保对象为在职员工。在职员工是指在投保单位领取工资的正常工作人员,一般退休职工、病休职工不应参加团体保险,临时工、合同工虽然不是投保单位的正式职工,若单位要求投保,保险公司也可接受。

(3)"一张保单保团体"意味着团体保险只有一张总的保单,保险人不需要向每个被保险人签发保单。

总之,团体保险是相对于个人保险而言的,个人保险以一张保单为一个人或为一个家庭提供保障,团体保险则是以一张保单为某一团体的所有成员或其中的部分成员提供保障。保险人只与团体保单的投保人发生合同关系,向其收取保费,与团体内部的个人不发生订约关系。团体保险退保时,按相关管理规定,除非个别特殊情况,退保金应当通过银行等资金支付系统转账至投保人原交款账户。团体保险不是一个具体的险种,而是一种承保方式。

 专栏 9-1

团体人身保险＝团购保险?

在网络销售被保险公司广泛应用之后,时下流行的"团购风"也刮了进来,不少网站打出了网购保险的价格优惠牌。在某些消费者看来,团购保险就类似于购买团体保险,这种理解主要基于很多消费者所在单位都给员工购买了补充团体医疗保险,因此,消费者会认为团体人身保险的保费比个人人身保险的保费要便宜,而自己购买的团购保险应该与补充团体医疗保险相同,并享受相同的优惠。

实际上,这样的理解并不正确,团体人身保险和团购保险完全不同。所谓团体人身保险,是以一张总保单为某一个团体的所有成员或部分员工提供保障的保险,通常是公司为员工投保团体人身保险,其价格比较优惠,而且公司也可以跟保险公司协商部分条款。我国保险监督机构规定,保险公司不得为以购买保险为目的组织起来的团体承保团体保险。因此,自发组织的团购保险是不允许以团体保险方式承保的。

团购保险其实是一种营销策略,但它与团体人身保险是完全不同的,团购保险实质上仍属于个险业务。目前,在网络上销售的保险产品主要集中在责任简单、保费不高的产品上,一般为车险、家财险、意外险等。设计复杂、保障期限长的保险产品,如养老险、健康医疗险等,主要还是依靠代理人进行销售,面对面地详细讲解才能有助于消费者充分理解以选择投保。

资料来源: 高和.团购保险多是噱头 网销多卖简单产品[N].华夏时报,2012-01-09.

(二) 团体人身保险的发展历程

20世纪初,美国工业及社会发展促使雇主逐渐了解到其对员工的法律责任,同时雇主也对员工由于工作能力丧失所导致的收入损失逐渐重视,这种对员工福利的认识孕育了团体人身保险有利的发展因素。1907年,美国哥伦比亚大学教授海勒·锡格提出,雇员在面临疾病、衰老、丧失工作能力、伤残、死亡、失业等问题时,雇主应承担一定的责任,而最好的方式就是为雇员购买人身保险。1911年,美国公平人寿保险社与班达梭皮革公司签订世界上第一张真正意义上的团体人寿保险保单,标志着团体人寿保险产生。同年,伦敦保证和意外保险公司为蒙哥马利·华德公司员工签发的工作能力丧失收入保险,标志着美国团体健康保险的发端。1925年,大都会人寿保险公司签发了美国第一份团体养老金保单。

在团体保险起源过程中,最著名的当属1912年4月公平人寿保险社与蒙哥马利·华德公司签订的一份团体人寿保险保单。1910年从事通信销售业务的蒙哥马利·华德公司开始与包括公平人寿保险社在内的多家保险公司交涉,为其全体从业人员提供保险,但是,除公平人寿保险社外,其他公司都因为费率问题未得到解决而未能达成协议,公平人寿保险社在其精算师威廉·葛拉汉的努力下,克服了费率厘定困难,于1912年4月向蒙哥马利·华德公司的芝加哥总公司与堪萨斯分公司签发了团体寿险保单。这份团体人寿保险契约是每年更新的定期寿险,保费为月交,且全部由雇主负担,其费率比公平人寿保险社所销售的普通每年更新的定期寿险费率降低了5%,其保险责任包括:①从业人员身故时支付100美元丧葬费;②从业人员无抚养家属(妻子或未满十六岁子女等)时,加计1年薪水(以3000美元为上限);③有抚养家属之情形,对妻子给付薪水的25%和附加4年保证的终身年金,对子女只能给付至16岁,一个子女的给付薪水的20%,两个以上的给付薪水的25%。

第二次世界大战期间,由于美国对物价和工资的管制,许多企业为了提高员工福利,纷纷购买团体人身保险,1940—1945年,团体保单的保险金额增加了50%。第二次世界大战以后,由于劳资关系的改善、工会力量的日益强大,团体保险的需求日益旺盛,各国保险公司纷纷推出团险产品,团体保险有了很大的发展。到20世纪90年代,美国有约56%的雇员通过雇主或工会参加了团体养老保险,近58%的美国公民获得了团体健康保险计划的保障。美国大约有40%的人寿保险,加拿大有50%以上的人寿保险都属于团体保险,美国和加拿大的大部分补充医疗保险也属于团体保险。团体保险之所以迅速成长,是因为它有助于社会福利事业的开展,对国家和个人都有利。

我国从 1982 年开始恢复人身保险业务,20 世纪 90 年代中期之前,我国人身保险市场一直是以个人保险为主;20 世纪 90 年代中期以后,随着社会养老保障体制和医疗保障体制改革的深入,团体保险有了巨大的发展。1982 年,团体寿险保费收入为 159 亿元,占全部保费收入的 0.2%;1993 年,团体寿险保费收入达到 200 亿元,占全部保费收入的 37.3%;到 2003 年,团体寿险保费收入超过了 580.38 亿元。1993—2003 年,团体保险保费收入年均增长 34.5%。随着 2004 年企业年金政策的出台以及对团体保险业务的监督加强,团体保险业务开展难度加大。伴随着个险营销渠道和面对个人的银保业务的大发展,团体保险保费收入占人身保险保费收入的比重持续下降,从 2002 年的 21.33% 下降到 2009 年的 5.97%,并直至目前长期维持在 5% 左右的水平。

二、团体人身保险的特征

(一) 风险选择的对象是团体而不是个人

在保险实务中,投保团体人身保险一般不需要体检或提供其他可保证明。这并不是说团体人身保险承保可以不进行任何风险选择与控制,只是其方法与个人投保的风险选择与控制方法不同。

为了保证团体人身保险的承保质量及保险公司的财务稳定性,防止团体投保过程中可能发生的逆选择倾向,团体人身保险对风险的控制与选择主要采取以下手段。

(1) 投保的团体不得是以单纯购买保险为目的而临时组合而成的团体。这一原则旨在减少逆选择,如果团体是以取得保险这一特定目的而组织起来的,那么这个组织中就会集聚众多"最愿意参加保险的人",即该团体中健康状况不佳的人所占的比例就会过大,他们的死亡率会超过社会平均死亡率,这样的团体对保险人来讲是不可承保的。同时需要注意,由于在我国死亡保险合同必须经被保险人同意才有效,因此,团体保险合同中死亡保险合同一般也应获得被保险人的同意。

(2) 投保团体保险的组织机构里的被保险人必须是能够参加正常工作的在职人员。退休人员、长期因病全休及半休人员不能成为团体保险的被保险人,这就保证了团体中的成员富有流动性。团体中不断有年轻人参加和老年人退出,这样就会使团体的平均年龄始终保持稳定,死亡率和发病率也能保持相对稳定。

(3) 团体人身保险对投保人数有两个方面的要求:一是对投保团体总人数的要求,即规定一个投保团体内参加保险的人数要有一个最低的标准,中国保监会规定团体投保人数最低不少于 3 人,公司核保时根据行业不同费率不同也可以提高最低人数要求;二是公司核保时可以要求投保团体参加保险人数占总员工人数的比例下限,如规定参加保障计划的员工需要有不低于 75% 的员工参加,或者根据参保比例确定承保条件。

(4) 团体人身保险的保险金额不能由企业和员工任意选择。团体人身保险对每个被保险人的保险金额按照统一的规定计算,其具体做法有两种:一是整个团体中的所有被保险人的保险金额相同;二是按照被保险人的工资、职位、工龄等因素分别制定每个被保险人的保险金额。雇主或雇员无权自己增减保险金额,其目的在于消除逆选择行为。

(二) 使用团体保单

团体人身保险使用一张总的保单为整个团体提供保险保障。这份保单详细规定了保险条款内容,并包括被保险人名单等。投保团体是保单的持有人,而每个被保险人仅持有一张保险凭证,保险凭证可以是纸质凭证也可以是电子凭证,并且投保人同时应向被保险人提供网络、电话和柜面等保险凭证查询渠道。保险凭证上并不包括全部保险条款,但应当载明保险期间、保险责任范围和被保险人在该团体保险合同项下享有的各项权利,以及被保险人和受益人的基本信息(包括姓名、性别、身份证件类型和号码、联系方式)。

但是,考虑到某些特定团体的流动性和人员复杂性,我国规定在下列特殊情形下,保险公司承保团体保险合同不需应要求提供被保险人同意为其投保团体保险合同的有效证明和被保险人名单,也不需对每个被保险人提供保险凭证。

(1) 政府作为投保人为城镇职工、城镇居民、新农合参保人群、计生家庭和老年人等特殊群体投保的具有公益性质的团体保险。

(2) 投保时因客观原因无法确定被保险人,或承保后被保险人变动频繁,但是可以通过客观条件明确区分被保险人的团体保险,如建筑工程意外险、乘客意外伤害保险和游客意外伤害保险等。

(3) 被保险人所属特定团体属于国家保密单位,或被保险人身份信息属于国家秘密的。

适用上述特殊情形承保的团体保险必须经保险公司总公司审核同意,并每季度向承保机构所在地保监机构报告。

(三) 成本低,保障性高

团体人身保险的费率低于个人保险的费率,这主要有以下三方面的原因:①单证印制和管理成本低。团体人身保险一般采取用一张总保单承保一个群体的做法,节省了大量的单证印制成本和管理成本。②佣金比例较低。许多大型团体的投保人常常直接与保险人洽谈,免除了高额的代理佣金支出,降低了保险公司的经营成本。③核保成本低。团体中参保人员所占的比例较高,逆选择的风险较小,并且团体人身保险一般免体检,节约了保险公司的体检费用。

(四) 团体保险计划具有灵活性

与普通个人保险的保单不同,团体保险的保单并非事先印制不可更改,较大规模的投保团体可以就保险条款的设计和保险内容的制定与保险公司进行协商。当然,团体保险的保单也应遵循一定的格式,包括一些特定的标准条款,但与个人保险合同相比明显具有灵活性。

(五) 保费以经验费率为基础

团体保险确定理赔成本或索赔金额的基本原理与个人保险相同,只是团体保险在厘定费率后,还要根据团体的规模和以前的索赔经验进行调整。

1. 不同团体的费率厘定方法

对于不同的团体,费率厘定的方法有手册费率法、经验费率法和混合费率法。

(1) 手册费率法。手册费率法是在不考虑特定团体以往的赔付和费用经验的情况下,保险公司利用自己的经验数据或其他保险公司的经验数据来统计投保团体的预期赔付和费用,并厘定团体费率的一种方法。手册费率法主要适用于新投保团体首期费率和小团体的保险费率的厘定。

(2) 经验费率法。经验费率法是保险公司以特定团体的历史赔付和费用经验为基础来厘定团体费率的方法。这种方法主要适用于大型团体的续期保险费率的厘定。

(3) 混合费率法。混合费率法是指对于中等规模的团体,保险公司采用手册费率法和经验费率法相结合来确定团体保险费率的厘定方法。

2. 同一团体的费率厘定方法

对于同一团体的不同被保险人,费率的厘定方法有同一费率法和差别费率法。

(1) 同一费率法。同一费率法是指对同一团体内所有的被保险人采用相同费率的方法。采用同一费率法通常有两种情况:一是团体内被保险人的年龄和工种比较接近,面临的风险状况类似;二是为了方便投保人或满足投保人的特殊需要,保险公司在分别计算出每一被保险人的保险费率后加总换算成平均费率,然后按平均费率收取保费。

(2) 差别费率法。差别费率法是指对同一团体中不同的被保险人,根据其年龄、性别、工种、健康状况采用不同的费率的方法。该方法体现了保险的公平原则和权利义务对等原则。

个人费率厘定时以生命表为依据,考虑被保险人的死亡率、利息率和保险公司的营业费用率。团体费率厘定是一个相当复杂的过程,除了考虑选用恰当的费率厘定方法,还要考虑投保险种所确定的基本费率,团体的规模,团体的历史赔付经验,团体的管理制度和管理水平,团体成员的年龄结构、性别结构、平均年龄、健康状况、工种分布、具体保险金额,连带被保险人情况以及团体的行业性质等。在保险实务中,对于规模较大、风险程度较低、索赔记录较少的团体,在计算保费时,保险公司往往给予一定比例的保费优惠比例;反之,则酌情进行加费处理。

(六) 服务管理专业化

团体保险的投保人是团体,其对保险的要求往往要高于个人。因此,在团体保险市场的激烈竞争中,若要获得更多的客户,就要求从业人员必须具有相关的社保、法律、财税、医疗、金融、管理等方面的知识,具备前瞻性、创造性的思维优势。团体保险的专业服务人员应成为投保团体的员工福利顾问,从保障、福利、法律、财税等方面向投保团体提出保险建议,为投保团体提供设计科学的员工福利计划、保险计划等专业服务。因此,保险公司一般都设有专门的团体保险部门,对团体保险进行专门化的管理,科学设计团体保险经营流程,同时,针对团体保险的特点配备和培养具有较高专业素质的营销队伍,专门从事团体保险的销售和管理工作。

三、团体保险与员工福利计划

（一）员工福利计划

员工福利是薪酬体系的重要组成部分。从广义上来看，雇主提供的或者使之可用的所有报酬形式（直接工资和现金形式的奖金除外）都可以被认为是员工福利。员工福利计划一般是指企业为员工提供非工资收入的综合计划，是现代企业人力资源管理的重要组成部分。它一般包括：①法定计划，即国家立法强制实施的社会保险制度；②自主计划，包括企业出资的企业年金、补充医疗保险、团体人寿保险、团体意外险、团体年金等商业保险计划；③股权、期权计划；④其他福利计划，包括住房、交通、教育培训、带薪休假等。企业的员工福利计划通常以团体保险的方式提供，团体保险是员工福利计划的重要组成部分。团体保险参与的员工福利计划主要指自主计划，即寿险公司以提供团体保险产品的形式，为企业员工提供的养老、健康、伤残、身故等风险保障计划。

（二）团体保险作为员工福利计划的优势

1. 成本较低

与每一个雇员单独购买同等数量的保险相比，由雇主购买的团体保险价格会更低廉。在团体保险中，保险人在营销、承保以及保全方面的管理成本大大降低，因此，团体保险的附加费用比例较低。

2. 核保简便，保障范围广

团体保险的运作机制能够非常有效地满足员工福利的需求，核保简便，寿险公司能够在相对短的期间内以相对小的成本对大量的个人提供保障，同时还能将保障扩展到作为个人保险业务里不可保的成员身上。

3. 有效节税

出于合理避税的目的，许多团体保险类的员工福利计划比货币薪资更受员工青睐。雇主为员工购买保障类型的保险产品，保险成本可以按规定计入企业经营成本，同时员工获得的团体保险的购买成本并不计入员工的应税收入，而员工获得的保险金给付也不必交税。因此，雇主和员工均可以合理有效节税。一般来说，雇主只愿意在能享受的税收政策优惠限度内购买团体保险。正因为如此，税收优惠政策是促进团体保险业务发展的重要因素，这一点也为世界各国团体保险业务的发展实践所证实。同样，对于我国的团体保险业务而言，引进国外通行的 EET 模式的税收优惠政策来发展补充养老保险和补充医疗保险也是推动团体保险发展的重要举措。

综上所述，员工福利计划具有广泛的发展潜力，特别对于我国这样处在经济转型期的发展中国家，它对多元化社会保障体系的形成有重大的经济和社会意义。在员工福利计划中有相当的部分要通过保险机制进行运作，这就为保险公司业务提供了发展空间，例如，团体补充医疗保险、企业年金和职业年金等补充养老保险的发展必将成为现代团体保险新的重要经营领域。

四、团体人身保险的分类

大部分人身保险都能以团体保险的方式承保,按照保险责任的不同,团体保险可以划分为团体人寿保险、团体年金保险、团体意外伤害保险和团体健康保险。

(一) 团体人寿保险

团体人寿保险是以团体方式投保的定期或终身死亡保险。它通常包括团体定期人寿保险和团体终身保险。

1. 团体定期人寿保险

团体定期人寿保险通常简称为团体定期保险,是以团体中的员工为被保险人,团体或团体雇主为投保人,保险期限为 1 年的死亡保险。绝大部分的团体定期人寿保险是以每年更新的定期保单方式承保的,主要为团体所属员工提供工作期间的死亡保障。

在最初投保团体定期人寿保险以及续保时,无须体检。在每年更新合同时,须剔除已脱离企业的员工,增加新雇员,保险人有权根据投保团体的年龄结构、性别等方面的变化调整费率。由于保险期限只有 1 年,所以团体定期人寿保险采用自然保费形式,保单没有现金价值。该种保险不具有储蓄性,因而对长期的保障有限,对老年退休生活的准备也没有多大用处,其主要目的是避免被保险人因死亡而导致经济上的困难。

2. 团体终身保险

团体终身保险是相对于团体定期保险而言的。后者主要提供团体所属员工在工作期间的死亡保障,团体终身保险则是以团体或其雇主为投保人,团体所属员工为被保险人,一旦被保险人死亡,由保险人负责给付死亡保险金的一种保险产品。因此,团体终身保险可以为团体所属员工提供退休后的死亡保障,以弥补团体定期保险期限较短的不足。

(二) 团体年金保险

团体年金保险是以团体方式投保的年金保险,简称团体年金。团体年金主要用于员工退休后的生活补助,是员工福利计划的重要组成部分。从产品设计形态来看,我国团体年金保险也包括普通型团体年金和新型团体年金保险(分红型、变额型和万能型)两种。普通型团体年金有几类产品,如团体延期年金保险、预存管理年金和即期参与保证年金。其中,最主流的是团体延期年金保险,该产品是由雇主为在职的雇员投保的年金保险,当雇员退休后可从保险公司领取年金。2005 年之后,我国对企业补充养老保险建立了独立的税优企业年金制度,在企业年金制度实施后,商业团体养老年金保险的市场逐步缩小,因此该部分内容不再展开介绍,我们将在本章第二节中专门论述企业年金。

(三) 团体意外伤害保险

团体意外伤害保险是团体保险最早的形式之一,是指当被保险人遭遇意外伤害导致死亡或伤残时,由保险人负责给付死亡保险金或伤残保险金的一种团体保险。其费率按行业、工种类别确定,通常划分为若干类,每一类使用一个费率,对特殊行业、工种要按危险程度加收保费。此外,团体意外伤害保险与个人意外伤害保险在保险责任、给付方式方面相同,只是承保方式不同。

与人寿保险、健康保险相比,意外伤害保险是最有条件、最适合采用团体方式投保的。其原因在于,人寿保险和健康保险的费率都和被保险人的年龄有关,而意外伤害保险的费率则主要取决于被保险人的职业。在一个团体内部,通常团体成员从事的工作风险性质大致相同,可以采用相同的费率,而且意外伤害保险的保险期限多为 1 年或更短。

(四) 团体健康保险

近几年来,我国商业保险公司和社会保障部门的合作日益加强,这种合作特别表现在健康保险领域。商业保险公司针对各地社保经办机构,以经办管理、共保联办和协议承保等不同方式接受政府委托或者与政府部门签订保险合同,为社会基本医疗保险的参保人提供医疗保险理赔、医疗保险基金管理和大病保险运作等服务项目。除了与社会保障部门合作,商业保险公司传统销售的商业团体健康保险仍是团体健康保险业务中的主流,下面主要对商业性质的团体健康保险进行介绍。

团体健康保险是指以团体或其雇主作为投保人,以其所属员工作为被保险人,当被保险人因意外事故或疾病而花费医疗费用时,由保险人负责补偿其治疗、住院、护理等费用,当被保险人由于意外事故或疾病导致健康损失,引起经济需求或收入损失时,由保险人负责给付或补偿保险金的一种团体保险。团体人寿和意外伤害保险仅对被保险人的死亡及伤残进行给付,但在实际工作中,员工因为健康原因而丧失工作能力或需接受医疗服务的概率要远远大于死亡的概率。在医疗卫生费用不断提高的今天,人们面临的医疗费用支出压力将会日趋增大,从这个角度而言,团体健康保险对员工及其家属的意义更为重要。因而,团体健康保险已逐渐成为员工福利计划的重要组成部分。

团体健康保险的种类与个人健康保险的种类相同,主要包括团体疾病保险、团体医疗保险、团体失能收入损失保险和团体护理保险四类产品。

1. 团体疾病保险

团体疾病保险是以投保团体的成员确诊罹患合同约定的疾病为给付条件的保险。只要被保险人患上保险条款中所列出的某种疾病,无论其是否支出医疗费用,都可以获得保险金。常见的团体疾病保险包括团体重大疾病保险和团体特种疾病保险两类,这两类疾病保险除保障范围外,给付标准、给付方式基本相同。

2. 团体医疗保险

团体医疗保险是以团体中的成员作为被保险人,对其因合同约定的疾病或意外事故而发生的医疗费用给予保障的团体保险。这种保险的保险责任包括被保险人因病治疗发生的各项费用,主要有药费、检查费、手术费、住院费等。根据保障内容的不同,医疗保险又可以分为普通医疗保险、住院费用保险、手术保险和高额医疗保险等。在团体医疗保险的一个保险期限内,无论一次还是多次产生医疗费用,保险人都按规定分别计算给付保险金,但累计给付的保险金不得超过总保险金额。

3. 团体失能收入损失保险

团体失能收入损失保险是指当团体被保险人因合同约定的疾病或意外事故而丧失工作能力导致收入损失时,保险人承担保险金给付责任的团体健康保险。团体失能收入损失保险可以分为短期失能收入损失保险与长期失能收入损失保险。

4. 团体护理保险

团体护理保险是指当团体被保险人因保险合同约定的日常生活能力障碍引发护理需要时,保险人为被保险人的护理支出提供保障的团体健康保险。保险人为因年老、疾病或伤残而需要长期照顾的被保险人提供护理服务费用补偿。护理保险的主要产品是长期护理保险,除此之外还有少儿看护保险和全残护理保险等。

 专栏 9-2

表 9-1　2000 年美国员工福利计划中不同产品的投保比例

福利保障项目	企业规模(雇员数量)				
	100～499 人	500～999 人	1 000～4 999 人	5 000 人以上	总计
医疗	98%	99%	99%	99%	98%
药品	96%	97%	98%	98%	96%
寿险	94%	96%	99%	99%	95%
牙科	90%	93%	97%	99%	91%
意外死亡及伤残	87%	87%	94%	91%	87%
病假工资	85%	87%	90%	87%	86%
长期失能	67%	85%	96%	96%	70%
眼科	55%	63%	66%	72%	56%
短期失能	44%	37%	42%	29%	43%
长期看护	8%	16%	15%	20%	9%

资料来源: 张剑敏.团体福利保障计划市场之中美比较[EB/OL].[2014-01-13][2018-08-23]. http://www.china.com.cn/chinese/OP-c/479445.htm.

五、团体人身保险的特殊条款

团体保险的特征决定了团体保险合同在条款设置方面具有一定的特殊性。这些条款的设置旨在降低团体或其成员的逆选择程度,提高团体经验数据的可靠性,有效控制经营风险,保证团体保险的经营稳定性。

（一）团体最低投保人数及比例条款

团体保险最低投保人数及比例是团体保险风险控制的重要手段。在早期经营团体保险时，对投保人数的要求相对较高。随着保险公司承保技术和风险管理技术的提高，以及中小企业的大量出现，团体保险市场竞争加剧，对投保人数的要求不断降低。根据目前我国规定，投保人为 3 人以上的特定团体成员（可包括成员配偶、子女和父母）才可投保团体保险。具体产品的参保条件则由保险公司与投保人在保险合同中约定，如约定特定团体的参保成员应占团体中符合参保条件成员总数的 75％（含 75％）以上等。

（二）个人适保资格认定条款

团体保险虽然不对单个成员进行保险选择，但是为了合理地控制理赔成本和管理费用，避免逆选择，通常对团体成员的参保资格也有一定的限制。个人适保资格认定条款则界定了团体保险中哪些团体成员有资格获得团体保险保障，一般情况下，只有身体健康、能正常工作或学习的在职员工（或在校学生）才能获得保障资格。

（三）观察期条款

观察期条款规定了新团体成员获得保障必须满足的条件。一般观察期条款规定，新的团体成员在有资格参加团体保险之前必须等待一段时间，通常是 6 个月，如果是非分担型的团体保险，满足其他资格要求的新团体成员在观察期满将自动获得该团体的保险保障。如果是分担型的团体保险，观察期满之后还有一段适任期，通常是 31 天，在适任期内，新团体成员可以申请参加团体保险，但是新团体成员必须签署授权书允许企业（或雇主）从其工资中扣除部分薪金以交付保费分担额。只有新团体成员完成这种授权后，其团体保险保障才能生效。

（四）受益人指定条款

团体人身保险业务中的意外伤害保险金给付、疾病保险金给付、医疗保险金给付和年金给付，应直接向被保险人支付。团体保单中的死亡保险金受益人的指定则与个人保单死亡保险金受益人的指定规则基本相同，但团体保单中指定和变更受益人是团体被保险人特有的权利而不是团体保单持有人的权利。在我国团体保险中，对于指定受益人的范围受《保险法》第三十九条规定限制，即投保人为与其有劳动关系的劳动者投保人身保险，不得指定被保险人及其近亲属以外的人为受益人。

（五）合同转换权利条款

当雇佣关系终止或团体总保单终止时，大多数团体保单通过合同转换权利条款，规定被保险人可以将团体保险转换为个人保险以继续享有保障，而无须提出可保证明。当然，转换权利必须在团体保单终止的一段时间之内（一般是 31 天）行使，并且保险金额以原团体保单的金额为限。在此期间内，团体保单还提供展延死亡给付的保障。但转换之后，被保险人通常要交纳较高的保费，有关保险金的给付也有更多的限制。

（六）协调给付条款

协调给付条款在美国和加拿大的团体健康保险中较常见，因为这些国家有资格享受多种团体医疗保险的被保险人较普遍，如双职工家庭可能享有双重团体医疗费用保险。该条款为解决享有双重团体医疗保险的团体被保险人的保险金给付问题，将两份保单分别规定为优先给付计划和第二给付计划。优先给付计划必须支付它所承诺的全额保险金;若其给付的保险金额不足补偿被保险人花费的全部合理医疗费用,被保险人就可要求第二给付计划赔付差额部分,同时须告知保险人优先给付计划的已支付金额,第二给付计划将根据协调给付条款支付保险金。

第二节　企业年金

员工福利正在成为企业吸引人才、留住人才和整合人才资源强有力的工具,而最常见的福利形式包含团体人身保险和企业年金。作为养老三支柱中的第二支柱,企业年金是对基本养老保险的补充,一直是全球各国重要的发展项目。

一、企业年金简介

(一) 企业年金的概念

企业年金是在政府强制实施的公共养老金或国家养老金之外,企业根据自身经济实力和经济状况建立的,为本企业职工提供一定程度退休收入保障的补充养老金制度。企业在其经营期间,根据经营状况由企业交纳或由企业和员工共同交纳部分资金,交由专业机构进行投资和管理,并在员工退休时以及特定情况下领取。一项完整的企业年金计划应该包括交费(资金的归集)、投资运作(资金的增值)和领取(资金的分配)三个环节。

企业年金的实质是以延期支付方式存在的职工劳动报酬的一部分或者是职工分享企业利润的一部分,是企业雇主自愿建立的员工福利计划。企业年金是对国家基本养老保险的重要补充,减轻了政府的财政负担,缓解了政府面对的老龄化问题的严重性;同时,对企业而言,在节税的基础上,有利于企业吸纳、留住人才,改善了雇主和雇员的关系;对个人而言,则弥补了基本养老退休金的不足,提高了退休生活水平。

企业年金或与其类似的互助计划在公共养老金计划建立之前就已存在。在英国,企业年金的历史可以追溯到 19 世纪末期。当时,英国社会正处于从农耕经济转向工业经济的伟大变革之中,受经济结构转变的影响,先前复合式的大家庭结构开始向核心家庭结构转变,主要依靠家庭提供养老的传统方式受到冲击。在这样的社会背景下,雇员们希望得到包括养老在内的各种经济支持的需求十分强烈。当时,许多工人参加了各种互助组织,成员每年交纳一定的费用,期望未来的生、老、病、死等风险发生时,能够从互助组织中得到一定的经济帮助。这些帮助的资金来自交费积存,同时企业工会也为会员提供一些类似的服务。这些制度安排从一开始就与雇员福利相联系,同时也减轻了雇主的经济负担,得到雇主的支持。这种储金会性质的互助组织以及工会服务成为后来企业年金的雏形。世界上第一个正式的企业年金计划,是由美国运通公司于 1875 年为其雇员建立的养老金计划,但是该计划只为永久残疾的工人支付伤残抚恤金,不是面向所有雇员。

在第二次世界大战之后,欧洲各国纷纷建立了人人可以享受的、以税收融资方式实行的现收现付制公共养老金计划。公共养老金计划的逐渐成熟,加之公共养老金的给付水平很高,在一定程度上抑制了企业年金计划的发展。但是,公共养老金计划的实施给政府财政带来了巨大的负担,影响了经济的发展速度。与此同时,人口老龄化趋势的加快又进一步加剧了现收现付制下养老保障制度的财政和税收负担。因此,从 20 世纪 80 年代开始,发达国家开始对传统养老保障制度进行改革,逐步减少政府所承担的公共养老金义务,鼓励私人养老金计划的发展,尝试从现收现付制转向基金积累制。于是,各种企业年金计划被人们当作完善养老保障体系,建立多支柱、多筹资渠道的重要手段。同时,由于企业年金计划对于企业建立完备的薪酬福利体系、留住关键人才以及提高企业整体市场竞争力具有十分关键的作用,因此,世界上大多数发达国家和地区目前基本上已经建立起完善的企业年金制度。

(二) 企业年金的特点

企业年金主要具有以下几方面的特点。

1. 企业年金是基本养老保险的补充

企业年金是对基本养老保险的补充,而不是替代基本养老保险,是弥补基本养老保险保障水平的不足、保障职工退休生活水平而建立的一种补充养老保险制度。

2. 具有非强制性

企业年金是基于劳动关系而产生的企业行为,由企业根据其经济效益确定是否建立企业年金计划,年金交费数额与企业经营效益、职工工资相关联。企业年金基本是非强制性的,由企业自主建立,计划的细节由雇主与雇员双方协商。作为企业福利计划的一部分,企业年金为企业薪酬管理中间接的劳动报酬,政府只规定实行企业年金的条件,并采取适当的政策予以鼓励和引导,对企业年金的待遇标准不作规定。但是,也有少数国家和地区的企业年金带有政府强制性色彩。

3. 基金采用个人账户管理方式

企业年金计划基于劳动关系建立,一般覆盖所有符合规定的雇员,但体现雇员间差别。雇主和雇员在企业年金的实施过程中具有较强的自主决策权,基金交费由雇主承担或由双方承担。年金交费由双方承担时,雇员一般不超过总费用的一半,企业交费基金可以在一定范围内进入成本。基金实行积累制个人账户管理方式,个人账户记载每个雇员所在企业所交费用、个人所交费用以及投资收益、利息等全部资产。企业年金个人账户全部资产归雇员个人所有,不能调剂使用。

4. 企业年金实行市场化运作

企业年金基金的运营与资本市场对接,政府通过金融政策调节企业年金的运行。企业年金的交费人或受益人享有账户资金投资决策权、委托权,实行完全积累的个人账户资产可以通过市场运作达到保值增值的目的。

5. 监管的特殊性

因为企业年金承担了一部分社会保障的责任,减轻了国家在养老保险金方面的支出压力,所以政府一般对这一制度都给予一定的税收优惠政策,其中以 EET 模式提供延税型税收优惠政策的最为常见。同时,政府对企业年金的市场运作实施监管调控,通过制定相关的法律、法规,运用金融、税收、审计等监管手段实现对企业年金的调控,并对企业年金的管理机构、托管银行、投资管理公司等相关机构进行严格的准入审核,为企业年金的发展创造良好的环境。

(三) 企业年金的两种基本计划类型

企业设立的企业年金计划可以分为确定给付型计划和确定交费型计划两种基本类型。

1. 确定给付型计划

确定给付型(defined benefit, DB)计划,又称以支定收型计划,是企业首先确定职工在满足一定条件的基础上退休时所能够享受的待遇,待遇通常是根据最后工资和工作年限精算出来的,然后根据设立计划当时的职工工资水平、工作年限、企业预期人员变动、工资增长率、死亡率、预定利率等的预测,依照精算原理确定各年的交费水平,即企业根据将来需要支出的养老金来确定企业现在应该交纳的企业年金费用。确定给付型计划筹资有两种基本方式:一是完全由雇主定期向基金注资;二是雇主和雇员共同向基金注资。多数企业采取的是雇主单方注资的方式。

在该类型计划中,雇主不必为每个参与计划的雇员建立个人账户,而是将所交费用集中起来进行管理;雇主需要为雇员设立退休金水平的目标,实际给付水平通常是按雇员退休前一定年限的平均工资、雇员的服务年限和按年计算的固定收益率三者计算得出。具体确定待遇的方式主要有以下两种。

(1) 企业直接确定职工退休领取的金额。例如,企业可以规定退休后职工的企业年金领取额由两部分组成:一部分与职工退休前的岗位挂钩(如普通职员为 1 000 元,部门经理为 2 000 元,依此类推);另一部分与工龄挂钩(如工龄每满 1 年,该职工每月可以领取 50 元的退休金)。例如,一名工龄为 10 年的普通职工,则该职工每月的退休金为 1 500 元(1 000 +50×10=1 500 元)。

(2) 企业通过确定替代率(退休后每月领取的金额占职工退休前月工资的比例)来间接确定职工退休后领取金额。企业可以同样规定退休后职工的企业年金领取额由两部分组成:一部分与职工退休前的岗位挂钩(如普通职员为退休前月工资的 5%,即替代率为 5%;部门经理替代率为 10%,依此类推);另一部分与司龄挂钩,司龄每满 1 年,职工每月可以领取的金额为该职工退休前月工资的 1.5%(即替代率为 1.5%)。如果一名普通职工司龄为 10 年,退休前月工资为 7 500 元,则该职工每月的退休金为 1 500 元(7 500×5%+7 500× 1.5%×10=1 500 元)。

DB 计划是为企业内参加计划的雇员设立一个统一账户,采取养老信托基金或者购买团体养老年金保险方式,雇员养老基金的交费和基金投资运作的风险都由雇主承担,如果企业养老基金不能足额支付时,由企业补齐差额部分。

2. 确定交费型计划

确定交费型(defined contribution, DC)计划,又称以收定支型计划,是企业首先确定交费水平,由企业和职工按规定比例出资,计入个人账户。企业年金交费可以交给某一金融机构,如投资基金或单位信托基金,由该机构向职工提供投资工具,由职工决定如何在各种基金中分布投资组合;也可以购买已建立个人账户的团体年金保险,由人寿保险公司提供不同风格的投资账户,再由职工决定在不同投资风格账户中的基金单位数。

在 DC 计划下,雇员退休时是根据个人账户基金积累值领取退休金,投资风险全部由职工个人承担。因此,雇员退休时可以享受到的年金退休金水平取决于交费金额及账户上的投资运营收益所积累金额的总和。如果退休时个人账户基金累积不能提供足够的退休金,企业一般也不会另行交费。对于 DC 计划而言,只有当资本市场完善并有多样化的投资产品可供选择时,年金资产管理公司才能从投资中获取既定的收益,保证对年金持有人给付养老金和对投资收益的兑现。根据我国出台的相关企业年金法规,我国的企业年金采用信托的方式运作,是 DC 型计划。

二、我国的企业年金制度

(一) 我国的企业年金制度发展历程

我国的企业年金制度产生于 20 世纪 90 年代初,其发展经历了三个阶段,即补充养老保险阶段、企业年金探索阶段和企业年金规范阶段。

1. 补充养老保险阶段

补充养老保险阶段是从 1991 年开始到 2000 年,这个阶段企业年金被称为企业补充养老保险。1991 年,《国务院关于企业职工养老保险制度改革的决定》第一次明确提出提倡、鼓励企业实行补充养老保险。该文件规定:"企业补充养老保险由企业根据自身经济能力,为本企业职工建立。"这一阶段的补充养老保险基本上是由地方社会保险经办机构和行业经办机构管理,具体方法为企业委托社会保险经办机构或行业经办机构代管本企业的补充养老保险,企业每月向经办机构交纳补充养老保险费用,经办机构向企业的离退休人员按月或一次性发放补充养老保险。当时,大部分补充养老保险基金被存入银行或用于购买国债,投资收益率较低。补充养老保险运营呈现显著的非市场化特征,同时也缺乏相应的税收优惠政策。

2. 企业年金探索阶段

企业年金探索阶段是从 2000 年年底开始到 2006 年 9 月。2000 年,《国务院关于印发完善城镇社会保障体系试点方案的通知》确定了四项新的政策:一是将补充养老保险名称规范为企业年金,以示与保险的区别;二是确定采取个人账户管理方式,即采用国外的主流模式和交费确定型计划;三是明确税收优惠政策,规定企业交费在职工工资总额 4% 以内的部分可以纳入企业成本,允许在税前列支;四是实行市场化管理和运营,即企业年金运营采用信托模式,企业年金基金受托人、账户管理人、投资管理人和托管人共同管理企业年金基金,打破了原来由政府一手包揽和行业自行经办的传统企业年金运行模式,取而代之的是市场化运行模式。

2004 年 5 月 1 日,我国颁布并施行《企业年金试行办法》,在该办法中企业年金被定义为"企业及其职工在依法参加基本养老保险的基础上,自愿建立的补充养老保险制度"。《企业年金试行办法》对建立企业年金的基本条件、决策程序、资金来源、管理办法、待遇给付、企业年金基金管理、投资运营、监督管理等做出明确规范,确立了我国企业年金制度的基本框架。该办法规定企业年金计划是一个以受托人为中心的信托管理模式,受托人可以是企业年金理事会或符合国家规定的法人受托机构,并规定了账户管理人、投资管理人和托管人等管理主体。企业年金基金实行完全积累,采用个人账户方式进行管理,也即确定了我国企业年金计划为 DC 计划,员工要承担投资风险。同年,我国又出台了《企业年金基金管理试行办法》,对企业年金的治理结构、企业年金基金管理和市场服务主体行为、信息披露、监督管理等方面做出了规定。

2005 年 8 月,劳动和社会保障部公布了第一批认定的 37 家企业年金基金管理机构,并规定各地企业年金必须交由有资格的机构管理。但是,这一阶段的相关法规没有明确规定地方社会保险经办机构及行业经办机构管理的存量年金移交具备资格的机构管理的时间,因此,这一阶段既有由有资格的机构管理的企业年金计划,也有由地方社会保险经办机构和行业经办机构管理的传统的企业年金计划,实行"双轨制"管理。

随着我国企业年金制度的完善和税收优惠政策的落实,我国的企业年金市场进入快速发展阶段。2006 年 4 月,马鞍山钢铁与南方基金正式签订委托投资管理合同,年金合作标的 1.5 亿元,标志着我国第一家规范的企业年金计划开始投入运作。

3. 企业年金规范阶段

2006 年 9 月后,我国企业年金发展进入规范阶段。这一阶段的企业年金制度具有两个特点:①税收优惠政策逐步明确;②企业年金由"双轨制"管理向市场化规范管理过渡。

2006 年 9 月 1 日,劳动和社会保障部正式对外发布了《关于进一步加强社会保险基金管理监督工作的通知》,通知明确规定社会保险经办机构不再接收新的企业年金计划,新建立的企业年金计划要由具备企业年金基金管理资格的机构管理运营;由社会保险经办机构或行业经办机构管理的企业年金计划,要在 2007 年年底之前移交给具备资格的机构管理运营。这标志着我国企业年金制度开始进入规范化阶段。

2011 年颁发的《企业年金基金管理办法》进一步完善了企业年金基金管理。新办法在管理机构的选择、企业年金的投资、收益费用、计划管理、信息披露、监督管理等方面都做了修改,调高了投资股票等权益类产品的比例,增强了投资的灵活性。在风险可控的前提下,为企业年金基金扩大了收益空间,同时也有助于新公司的规模扩展。从此,企业年金走上规范发展的道路。

2013 年年底,财政部、人力资源社会保障部、国家税务总局联合出台了《关于企业年金、职业年金个人所得税有关问题的通知》,对企业年金和职业年金确定给予个税递延优惠政策,即企业(及事业单位)交费和个人工资计税基数的 4% 以内部分的个人交费、个人所得税递延至领取年金时才交纳。自此,我国企业年金 EET 税收优惠模式确立。

 专栏 9-3

什么是"职业年金"

对于机关和事业单位员工而言,在基本养老保险保障之外的养老第二支柱被称为"职业年金"。

根据我国相关法规规定,职业年金是指机关事业单位及其工作人员在参加机关事业单位基本养老保险的基础上,建立的补充养老保险制度。自2014年10月起,我国各地政府机关和事业单位养老保险逐步实施与企业养老保险"并轨"后,事业单位和政府机关员工在参加社会基本养老保险的同时,单位机关也需要为员工提供基本养老保险以外的补充养老保障——职业年金,作为补充以提高养老待遇。

目前,我国职业年金强制实施,职业年金所需费用由单位和工作人员个人共同承担。单位交纳职业年金费用的比例为本单位工资总额的8%,个人交费比例为本人交费工资的4%,由单位代扣。单位和个人交费基数与机关事业单位工作人员基本养老保险交费基数一致。职业年金基金采用个人账户方式管理,个人交费实行实账积累。对财政全额供款的单位,单位交费根据单位提供的信息采取记账方式,每年按照国家统一公布的记账利率计算利息,工作人员退休前,本人职业年金账户的累计储存额由同级财政拨付资金记实;对非财政全额供款的单位,单位交费实行实账积累。实账积累形成的职业年金基金实行市场化投资运营,按实际收益计息。职业年金基金投资管理应当遵循谨慎、分散风险的原则,保证职业年金基金的安全性、收益性和流动性。

资料来源:职业年金[EB/OL].[2018-07-10].https://baike.baidu.com/item/职业年金/6567730?fr=Aladdin.

2017年12月18日,国家人社部、财政部印发了新的《企业年金办法》,2004年的《企业年金试行办法》同时废止。新法规分为总则、企业年金方案的订立变更和终止、企业年金基金筹集、账户管理、企业年金待遇、管理监督、附则七个章节,共计三十二条内容。《企业年金办法》明确提出国家鼓励企业建立企业年金,弱化了企业年金的自愿性质,鼓励引导符合条件的企业建立企业年金。企业年金所需费用由企业和职工个人共同交纳,企业交费每年不超过本企业职工工资总额的8%,企业和职工个人交费合计不超过本企业职工工资总额的12%。企业年金可以享受国家税收优惠政策。符合国家规定的交费部分,企业交费可以在税前扣除,个人交费可以从当期的应纳税所得额中扣除。根据规定,企业交费应当按照企业年金方案确定的比例和办法计入职工企业年金个人账户,职工个人交费计入本人企业年金个人账户,企业年金实行完全积累。职工在达到国家规定的退休年龄或者完全丧失劳动能力时,可以从本人企业年金个人账户中按月、分次或者一次性领取企业年金,也可以将本人企业年金个人账户中的资金全部或者部分购买商业养老保险产品,依据保险合同领取待遇。

随着我国企业年金相关管理和税收优惠制度的逐步确定,企业年金市场规模不断扩大。据人力资源社会保障部公布的《全国企业年金基金业务数据摘要》显示,截至2020年年末,总共有105 227家企业建立了企业年金,有2 717.53万职工参保,全国企业年金积累基金规模为22 496.83亿元,投资管理方面实际运作资产金额为22 149.57亿元,当年投资收益为1 931.48亿元,加权平均收益率为10.31%,当年企业年金领取人数为225.71万人。数据显示从 2013 年起,企业年金积累基金每年都呈明显增长态势,充分展现了企业年金作为我国养老保障体系第二支柱的重要力量。

总体来看,作为一种确定交费计划,企业年金是我国养老三支柱的重要组成部分,但目前我国企业年金在养老制度中发挥的作用还很有限。我国的企业年金在很大程度上借鉴了美国"401K 计划"和我国香港"强积金制度"的经验,同样是在企业自主的基础上,由企业和员工共同交费,并由受托人、账户管理人、托管人和投资管理人共同运作。

 专栏 9-4

企业年金的受托人、托管人、账户管理人和投资管理人

1. 企业年金的受托人

企业年金的受托人是指受托管理企业年金基金的企业年金理事会或符合国家规定的养老金管理公司等法人受托机构(以下简称法人受托机构)。一个企业年金计划应当仅有一个受托人。企业年金理事会由企业代表、职工代表以及企业外专业人员等组成,依法管理本企业的企业年金事务,不得从事任何形式的营业性活动。

受托人应当履行的职责主要有:选择、监督、更换账户管理人、托管人、投资管理人以及中介服务机构;制定企业年金基金投资策略;编制企业年金基金管理报告和财务会计报告;根据合同对企业年金基金的管理进行监督;根据合同收取企业和职工的交费,并向受益人支付企业年金待遇;接受委托人、受益人查询,定期向委托人、受益人和有关监管部门提供企业年金基金管理报告。

2. 企业年金的托管人

企业年金的托管人是指受托人委托保管企业年金基金财产的商业银行,并且只能由一家商业银行担任。托管人应当履行的职责主要有:安全保管企业年金基金财产;以企业年金基金名义开设基金财产的资金账户和证券账户;对所托管的不同企业年金基金财产分别设置账户,确保基金财产的完整和独立;根据受托人指令,向投资管理人分配企业年金基金财产;根据投资管理人的投资指令,及时办理清算、交割事宜;负责企业年金基金会计核算和估值,复核、审查投资管理人计算的基金财产净值;定期与账户管理人、投资管理人核对有关数据,按照规定监督投资管理人的投资运作;定期向受托人提交企业年金基金托管和财务会计报告;定期向有关监管部门提交企业年金基金托管报告。

3. 企业年金的账户管理人

企业年金的账户管理人是指受托人委托管理企业年金基金账户的专业机构,一个企业年金计划应当仅有一个账户管理人。账户管理人应当履行的职责主要有:建立企业年金基金企业账户和个人账户;记录企业、职工交费情况以及企业年金基金的投资收益;定期与托管人核对交费数据以及企业年金基金账户财产变化状况;计算企业年金待遇;提供企业年金基金企业账户和个人账户信息查询服务;定期向受托人和有关监管部门提交企业年金基金账户管理报告。

4. 企业年金的投资管理人

企业年金的投资管理人是指受托人委托投资管理企业年金基金财产的专业机构。投资管理人的主要职责有：对企业年金基金财产进行投资；及时与托管人核对企业年金基金会计核算和估值结果；建立企业年金基金投资管理风险准备金；定期向受托人和有关监管部门提交投资管理报告。

（二）保险公司经营企业年金的优势

从国际上看，保险公司在养老保险及企业年金市场中一直处于主力军的地位，这种地位的确立源于保险公司在经营企业年金方面具有以下几方面的核心优势。

第一，保险公司在企业年金计划的方案设计上具有独到的优势。精算是保险产品设计、负债管理和风险控制的关键技术。在企业实施年金方案时，我国实施的是完全积累式交费确定型计划，由于基金投资回报率及退休时年金市场价格的不确定性，未来的待遇难以保证；同时在待遇发放方面将采取一次或分期发放的方法，这与保险公司已经营多年的各类商业团体养老保险产品有着类似的管理和经营方法，因此，凭借在精算技术的支持下的商业团体养老保险产品的丰富经验，保险公司将拥有先发优势。保险公司的精算能力有助于针对不同企业的需求设计不同的养老金产品。

第二，保险公司在产品销售方面经验丰富。相对于其他金融机构而言，保险公司经营了多年的商业补充养老保险业务，积累了丰富的经验。保险公司在多年的经营中形成了强大的销售能力、完善的销售管理机制和销售培训系统，拥有一支专业化、富有经验的销售队伍和遍布全国的销售网络。同时，保险公司具有丰富的团体销售经验，有能够与客户进行良好沟通的销售队伍。

第三，保险公司在企业年金投资管理上有资产负债匹配管理技术优势。企业年金业务的负债特点要求养老基金实现长期、安全、稳定的增值，其投资策略与其他短期基金投资有很大差异，而与保险资金的运用非常接近。保险公司长期以来积累的中长期资产负债匹配管理技术，将能保证企业年金资产所要求的安全性、流动性和收益性。

第四，保险业的审慎监管有利于企业年金健康发展。企业年金的长期性和复杂性对政府监管和公司管理提出很高的要求。通过偿付能力监管、精算制度、信息披露制度等监管制度的建立和完善，保险业审慎监管可以确保企业年金资产的安全性，保护客户利益，实现保险公司偿付能力充足，保护企业年金参与者的利益。

综上所述，保险业是企业年金运作的核心环节，在年金的设计与销售、年金账户的管理、年金的投资运营以及支付等方面具有专业优势。专业养老保险公司的成立是市场细分的结果，它在年金产品设计与提供、投资设计等方面均有先天优势，能够给客户提供各种类型的企业年金产品，符合企业和个人不同养老保险的需求。

（三）我国保险公司的企业年金业务开展状况

2004年12月，中国保监会核准国内首家专业养老保险公司——平安养老保险股份有限公司开业，标志国内企业年金市场的首家专业机构诞生，自此多家保险机构陆续成立专业养老保险公司以经营企业年金业务。截至目前,我国共有 10 家养老保险公司。这 10 家养老保险公司中,5 家集中成立于 2004—2007 年,形成了以国寿养老、长江养老为代表的专营企业年金等信托型资产管理业务的发展模式,和以平安养老、泰康养老、太平养老为代表的兼营企业年金和团体保险业务的发展模式。除此之外,另有 5 家成立于 2013 年后,分别为大家养老、新华养老、中国人民养老、恒安标准养老和国民养老保险股份有限公司。

　　在国际上,保险公司始终是企业年金市场的主要运作者;在国内,保险公司也逐步成为我国企业年金市场的中坚力量。企业年金管理机构市场有四个:受托人市场、账户管理人市场、托管人市场及投资管理人市场,其中托管人市场专属于商业银行,保险机构可以参与竞争的为受托人市场、账户管理人市场和投资管理人市场。近年来,我国养老保险公司为主的保险机构伴随着企业年金市场化进程一道成长,目前已经成为企业年金受托和投资两大核心领域的主要力量。据人社部公布数据显示,我国 2020 年企业年金法人受托管理资产规模排名前三的机构分别为国寿养老险、平安养老险、工商银行,截至 2020 年年末受托管理的资产金额分别约为 4 672 亿元、3 457 亿元、1 782 亿元;企业年金投资管理规模排名前三的机构分别为泰康资产、平安养老险、国寿养老险,组合资产金额分别约为 3 631 亿元、2 814 亿元、2 490 亿元。

专栏 9-5

表 9-2　2020 年保险机构企业年金业务情况表　　　　　单位:万元

公司名称	企业年金法人受托管理企业数(个)	企业年金受托管理资产	计划直投养老金产品资产净值	企业年金基金账户管理企业账户数(个)	企业年金投资管理资产
国寿养老	22 851	46 723 583.62	2 754 002.08	11 866	24 902 796.43
太平养老	10 006	11 863 270.92	135 316.66	295	12 925 640.59
平安养老	27 523	34 574 101.09	532 053.12	1 085	28 140 935.62
泰康养老	7 025	11 023 317.34	375 164.07	968	—
人民养老	130	74 237.61	—	11	4 906 899.91
长江养老	8 651	10 894 261.09	70 265.40	5 764	9 518 836.47
泰康资产	—	—	—	—	36 313 504.15
新华养老	—	—	—	310	77 122.34
保险机构企业年金业务合计	76 186	115 152 771.67	3 866 801.33	20 299	116 785 735.51
全国业务合计	83 435	156 856 924.41	4 631 807.75	105 227	216 863 854.50

　　资料来源:根据人力资源社会保障部《2020 年全国企业年金基金业务数据摘要》整理。

本 章 小 结

（1）企事业员工面临着死亡、疾病、残疾、工伤、失业、意外、养老等风险。除了工资以外，企事业单位通常会为员工提供一定的福利，最常见的福利形式是团体保险、企业年金以及职业年金。

（2）团体保险是指投保人为特定团体成员投保，由保险公司以一份保险合同提供保险保障的人身保险。特定团体是指法人、非法人组织以及其他不以购买保险为目的而组成的团体。团体保险的核保关键在于对团体的选择和对团体风险的控制。

（3）企业年金计划是指企业为员工提供的补充养老金计划。它具有补充性、企业自愿、政府支持、市场化运作等特点。在国际上，保险公司在企业年金市场上一直处于主力军的地位，这种地位源于保险公司在经营企业年金方面的核心优势。

关键概念索引

团体保险　团体人寿保险　团体意外伤害保险　团体健康保险　企业年金

复 习 思 考 题

1. 团体人身保险和个人人身保险相比有什么特点？
2. 为什么团体人身保险不要求员工提供可保证明？团体人身保险中如何防止逆选择？
3. 保险公司在经营企业年金方面具有哪些核心优势？

案 例 分 析 题

1. 2012 年 8 月，A 大学与 Y 保险公司签订学生团体保险合同一份，投保险种包括学生意外伤害保险、附加学生意外伤害医疗保险和学生住院医疗保险三个险种，受益人为该大学 7 000 余名在校学生，保险期限为 1 年。

A 大学与 Y 保险公司订立保险合同时，Y 保险公司未要求学校为参保学生进行保前体检，没有向每名参保的被保险人提供书面合同条款说明及询问其健康状况的询问单，也未要求 A 大学提供参加保险学生包括既往病史在内的健康告知状况明细。A 大学在投保人声明栏盖章，并向 Y 保险公司出具一份声明，称其已向保险公司"如实告知"。该投保单的投保人声明栏中注明，若告知声明书中填"√"即作为投保人"是"的答复，但该告知声明书的"被保险人健康告知栏"及"其他告知事项"的每一询问事项后的方框中均为空白，Y 保险公司并未就告知栏中的事项对 A 大学一一提出询问。

同年 10 月 13 日，该校学生王某突发疾病住院，经诊断为左小脑动静脉畸形，王某 3 年前有左小脑动静脉畸形手术史。王某住院治疗共支付医疗费合计 36 000 元。

请思考：

（1）保险公司是否应支付保险金给王某？为什么？

（2）如果你是保险公司的承保人员，对于学生团体保险中存在的上述风险应如何防范？

2. 某企业为其员工投保了保险金额为 20 万元的人身保险。在合同执行过程中，员工张某意外死亡。张某属因公死亡，其家属得到抚恤金 1 万元。该企业当初为其员工投保时，只征得被保险人同意，并没有指定受益人。由于张某家属较多，因此产生了如何进行保险金分配的问题。该企业也提出了因为其投保而应成为受益人的问题，并提出，既然张某家属已经得到了抚恤金，从保险公司得到的保险金应当有一部分是企业的。

请思考：该保险金应如何分配？张某单位的要求合理吗？

第十章　人身保险市场营销

本章要点

- 人身保险市场营销的概念
- 人身保险的营销环境
- 寿险营销渠道及其发展与创新
- 寿险营销管理体制

思政目标

(1) 教育学生在人身保险产品销售中应具有敬业精神以及全心全意为客户服务的态度。

(2) 分析国内人身保险市场中常见的销售误导行为及其造成的市场冲击和社会后果，培养学生的诚信意识、社会责任感和职业伦理道德观念。

> 市场是商品经济的范畴，是一种以商品交换为内容的经济联系形式。对于企业来说，市场是营销活动的出发点和归宿。人身保险公司营销也需要从人身风险保障需求出发，依据人身保险市场的宏观和微观环境，利用各种营销策略和技术，销售和推广人身保险产品，为客户、企业以及整个社会创造效益。随着人身保险行业发展环境的改善，我国人身保险公司的市场营销体系不断完善。由于人身保险产品存在非常特殊的产品特性，如产品的无形性、长期性和射幸性，人身保险产品营销相比其他金融产品营销更加强调销售环节的策略和技术。在实践中，传统营销渠道的选择和建立、创新营销渠道的开发和建设、营销人才的选拔和培养、营销管理的发展和完善都成为人身保险市场营销的重点内容。

第一节　人身保险市场营销概述

一、人身保险市场营销的定义

（一）市场营销的发展演变

20 世纪以来，全球经济得到了很大发展，飞速的生产发展使消费者的需求日益多样化和复杂化,市场也逐渐从卖方市场步入到买方市场。因此,企业要控制市场、实现其经营目标,必须对市场进行全面、系统的调查和研究,依据市场销售原则,运用现代先进技术预测市场的需求变化,制订有效的生产计划和销售计划,为市场提供切实可行的商品,才能从中获取最大利润。这即是现代意义上的市场营销。市场营销从诞生以来不断发展,与经济学、社会学、心理学和管理学等结合在一起,形成一个新的学科,关于它的定义也不断地被修改。美国市场营销协会在 1985 年提出了一个较权威的定义:市场营销是关于构思、货物和劳务设计、定价、促销和分销的规划与实践过程,旨在导致符合个人和组织目标上的交换。

(二) 人身保险市场营销的定义

人身保险属于服务业,作为服务产品当然也需要进行产品的营销。人身保险市场营销是经营人身保险业务的保险公司为实现其经营目标,满足人们对人身风险保障的需求,依据市场环境并利用各种营销技术和策略与保险营销对象进行沟通,达到说服保险营销对象投保保险目的的运作过程。其中,包括对保险市场的开发、费率的合理厘定、保险营销渠道的选择、相关信息的收集整理、保险产品的推广以及相应的售后服务等一系列活动。现在,社会产品市场极大丰富,对人身保险产品的要求程度也越来越高,人身保险也要不断地进行产品设计,对新险种进行开发安排、拓展营销渠道、扩大销售途径。只有拥有良好的营销体系,人身保险公司才能扩展其业务量、扩大规模,同时增加收益。人身保险市场营销不再是以个险销售为重要活动,而开始成为一个体系,一个系统,它确立了公司经营目标下的总体销售战略,建立了比较完善的销售组织,衍生出更细化的销售部门和相关辅助部门,并借助各种辅助系统促进最终的销售。人身保险市场营销也逐渐形成了一种理念:以顾客为中心,以整合营销活动为手段,以客户最终满意为活动目标,保证客户、公司和社会的三位一体。

二、人身保险市场营销的特征

人身保险市场营销是与人身保险市场有关的人的活动,是一个动态的管理过程,是一个险种从设计前的市场调研到最终转移到保险消费者手中的整体过程。市场营销与人身保险推销有着本质的区别,人身保险的推销只是营销过程的一个阶段。相比而言,人身保险市场营销有以下几方面的特点。

(1) 人身保险市场营销具有比人身保险推销更广泛的内涵。

(2) 人身保险市场营销更注重人身保险公司在整个保险市场上的长远利益,它不仅仅是单纯的销售活动,还非常注重本公司的形象,为本公司今后的发展做出预测和决策;而人身保险推销则偏重眼前的短期利益,是一种短期行为。

(3) 人身保险市场营销始终以客户的最终利益为目标导向,为不断满足客户的需要而开展活动;而人身保险推销则把重点放在人身保险产品上,是为了进行现期销售产品而进行的活动,二者的活动重点有很大的区别。

(4) 人身保险市场营销是一种整体营销行为,从开始调查、探测人身保险市场上的需求到进行相应的险种设计、险种安排，直至最后对投保人销售和售后服务，这是一整套的营销活动，是一系列的方法；而人身保险推销则主要是采用各种短期的促销手段来推销人身保险产品，其进行活动的时空范围都相对狭窄一些。

（5）人身保险市场营销在不断满足客户需要中通过对投保人提供全方位的服务而获取收益，其利润最大化的方式是通过赢得投保人的满意而达成的；人身保险推销只是通过直接销售获得收入，继而获得利润。

（6）人身保险推销主要是通过增加保单的销售量来保证人身保险公司的稳定经营，而人身保险市场营销还具有人身保险推销所不可比拟的广泛的功能，主要包括：①它能充分识别人身保险市场上尚未满足的各种投保需求和潜在需求，并能准确估量出这些需求量的大小；②它能准确描述人身保险市场的现状，确定其公司所处的市场营销环境，并据此做出相应的生产计划或进行战略调整；③它能收集到有关人身保险市场的信息，开发设计新的险种以增加其吸引力，扩大业务量并满足客户需求；④它能对公司的内部环境和外部环境做出准确分析，协调其经营目标，保持本公司的稳定经营，并逐年增加收益；⑤它能运用先进技术或数理模型对其经营活动做出准确的预测和决策以保证其产品销售顺畅、收入稳定增长；⑥它在进行公司的整体营销活动中可以组织各种策略组合，如险种搭配策略、销售渠道策略、费率差异策略、售后服务优化策略等；⑦它能及时分析人身保险市场的变化及其竞争对手的情况，对本公司情况进行准确定位，保证本公司在激烈竞争中的稳固的地位。

三、人身保险市场营销的意义

人身保险市场营销是一种特殊的产品——人身保险产品，它是对未来的人身风险提供的保障，持续时期很长，这种对未来的一种保障作用增强了人们对人身保险产品的潜在需求，而要将这种潜在需求转变为现实的需求就需要全面的市场营销活动来实现这种转化。同时，人身保险的经营也同样遵循和财产保险一样的大数法则，要求有广泛的社会群众参与，才能在尽可能大的时空范围内吸收和分散风险，保证人身保险公司的经营稳定性。群众的广泛参与客观上需要人身保险公司的高技术的市场营销活动，所以人身保险市场营销具有重要的意义。

（1）人身保险市场营销不仅能满足客户对未来保障的需要，还能为客户提供高质量的保险产品，提高了保险保障质量。人身保险市场营销是始终以客户为中心，围绕着如何使客户获得更大程度的满意而展开活动，所以保险公司在进行现有产品的销售时，还要不断考察客户需求，增强研发能力，设计、开发出新的好的险种以更好地满足客户需要。

（2）人身保险市场营销能帮助公司找到产品销售渠道，拓展销售范围，增加公司收入，这对于人身保险公司增加利润、适应激烈的市场竞争是很重要的。人身保险商品属于服务产品，是无形商品，它所提供的是对保护人身安全的保障。这种无形商品给消费者带来的效益不能立刻体现出来，存在一段时滞。投保人在投保后得到的只是一个承诺，所以可能会产生对人身保险的一种疑惑和不信任，这就需要公司营销时做许多服务工作以说服投保人进行投保,还要进行与此有关的如市场调研、开发新产品、营销技术策略、风险控制等复杂工作。保险公司取得保费收入并提取必要的各项准备金后形成可用资金,保险公司再对资金进行合理运用,获得巨额利润。

（3）人身保险市场营销是人身保险公司经营的重要活动,对于公司进行风险经营控制,衡量保险商品的成本、效益及不足之处并加以改进具有重要意义。人身保险经营是建立在大数法则基础之上的,只有订立更多的保险合同,同质的风险越多,分散风险的范围越广,风险发生的偶然因素才能相互抵消而减少,才能把保险事故发生率控制在预定范围内,降低人身保险公司的经营风险。人身保险市场营销的整体战略将不断改进产品质量、降低原有产品成本,这对于公司合理厘定费率、增加业务量,增加收益也很重要。

（4）人身保险市场营销还能提高全社会各阶层人们的保险和保障意识。随着社会经济结构的变化,人口老龄化状态将产生重要的社会影响,而人身保险能将人们面临的未来不确定因素加以保障。所以人身保险市场营销能唤起全社会的风险意识,给社会公众能带来保险保障的作用。同时,它对增强公司的竞争力也具有重要意义。

人身保险市场营销是人身保险公司经营管理的关键性环节,在我国人身保险业发展的各个阶段充分开展人身保险市场营销活动,对我国人身保险业的发展将起到重要的推进作用,对于我国社会的安定发展也有重要意义。

四、人身保险市场构成及营销的四大要素

（一）人身保险市场构成

人身保险市场由主体和客体两部分组成。人身保险市场的主体由人身保险的供给方（保险公司）、需求方（人身保险消费者）与中介方（保险代理人、保险经纪人、保险公估人等）构成。人身保险市场的客体是人身保险产品。市场细分是人身保险市场营销的一项重要手段,通过市场细分与供需分析,保险公司可以在人身保险领域准确地发现市场需求的差异性和客观存在的市场机会。

（二）人身保险市场营销的四大要素

人身保险市场营销包括产品、价格、营销渠道和促销四大要素。

（1）人身保险产品是市场营销的客体。人身保险产品的丰富性、适用性和性价比等非常关键。

（2）人身保险产品价格。人身保险产品保障内容千差万别,保险期限有长有短,在开发和设计人身保险产品的过程中,最关键的技术就是定价。人身保险价格对营销目标的达成具有重要影响。

（3）人身保险营销渠道是人身保险产品在从保险公司转移到人身保险消费者的过程中所经历的途径。营销渠道管理是保险公司关注的重心,更是保险市场中最有竞争力的经营策略之一。对人身保险市场营销渠道的研究主要集中在三个方面：一是营销渠道的形式,包括对传统渠道与新型渠道的管理;二是营销渠道的选择、互联网销售创新与销售队伍的培育与发展;三是由于保险公司和各种保险渠道在功能上互相补充,相互之间在某种程度

上又具有替代的关系,由此产生的矛盾和冲突如何进行管理。

(4) 人身保险促销是保险公司向消费者传递有关保险公司及其人身保险产品的信息,激发消费者的购买欲望,并促使其产生购买行为的活动。保险公司运用价格促销与服务促销两种方式,将不同的险种进行组合促销,人身保险促销管理的过程就是对广告、公共关系、销售促进、人员推销四种促销方式进行选择、搭配和运用的过程。

第二节　人身保险市场营销的环境分析

任何一个公司都不能脱离其他事物而独立存在,人身保险公司同样也处在一个客观环境中,公司以外的各种外部力量构成了一个影响其生存、发展的市场环境。外部市场环境对一个公司的发展有着至关重要的作用,若处在一个良性的积极向上的环境中,公司能够依赖这种有利条件而快速发展,反之若是遇到恶劣的外部环境,将极大地影响公司的正常经营发展。因此,不断了解外部环境变化情况,并依据其变化对公司战略计划做出调整是一个好公司必须进行的重要活动,只有如此,公司才能趋利避害,协调自身经营发展。经营人身保险业务的公司主要通过销售保单来获取利润,其面临的客户对象来自一个大的社会环境,因此,在人身保险市场营销中,对于环境的分析就显得格外重要。影响人身保险市场营销的环境可以分为宏观环境和微观环境两大类。

一、宏观环境

(一) 政治、法律环境

政治法律属于一个社会的上层建筑,它是由那些强制和影响社会上各种组织和个人行为的法律机构、政府机关和公众团体所组成的。人身保险公司作为社会上的一个团体必然要受到其影响和制约,国家政府通过制定各种方针政策,规定各种法令法规来引导国民经济的发展方向、速度和规模,同样也影响了社会购买力和市场整体需求环境的变化。国家制定、颁布新的税收政策、金融政策、会计准则和与经济相关的立法都会对人身保险公司有重要影响,降低的税率、开放的金融政策、严格的会计准则和法规能鼓励人身保险公司的发展,促进其营销开发新险种,增加其发展速度。反之,一旦相反的限制性政策出台时,将减少人身保险市场营销的业务量,为人身保险市场营销增加了难度。所以人身保险市场营销要密切关注这些政治法律环境的变化,并以此协调自己的营销战略目标和战略计划,以保证其能顺利营销、开拓市场、稳定公司经营。

(二) 经济环境

经济环境对人身保险市场营销尤为重要,它主要包括社会经济体制、经济发展水平和收入水平等因素。

1. 社会经济体制

社会经济体制是一个国家或地区的整体的经济模式。在市场经济条件下,各个企业都以利润最大化为主要经营目标,可能不会为其员工购买人身保险,而随着竞争的激化,又出现了企业老板为员工投保人身险以提高其员工待遇水平的现象,这是社会发展的结果,这样很有利于人身保险市场营销活动的进行。在我国原来的计划经济为主的社会中,企业、国家会对职工提供公费医疗、养老保障等,所以,不需要人身保险的保障,这几乎将对人身保险的需求降至为零。后来,在逐渐转向市场经济的过程中,许多原有的保障措施均已逐渐取消,人们将逐渐依靠人身保险来保障其未来生活的不确定性,这极大地增加了对人身保险的需求。人身保险市场营销也在这种强大的需求拉动作用下有了较大的发展潜力。

2. 经济发展水平和收入水平

人身保险是随经济发展水平的提高而不断向前发展的,不同的经济发展水平有不同的市场营销环境。在经济发展水平相对较低的国家,其险种、责任、范围和购买力都有一定的限制,所以保险产品的多样性也受到限制,在人身保险市场营销中价格成为主要的竞争力量。在经济发展水平较高的发达国家,人身保险市场营销更侧重对新险种的开发,所以竞争更集中在技术方面,在营销策略方面应集中体现本产品的优质服务来吸引客户。在发达国家,人均收入水平也较高,对于高技术的新险种往往定价也较高,收入相对高的客户有能力进行意愿支付。在发展中国家,人们的收入水平有限,高价的新产品会减少人们的吸引力,只能在营销时侧重于价格竞争的优势。我国在改革开放以后,经济发展水平快速增长,人们的收入也有了很大提高,这对于我国人身保险市场的扩展有重要的促进作用,我国人身保险市场营销也要注意新险种的开发,以满足人们的需求,促进我国人身保险事业的发展。

专栏 10-1

2002—2021 年我国国内生产总值

2002—2021 年,我国国内生产总值持续保持增长态势(见图 10-1),为人身保险发展提供了难得的良好经济环境。

图 10-1　2002—2021 年我国国内生产总值

我国 2021 年全年国内生产总值 1 143 670 亿元,比上年增长 8.1%,两年平均增长 5.1%。其中,第一产业增加值 83 086 亿元,比上年增长 7.1%;第二产业增加值 450 904 亿元,增长 8.2%;第三产业增加值 609 680 亿元,增长 8.2%。第一产业增加值占国内生产总值比重为 7.3%,第二产业增加值比重为 39.4%,第三产业增加值比重为 53.3%。全年最终消费支出拉动国内生产总值增长 5.3%,资本形成总额拉动国内生产总值增长 1.1%,货物和服务净出口拉动国内生产总值增长 1.7 个百分点。全年人均国内生产总值 80 976 元,比上年增长 8.0%。国民总收入 1 133 518 亿元,比上年增长 7.9%。全员劳动生产率为 146 380 元/人,比上年提高 8.7%。

资料来源:根据国家统计局网站资料整理。

(三) 社会文化环境

社会文化是一个国家或地区经过长期历史发展而形成的,对于人身保险市场营销有重要的影响,人身保险市场营销的最终目的是使投保人购买其产品并为之提供相应服务,而投保人的保费支出行为在很大程度上要受到其所处的社会文化环境的影响。社会文化环境包括社会平均文化教育水平、宗教信仰、价值观念、传统习俗等。

1. 社会平均文化教育水平对人身保险市场营销的影响

社会平均文化教育水平不仅代表其文化教育的广度还代表其深度。一般来说,社会平均文化教育水平越高则人们越容易接受人身保险,人身保险市场营销活动也越易开展;而社会平均文化教育水平越低,则人们对人身保险尤其是寿险会产生一种抵触情绪,这会成为人身保险市场营销的障碍。

2. 宗教信仰、价值观念对人身保险市场营销的影响

宗教信仰、价值观念也对人身保险市场营销产生重要影响。宗教信仰、价值观念使人们对世界有不同的看法和认识,这些不同的世界观使人们对各种自然界的风险和人自身可能遇到的风险有不同的认识,从而直接影响到他们对人身保险的需求。

3. 其他因素对人身保险市场营销的影响

进行人身保险市场营销时需要考虑文化环境,同时应注意以下两个方面的差异,并采用不同的营销方式。

(1) 不同的民族有不同的文化传统、民风习俗和礼仪。民风习俗、礼仪交往的不同,影响着营销方式的选择。

(2) 不同的职业、不同的阅历,在购买人身保险的倾向上会产生不同的态度。

(四) 人口环境

人口因素是影响人身保险市场营销的又一重要因素,主要包括以下几个方面。

1. 人口总量

人身保险市场营销是主要针对人而开展的活动,每一个个体单位构成了对人身保险的需求单位。如果一个国家或地区有较大的人口总量则预示着该国有着潜在的巨大的人身

保险需求量,这对于人身保险市场营销是一个极好的机会,应对此而进行系统的调研、制订相关的计划。

 专栏 10-2

我国人口总量及其构成

根据国家统计局发布的人口数据,2021 年年末全国大陆总人口(不含港澳台地区)为141 260 万人,比上年年末增加 48 万人,其中城镇常住人口为 91 425 万人。全年出生人口为 1 062 万人,出生率为 7.52‰;死亡人口为 1 014 万人,死亡率为 7.18‰,自然增长率为 0.34‰。全国人户分离的人口为 5.04 亿人,其中流动人口为 3.85 亿人。2021 年年末全国大陆人口数及其构成情况如表 10-1 所示。

表 10-1　2021 年年末全国大陆人口数及其构成情况

指标	年末数(万人)	比重
全国总人口	141 260	100.0%
其中:城镇	91 425	64.7%
乡村	49 835	35.3%
其中:男性	72 311	51.2%
女性	68 949	48.8%
其中:0～15 岁(含不满 16 周岁)	26 302	18.6%
16～59 岁(含不满 60 周岁)	88 222	62.5%
60 周岁及以上	26 736	18.9%
其中:65 周岁及以上	20 056	14.2%

资料来源:《中华人民共和国 2021 年国民经济和社会发展统计公报》。

2. 人口结构

人口结构主要指人口的年龄结构,它和人口的出生率、死亡率和老龄化程度密切相关。人们的年龄不同,对人身保险产生的需求也就不同,如老龄人口对寿险有更多的需求。我国的人口老龄化问题将是未来要解决的一个重要问题,人口老龄化也相应地增加了对人身保险的需求,因此,人身保险公司开发新险种满足这种需要,既能保障老人的生活,又能解决社会问题,有重要的现实意义。

3. 人口的地域分布

人口的地域分布决定了人们面临不同的风险保障需求分布,如山洪和地震爆发较多的区域会增加人们对人身保险的需求。另外,不同地域的人对险种的要求也有所不同,这要求保险公司在制订人身保险营销计划时给予不同的考虑。

 **专栏 10-3**

我国人口老龄化趋势预测

我国人口老龄化是不争的事实。根据联合国人口预测数据,我国 60 岁及以上老年人口占总人口的比重将从 2015 年的 15.2% 上升至 2030 年的约 1/4,至 2050 年将达到 36.5%(见表 10-2)。其中 80 岁及以上的高龄人员占总人口比重将从 2015 年的 1.6% 上升至 2030 年的 2.9%,至 2050 年将达 8.9%,这说明老年人口本身也在老龄化。

表 10-2 中国老年人口占总人口比重

项目/年龄		1980 年	2015 年	2030 年	2050 年
总人口	60+	7.2%	15.2%	25.3%	36.5%
	65+	4.5%	9.6%	17.2%	27.6%
	80+	0.4%	1.6%	2.9%	8.9%
女性	60+	7.9%	16.0%	26.8%	38.4%
	65+	5.2%	10.2%	18.5%	29.4%
	80+	0.5%	1.6%	3.4%	10.2%
男性	60+	6.5%	14.5%	23.9%	34.7%
	65+	3.9%	8.9%	16.0%	25.8%
	80+	0.3%	1.3%	2.4%	7.8%

资料来源:联合国人口数据。

(五) 技术环境

技术环境是指社会科学技术总水平及变化趋势、技术变迁、技术突破对保险公司的影响,以及技术与政治、经济社会环境之间相互作用的表现等,具有变化快、变化大、影响面大等特点。科学技术不仅是全球化的驱动力,也是企业的竞争优势所在。科学技术深刻影响着人类历史的进程和社会经济生活的各个方面,其中就包括人身保险市场营销活动。

日新月异的科学技术在社会生产中的广泛应用使人们的活动范围不断扩大,灾害事故可能造成的人身损害的程度也在不断提高。新技术的发展会使人们的消费习惯、行为方式等发生变化,同时也会带来新的交易方式与销售手段。技术的进步使保险公司能对人身保险市场及客户进行更有效的分析,例如,使用数据库或自动化系统来获取数据能使分析结果更加准确。新技术的出现使社会和新兴行业对本行业产品和服务的需求增加,从而使企业可以扩大经营范围或开辟新的市场。随着高科技和医疗技术的进步,原来很多的"不治之症"能够被治愈,但花费不菲,需要人们具备经济承受能力,提前做好财务规划,因此,人们对健康保险等的需求会更加显性化。技术进步可以使保险公司利用新的生产方法在不增加成本的情况下提供更优质和更高性能的产品和服务。技术进步还可导致现有产品被淘汰，或大大缩短产品的生命周期，这也使保险公司的产品供给越来越多地依赖于科技的进步，其中最典型的例子就是近年来互联网保险的发展。

二、微观环境

（一）投保人

投保人是人身保险公司服务的最终对象，是人身保险市场营销活动的出发点和最终点，是人身保险市场营销中最重要的微观环境因素。人身保险市场营销活动要仔细调查研究投保人的行为、心理等情况，了解其需求情况（如对险种的要求价格、收益方式等），依据投保人的不同需要来制订营销计划。

（二）竞争对手

任何企业的发展都需要密切注视其竞争对手的情况，人身保险市场营销也要关注这方面。尤其现在我国保险市场已经开放，内资、外资保险公司的发展营造了重要的竞争环境，所以保险公司需要不断地改进技术、增加新品种、严格厘定费率、加强售后服务，这样才能巩固自己的市场地位，并不断地在竞争中更好地发展。

（三）保险营销的中介机构

人身保险市场营销活动必须借助营销中介的帮助才能完成，这些中介主要指保险经纪人、保险代理人和保险公估人。人身保险经纪人多出现在经济发展水平较高的国家，因为其人均收入水平较高，理财需求也较高。在我国人身保险市场营销中，保险公司主要通过保险代理人来完成保单的最终销售活动。我国人身保险业发展较晚，且相关法规相对滞后，因而出现了多种类型的人身保险代理人，极大地促进了我国人身保险业的发展。在人身保险市场营销活动中，保险咨询、律师、会计师、广告商等相关人员对人身保险市场营销的顺利进行也起到一定作用。

（四）公众

影响人身保险市场营销环境的公众是指实际上或潜在地影响人身保险公司经营的任何团体或个人。由于人身保险市场营销是为社会公众服务，因而各级政府机构、媒介系统、地方居民等公众都会关注、影响甚至制约人身保险市场营销。公众的行为既能促进又能阻碍人身保险市场营销的活动，所以人身保险公司在制订战略营销计划时要充分考虑到公众的利益和要求，采取对其有利的措施，发挥公众对其营销活动的促进作用，将其限制作用尽可能地减小。

（五）保险公司的经营目标

保险公司人身保险业务的营销活动是为了实现其经营目标，所以其营销战略计划也要围绕这个目标而制订，它是营销环境中的内部环境因素。

（六）保险公司经营水平

保险公司的经营水平直接关系到其营销活动的进展情况，只有拥有高水平经营管理能力的保险公司,才能有较好的人身保险市场营销计划,获得更多收入。保险公司的经营管理水平包括以下几点。

(1) 承保水平,即人身保险公司的业务承受能力,也就是其能够支付赔偿的最大限度。

(2) 营销费用的承受能力,反映了该公司进行媒介宣传活动的支付水平。

(3) 风险选择水平,反映了保险公司承保的保险标的质量水平。

(4) 营销渠道情况,表明保险公司完成最终保险业务的中间渠道情况。

(5) 人员素质水平,反映了公司总体的经营水平。

(6) 服务水平,反映了公司业务的后期处理水平。

(七) 保险公司财务状况

人身保险公司的财务状况是整个公司经营绩效的表现,也是营销环境的一个内部因素。它主要指公司的资产负债率、投资收益率、赔付率等,可通过对这些指标进行分析,发现公司发展过程中的成绩和有关问题并予以及时纠正。人身保险市场营销要注意结合本公司的财务状况,制定与之相符的营销策略,才能使公司稳步向前发展。

总之,人身保险市场营销环境是由宏观环境和微观环境构成的,它们之间相互作用,相互制约。从本质上来说,宏观环境是不可控的,而微观环境中的公司内部因素则可以控制。因此,保险公司人身保险市场营销活动、保险公司的内部环境要顺应外部宏观环境的变化,使其构成一个协调、统一的有机系统,共同促进人身保险业的良性发展。

第三节　人身保险市场营销渠道

一、营销渠道的定义和类型

(一) 营销渠道的定义

营销渠道是指某种货物或劳务从生产者向消费者移动时,取得这种货物或劳务所有权或帮助转移其所有权的所有企业或个人。人身保险营销渠道就是人身保险产品和服务从保险公司向消费者转移过程的具体通道或路径。

(二) 营销渠道的类型

营销渠道可以分为传统营销渠道和新型营销渠道。

传统营销渠道按照有无中间环节可以分为直接分销渠道和间接分销渠道两种。由生产者直接把产品销售给最终用户的营销渠道称为直接分销渠道,即直销;至少包括一个中间商的营销渠道则称间接分销渠道,即分销。根据中间商的数量对传统营销渠道分类,直接分销渠道两端为生产者和消费者,没有中间商的,称为零级渠道;间接分销渠道则根据中间环节的环节数量分为一级、二级、三级甚至多级的渠道。

新型营销渠道主要指互联网保险,包括网络营销、互联网流量平台和众多获客层面的合作平台渠道等。

二、传统营销渠道

（一）自营渠道

1. 直销

大部分人身保险公司都自建销售队伍，即直销渠道。直销渠道主要是销售团体保险产品，包括企业员工福利保障计划和团体高端医疗保险。直销渠道队伍可以细分为业务拓展和业务维护两类。业务拓展主要负责新客户的开拓，包括获客、洽谈、竞标、合同签署。业务维护主要负责现有业务的维护，包括客户服务、理赔和续保。因为分工的不同，两者的考核目标差异很大，前者偏重新单业务总量，后者偏重续保率和增额。

2. 门店销售

门店销售就是保险公司利用自己的门店（如客户服务中心和理赔中心）与客户进行面对面的销售。这种销售方式有利于增进保险人与客户面对面的沟通与交流，便于客户更深入了解人身保险条款和自身利益保障，及时做出购买意向决策。

3. 电话营销

电话营销是指保险公司通过使用公司电话热线直接和客户进行交流沟通，宣传公司产品，促使客户达成购买的意愿，直至成交，并为客户邮寄投保单据或派相关公司销售人员上门为客户办理保险保障的营销。

（二）保险代理人

保险代理人是指根据保险公司的委托，向保险公司收取佣金，在保险公司授权的范围内代为办理保险业务的机构或者个人，包括保险专业代理机构、保险兼业代理机构及个人保险代理人。不管是哪种类别的代理人，他们都是代理保险公司为客户提供保险服务的，需要遵守国家法律法规，以及相关的监管规定。中国银保监会2019年发布的《保险代理人监管规定》自2021年1月1日起施行，旨在规范保险代理人的经营行为，保护投保人、被保险人和受益人的合法权益及维护市场秩序。

1. 专业代理人

专业代理人是指专门从事保险代理业务的保险代理公司，保险代理公司的组织形式为有限责任公司。保险代理公司可以与一家或者多家保险公司签约，代理这些保险公司的产品，并依法收取佣金。

2. 兼业代理人

兼业代理人是指受保险公司委托，在从事自身业务的同时指定专人为保险公司代办保险业务的单位，主要有行业兼业代理、企业兼业代理、金融机构兼业代理和群众团体兼业代理等形式。兼业代理人只能代理与本行业直接相关且能为投保人提供便利的保险业务，党政机关及其职能部门不得兼业从事保险代理业务。人身保险兼业代理机构主要集中在银行、邮政机构，其业务以专门针对这些机构的特点所设计的分红型寿险产品为主。由于各保险公司对银行、邮政部门代理业务的重视程度不断增强，它们之间对该渠道的竞争以及各兼业代理机构之间的竞争也日渐加剧。

3. 个人代理人

个人代理人是指根据保险人的委托,在保险人授权的范围内代办保险业务并向保险人收取代理手续费的个人。

个人代理人,也即保险营销员,是我国保险市场的重要组成部分。2006年4月,中国保监会颁布的第3号文件《保险营销员管理规定》,于同年7月1日起实施,进一步规范了保险营销员管理。保险营销员必须持有《保险代理从业人员资格证书》,与保险公司签订委托协议,由保险公司向当地保险行业协会办理该持有人的《保险营销员展业证》,登记注册并获得展业证后,方可从事保险代理业务。保险营销员可以代理销售保险产品,并代为收取保费,但不得签发保单。根据现行规定,保险营销员只能与一家保险公司签订代理保险业务委托协议。

2020年,为贯彻落实党中央、国务院深化"放管服"改革决策部署,助力国家稳就业保就业工作,推动保险行业高质量转型发展,根据《中华人民共和国保险法》《保险代理人监管规定》等法律法规,中国银保监会批准发布《关于发展独立个人保险代理人有关事项的通知》,明确了发展独立个人保险代理人的有关事项,这是我国保险市场发展的重要一步。独立个人保险代理人是指与保险公司直接签订委托代理合同,自主独立开展保险销售的保险销售从业人员,其直接按照代理销售的保险费计提佣金,不得发展保险营销团队。独立个人保险代理人应遵纪守法、合规展业,保险公司承担管控责任,监管部门承担监管责任。

(三) 保险经纪人

保险经纪人是基于投保人的利益,为投保人与保险人订立保险合同提供中介服务,并依法收取佣金的机构。在经济发达国家,保险经纪人在保险市场中占有重要的地位。

与保险代理公司相比,保险经纪人具有如下四个特点。

(1) 保险经纪人是投保人或被保险人利益的代表。保险经纪人受投保人的委托,为投保人提供防灾防损或风险评估,风险管理咨询服务,安排保险方案,办理投保手续,并在出险后为投保人或受益人代办检验、索赔等事务。

(2) 专业化要求高。对于投保方,由于保险合同是一种附合合同,其条款与费率都是保险公司单方面预先制定的,投保方只需附合,合同即可成立。这需要从事保险经纪业务的人必须是保险方面的专家,经过一定的专业训练,凭借其专业知识、对保险条款的精通、对理赔手续的熟悉,以及对保险公司信誉、实力、专业化程度的了解,根据客户的具体情况,与保险公司进行诸如条款、费率方面的谈判和磋商,以使客户支付最少的保费并获取最大的保障。

(3) 承担的风险较大。作为独立的专业机构和投保人的代理人,法律规定因保险经纪人在办理保险业务中的过错,给投保人、被保险人造成损失的,由保险经纪人承担赔偿责任。世界各国一般都强制保险经纪人为其可能产生的这种职业伤害责任交存保证金或购买职业责任保险,以使保险经纪人承担其业务失误产生的民事赔偿责任。

(4) 各国对保险经纪人的监管都比较严格。除要求购买职业责任保险外,还要求保险经纪人每年向主管机关进行登记,在有资格的银行开设保险经纪人账户,并且每年须向主管机关提交经过专业审计的账目。

(四)银行保险

银行保险是通过银行柜面或理财中心,以各类银行卡业务或银行消费信贷业务等作为载体销售保险。对于银行来说,该业务属于银行的中间业务,是银行借助自身良好的信用形象和接触潜在客户的便利,代替保险公司办理保险业务,从中获取手续费的一种服务。对于保险公司来说,这种业务是保险营销业务,银行是其重要的销售渠道。

银行保险具有以下特征:①操作简便。银行保险产品一般对核保要求不高,购买手续也很简便,客户只要到银行柜台填好投保单、提供银行存折(储蓄卡)账号或转账号码就可以完成投保过程。国外的银行保险可以结合多项金融产品(信用卡、汽车贷款、住房贷款等)组合销售,且保费又可以通过信用卡或账户定期扣款。明确的扣款机制缩短了收款时间,操作起来十分简便。②险种设计简单。银行保险产品通常具备标准化条款,保险责任和除外责任等都相对更容易理解,险种的设计一般都比较简单。③成本低。与个人代理渠道不同,保险公司通过银行柜台销售保险不需要支付较高的佣金,只需支付一定的手续费,可节省大量的人力、财力。此外,银行保险的客户开拓成本和人员培训成本相对也比较低。

2012年至2021年,银行保险渠道发展呈现出以下特点。一是最近来银行保险渠道保费收入占寿险保费收入的比重逐年上升,成为寿险保费收入的重要来源。2021年银保渠道保费收入为11 002亿元,占寿险保费收入的46.7%。二是银行保险渠道保费收入规模总体呈上升趋势,但增速受政策环境影响明显。2016年《关于规范中短存续期人身保险产品有关事项的通知》等相关文件发布;2018年,受相关政策文件出台影响,银行渠道保费增速下滑明显;2019年8月,《商业银行保险代理管理办法》出台,保费收入增速随政策变化大幅变化(见图10-3)。三是银行保险新业务保费排名稳中有变。近十年来,华夏人寿、大家人寿与生命人寿保险公司的银行渠道保费收入排名居前列;和谐健康保险公司的排名经2017年下降后逐年上升,2021年升至首位。市场发展表明,随着保险公司和银行合作的深入,消费者将享受到更加方便、快捷和满意的综合金融服务。

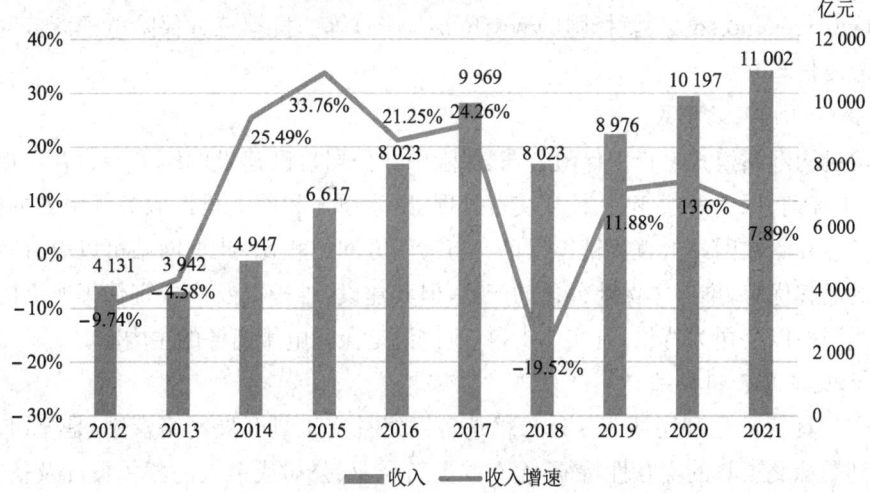

图10-3　2012—2021年银保渠道保费收入及增速

资料来源:转引自中南财大风险管理研究中心发布的《2022中国保险发展报告》。

三、新型营销渠道

相对传统营销渠道而言,新型营销渠道主要是互联网保险。根据保监会的《互联网保险业务监管暂行办法》,互联网保险是指保险机构依托互联网和移动通信等技术,通过自营网络平台、第三方网络平台等订立保险合同,提供保险服务的业务。随着互联网技术、医疗技术的突破,以及政府政策导向的变化,大量新的业态、机构不断出现,主要包括网络营销和以互联网流量平台为基础的合作获客渠道。近年来,互联网保险成为拉动中国保费增长的重要因素之一。

(一) 网络营销

网络营销是保险公司利用互联网的技术和功能销售保险产品,提供保险服务,在线完成保险交易的一种销售方式。目前,网络营销主要有以下三种运营模式。

1. 第三方网站模式

第三方网站模式是指保险公司、保险中介公司利用第三方网络产品提供商在互联网上建立交易平台,介绍行业内的信息并提供咨询,在网上进行保险产品交易和清算。这类网站的定位是保险行业的技术服务提供者,是一个开放性的保险商业平台,它们既不是网上保险公司,也不是网上经纪人。保险公司、保险中介公司在该类网站开设"门店",利用其渠道及客户资源,让广大客户有机会"货比三家"。

该营销模式中的第三方网站主要有以下两类。

第一类是专业财经网站或综合门户网站开辟的保险频道,其目的在于满足其消费群体的保险需求。例如,中国财经网(www.fec.com.cn)、中金在线(www.cnfol.com)等的保险频道正是这些网站为增加网上的财经内容而开设的。

第二类是独立的保险网站。这些网站不属于任何保险公司或附属某个大型网站,他们是为保险公司、保险中介、客户提供技术平台的专业互联网技术公司。自 2006 年以来,e家保险网(www.ejsino.com)、慧择网(www.huize.com)等一批第三方保险电子商务网站如雨后春笋般成长起来。

2. 保险机构网站模式

保险机构网站模式是指由保险公司、保险中介公司自己建设网络平台为客户提供保险咨询、保单查询、保单事项变更、续期交费管理、出险通知和网上投诉服务等服务的模式,也有公司已经开始在网站上直接销售保单。与第三方网站相比,此类网站可以更有效地利用本公司的品牌优势,推广本保险公司的产品,但其建设、维护以及广告宣传等所需的花费更高。这类网站以公司为背景,有实体支撑,应该说是保险电子商务的主力军。

3. 社交工具营销模式

社交工具营销是利用博客、微博、微信等网络社交工具开展网络营销,是公司、企业或者个人利用社交工具的交互性特征,发布并更新企业、公司或个人的相关概况及信息,并且密切关注、及时回复平台上客户对于企业或个人的相关疑问和咨询,并通过较强的平台帮助企业或公司零成本获得搜索引擎的较前排位,以达到宣传目的的营销手段。目前许多保险代理公司、保险代理人都开通了微博,为自身带来了不菲的收益。

1) E-mail 营销

E-mail 营销是指在客户事先许可的前提下,通过电子邮件的方式向目标客户传递有价值信息的一种营销手段。例如,保险公司针对已投保客户的需求进行分析,定期将一定的险种优惠信息及新的险种信息发送到客户的邮箱。由于这种发送是经过分析、有针对性的,所以大大提高了邮件营销的成功概率,提高了公司的效益。

2) 微信营销

微信营销是指销售人员将产品介绍、投保链接等与产品有关的信息通过好友发送或者朋友圈分享,让更多人接触并了解相关产品信息的一种营销手段。由于微信的传播范围广、速度快,且操作相当便捷,大大提高了营销的范围及效率,也被越来越多的人所接受。

(二) 以互联网流量平台为基础的合作获客渠道

互联网流量平台是指拥有千万级以上活跃用户的互联网平台。对于这些互联网流量平台而言,他们通过自身业务模式所建立起来的场景获得了大量注册用户、活跃用户和流量,急需寻找变现的途径。此外,在目前的互联网平台发展模式下,前期获客多依赖补贴的手段,短期内无法对主业的收入模式进行调整,否则将会面临因为激烈的竞争而失去自身市场地位的风险。因此,需要有其他产品上线销售,借此将自身流量转化为收入和利润,这是互联网大流量平台普遍选择的模式和策略。与线下保险代理公司一样,这些互联网流量平台也关注到人身保险产品市场需求的持续增长,因此积极引进人身保险产品上线销售,并为此申请并建立了具备资质的保险代理或经纪牌照,利用自身掌握的流量合法合规地销售人身保险产品。

与线下场景不同的是,线上与用户的互动非常有限,所以互联网流量平台选择的产品一般都具有两个特点:一是产品形态简单化,以此保证在相对薄弱的沟通水平上让客户更容易理解保险产品的内容;二是追求"高杠杆",也就是保费低廉而保障额度高的产品形态,形成所谓的"性价比"。

保险代理、经纪公司和互联网流量平台都会通过与一些企业在获客层面进行合作进而实现获客的人身保险,尤其是人身保险产品的销售转化。这些企业包括:药品、医疗器械生产厂家和前沿医疗科技机构,体检、医疗美容和母婴机构等。随着体检、医疗美容和母婴健康市场的繁荣,竞争日趋激烈,相关机构希望与保险公司合作,将自身服务与健康保险产品结合以达到以下四个目的:①安全性背书,以此获得更多的新客户;②借助保险产品的金融杠杆,提升自身产品的吸引力;③借助保险行业的海量客户群、保险机构和从业人员的销售力及其获客、粘客的需求,开辟新的销售场景和客户群,提升自身产品的销量;④丰富自身的产品链,通过健康保险销售获得费用和利润,提升自身客群带来的价值。为此,大量体检、医疗美容和母婴机构积极与保险公司接洽,共同研发具有特色的人身保险产品,并与保险公司互为渠道推进获客和客户转化。

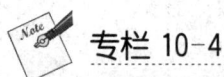

专栏 10-4

2020 年度互联网人身保险市场运行情况

2021 年 3 月,中国保险行业协会发布《互联网人身保险市场运行情况报告》,展示了互联网人身保险市场的主要运行情况。

1. 经营主体保持稳定

据统计,2020 年互联网人身保险市场经营主体基本稳定,共有 61 家人身险公司开展互联网保险业务,较 2019 年减少 1 家,占中国保险行业协会人身保险会员公司总数的七成。其中中资公司 40 家,外资公司 21 家,占比分别为 65.6% 和 34.4%。从规模保费情况来看,中资公司仍占据主导地位,其市场份额达 84.2%,较 2019 年上升 4 个百分点,外资公司市场份额为 15.8%。

2. 规模保费平稳增长

2020 年,互联网人身保险业务继续保持平稳增长,累计实现规模保费 2 110.8 亿元,较 2019 年同比增长 13.6%。从规模保费增速情况来看,40 家公司规模保费实现不同程度正增长,其中民生保险和信泰人寿增幅最大。

3. 市场集中度同比下降

2020 年,互联网人身保险市场前三大、前五大和前十大公司的规模保费市场份额分别为 40.9%、57.2% 和 79.6%,与 2019 年相比,前三大、前五大和前十大的市场份额均出现下降,但市场集中度仍然较高。排名第一的中邮人寿,累计实现规模保费 380.2 亿元,市场份额占比为 18%,较 2019 年略有上升,其次是国华人寿,两者合计市场份额占比将近三分之一,排名三、四位的公司,市场份额均在 10% 以上;排名五至十位的公司,市场份额在 3% 至 6% 之间。从排名前十位的公司情况看,与去年相比,排名和市场份额均出现了一定的变化,中邮人寿取代国华人寿跃居首位,人保健康进入前五,太平人寿和平安健康取代农银人寿和人保寿险进入前十。

4. 渠道业务仍占据主导

2020 年,互联网人身保险业务仍然呈现以渠道合作为主、保险公司官网自营为辅的经营模式。据统计,60 家保险公司通过渠道开展业务,52 家保险公司采取官网自营和渠道合作"双管齐下"的模式,1 家保险公司仅通过公司官网开展经营。全年通过渠道累计实现规模保费 1 787 亿元,较 2019 年同比增长 10.3%,占比为 84.7%;通过官网自营平台累计实现规模保费 323.8 亿元,较去年同比增长 36.1%,占比为 15.3%,公司官网自营平台规模保费已实现连续 6 年平稳增长。

5. 互联网健康保险持续稳定增长

2020 年,互联网人身保险产品结构持续调整,各类险种占比也出现一定的变化。其中,人寿保险仍为主力险种,占比为 55.6%,较去年同比下降近 10%;年金保险占比为 23.2%,较去年同比上升 4 个百分点,成为第二大险种;健康保险占比为 17.8%,较去年同比上升 5

个百分点;意外险占比与去年基本保持一致,为 3.4%。

从保费规模来看,人寿保险实现规模保费 1 173.5 亿元,较去年同比减少 3.2%;年金保险实现规模保费 490.1 亿元,较去年同比增长 38.8%;健康保险实现规模保费 374.8 亿元,较去年同比增长 58.8%;意外险实现规模保费 72.4 亿元,较去年同比增长 29.1%。

2020 年,互联网健康保险继续保持增长态势,实现连续六年稳定增长,且在互联网人身保险中的占比不断提升。

其中,费用报销型医疗保险累计实现规模保费 229.2 亿元,同比增长 58.3%,占互联网健康保险总规模保费的 61.1%;重大疾病保险实现规模保费 87.5 亿元,同比增长 60.6%,占比为 23.3%。另外,护理保险和防癌保险增长幅度较大,较去年同比分别增长 257.9% 和 138.9%。

资料来源: 中国保险行业协会发布的《2020 年度互联网人身保险市场运行情况报告》。

 专栏 10-5

美国互联网人身保险渠道调查结果

自 1990 年代互联网兴起以来,美国保险机构也开始通过互联网销售人身保险,即网络营销。消费者越来越习惯于通过互联网在线购买各类保险产品,在线的保险服务集成商也开始出现,他们专门搜集各家保险公司各类保险产品的价格信息供消费者比较和参考,最常见的有汽车保险和定期寿险。最终,很多保险代理机构和独立承保人开始提供互联网保险营销和服务平台,消费者可以直接通过互联网保险平台购买保险公司的保单而无需保险中介机构帮助。

2020 年以来的新冠肺炎疫情,进一步加剧了互联网保险的扩展。2021 年 8 月,美国 Clearcover 开展了专项调研,结果表明,参与调查的 475 位独立保险代理人和经纪人中,96% 的人反馈:相比疫情之前,越来越多的客户寻求在线数字化工具,他们的客户中直接通过在线方式购买保险的人数增长了 11%;这些参与调查的代理人和经纪人中,92% 的表示:疫情期间,数字化工具的使用帮助他们获得销售业绩并提供服务,而且在线的数字化工具也使其工作流程更顺畅,提高了工作效率。

第四节 寿险营销体制与专业化营销

一、寿险营销体制概述

(一) 寿险营销体制的含义及种类

1. 寿险营销体制的含义

寿险营销体制是一个国家或地区在长期寿险营销实践中形成的,被依法认可并广泛运用的寿险销售、公司形象宣传及行销队伍管理的制度。它对寿险企业的市场营销活动以及整个保险业的稳健发展都有着重大而深远的影响。

2. 寿险营销体制的种类

国外传统的寿险营销体制主要分为三种：①以日本为代表的雇佣制，营销员与公司为雇佣关系，其收入由底薪加佣金构成；②以美国和韩国为代表的代理制，营销员与公司为代理关系，其收入由佣金加津贴构成；③以英国和荷兰为代表的经纪制，从法律上来看，这种体制较代理制更为独立，经纪人一般仅有佣金收入。这三种体制各有优缺点，各有其地区适应性和针对性。

（二）我国寿险营销体制的发展历程

自 1980 年我国恢复国内保险业以来，寿险营销个人保险代理人制度经历了以下五个发展阶段。

1. 1995—1997 年

事实上，我国保险代理制度在 19 世纪三四十年代就已经萌芽。当时保险代理人以"洋行"为基本形式，代理人大多是国外的保险公司，国内的保险公司则以民营企业为主，尚未开展保险代理业务。改革开放以后，我国保险业开始逐步复苏，中国人民保险公司率先以兼业保险代理模式展开保险代理业务。1992 年，友邦保险公司取得在国内从事保险业务的许可，并首次引入了个人保险代理人营销模式。

1995 年，我国首部《保险法》颁布，保险代理人身份正式被承认。在这一阶段，保险代理人由中国人民银行负责管理。相关人员通过中国人民银行或其授权机构举办的保险代理人资格考试即可取得保险代理人的资格，获得保险代理人资格证书。中国人民银行规定，个人保险代理人取得资格证书的条件包括两部分——积极条件和消极条件。积极条件为年满十八周岁、具有高中及以上学历；消极条件为未曾经受到过刑事处罚的公民和未曾违反过我国有关金融保险法律的公民。但该阶段的资格证书仅是对从业人员保险能力的认定，不作为授权凭证。

该阶段以《保险代理人管理暂行规定》为法律依据，要求保险代理人应与保险人就保险代理合同达成合意，并将书面的保险代理合同进行备案。在保监会成立之前，负责保险代理合同的备案机构是保险公司当地的中国人民银行分行。

2. 1998—2005 年

这一阶段的法律依据是 1997 年 11 月颁布的《保险代理人管理规定（试行）》。

1998 年 11 月中国保监会成立，保险代理人资格审核权力由中国人民银行转移到保监会。个人保险代理从业人员需通过保监会或其授权机构举办的保险代理人资格考试，并取得保监会发放的《保险代理人资格证书》。不过，该阶段参与考试的人员仍需满足《保险代理人管理规定（试行）》第二章的规定。同时，《保险代理人管理规定（试行）》要求保险人与保险代理人订立保险代理合同，保险公司应当授权保险代理人从事保险代理行为的权利，发放《展业证》作为凭证，并且被代理的保险公司需要在保险监督管理委员会进行备案。

3. 2006—2013 年

该阶段主要的法律依据是 2006 年颁布的《保险营销员管理规定》。《保险营销员管理规定》赋予了保监会组织资格考试或授权其他机构组织资格考试的权力,并要求所有保险营销人员(包括个人保险代理人及保险公司的正式员工)均应参加资格考试,取得《保险代理从业人员资格证书》。该阶段对个人保险代理人增加了筛选条件,参加考试的人员须具备大专及以上学历,通过资格考试,具有完全行为能力且品行良好的保险代理人才能取得资格证书。此外,对保险代理人资格认定的消极条件也增加了时间的限制。

另外,《保险营销员管理规定》改变了《展业证》的备案制,要求保险公司应当在发放《展业证》给持有《保险代理从业人员资格证书》的保险代理人前,到当地的保险行业协会办理登记。

4. 2013—2015 年

该阶段的法律依据是 2013 年 1 月 6 日保监会颁布的《保险销售从业人员监管办法》,《保险销售从业人员监管办法》要求所有从事保险营销的人员须参加考试,并要求保险公司和保险代理机构应当为保险营销人员在中国保监会的中介监管信息系统中办理执业登记,保险公司发放《保险销售从业人员执业证书》。《保险销售从业人员执业证书》取代《展业证》作为保险公司的授权依据。

该阶段资格考试的名称由"保险代理从业人员资格考试"变为"保险销售人员从业资格考试",证书也由《保险代理从业人员资格证书》变为《保险销售从业人员资格证书》。该阶段要求报名参加考试的人员是完全民事行为能力人,具有大专及以上文凭。不能报考的情形除受过刑罚处罚与金融禁令之外,增加了隐瞒相关情况、提供虚假材料、违反考试纪律等形式的消极条件。

5. 2015 年至今

该阶段的法律依据为 2015 年修订的《保险法》和 2020 年出台的《保险代理人监管规定》。2015 年《保险法》的修订删去了个人保险代理人资格证书的相关规定,保监会不再受理保险代理人资格考试,不再统一制定颁发《保险代理人资格证书》。个人保险代理人需要具备的条件为品行良好及具备保险专业能力。个人保险代理人仅凭保险机构制作的执业证书即可开展代理活动。2020 年中国银保监会颁布了《保险代理人监管规定》,旨在规范保险代理人的经营行为,保护投保人、被保险人和受益人的合法权益及维护市场秩序。2020 年,中国银保监会发布《关于发展独立个人保险代理人有关事项的通知》,明确了发展独立个人保险代理人的有关事项,这是我国保险市场发展的重要一步。

个人代理渠道通过代理人一对一详细推介,适合长期保障型产品销售。个代渠道与代理人数量和人均产能有关。1992 年友邦把个人代理制引入中国后,在不到两年的时间里接收营销员近 5 000 人,业务规模超过亿元。1995 年,在上海 77 万张个人寿险保单中,友邦寿险就占了 70 万张,当时在保险业界引起了剧烈的振荡,由此引发了国内寿险公司的竞相效仿,从此个人代理制成为国内寿险营销的主渠道,并得到了保险业界的普遍认同和推崇,极大地促进了保险业的快速发展。在推动寿险业快速发展的同时,保险营销队伍也迅速壮大。1997 年,全国保险营销员为 35 万人,至 2003 年,队伍进一步扩张至 144 万人。2015 年保险代理人资格考试取消,代理人数量从 2014 年 325 万人增至 2019 年 912 万人,加之2016 年政策鼓励长期险的催化,代理人渠道急速扩张,贡献保费占比从 2016 年 46% 大幅增至 2018 年 59%。但 2018 年后人力增长放缓,2020 年上半年代理人增速出现－0.2%负增长,2020 年年末,全国有执业登记的代理制营销员人数 842.8 万人,较 2019 年年末大幅减少 69.2 万人。2021 年上半年,从中国人寿、中国平安、中国太保、新华保险、人保寿险等上市保险企业公布的人力数据看,这些公司的代理人数量较 2020 年相比下降约 15%。因此,过去的"人海战术"边际效应递减,难以为继,保险市场主体纷纷主动迈入转型改革阶段,从"数量增长"向"质量增长"转变,注重提高人均产能。

总体来看,目前的寿险营销已经形成个人保险业务以个人代理人为主导,团体保险业务以业务员直销和兼业代理为主导的营销体制。

二、寿险营销专业化流程

寿险产品需要寿险营销员运用各种营销技巧,通过大量的说服、解释工作,激发投保人的投保需求和购买欲望以完成销售,这样一个过程我们称为寿险营销。

寿险营销因其销售对象不同可分为个人寿险营销和团体寿险营销,其营销流程也有所不同。

(一) 个人寿险营销流程

1. 售前准备

在营销之前做好各种准备是非常必要的,这往往能起到事半功倍的效果。售前准备可以使营销员信心十足、成竹在胸,并且能够锻炼其应对突发事件的能力,从而少走弯路、少犯错误。必要的准备工作包括:①物质资料准备,主要包括身份证明、寿险产品资料、宣传资料、相关政策资料、空白单证以及计算和演示工具准备;②知识准备,丰富而广博的知识是营销获取成功的关键,营销员不仅要对所销售的产品了如指掌,而且还要掌握系统的保险专业知识,相关的金融、理财、政策、法律、医疗保健知识,甚至各种社会知识和新闻;③心理准备,寿险营销员常常会遭到拒绝,面临各种尴尬与困境,如果没有健全的心理素质和坚定的信心,营销工作是很难取得成功的。

2. 寻求客户

保险人员营销的过程不仅是不断满足现有投保人需求的过程,更重要的是不断寻求新的客户来挖掘并满足其需求的过程。寻求准投保人是保险营销工作的基础,"寻"就是要找到潜在投保人使其成为准保户,"求"就是通过拜访准保户以求成交,使其变为现实投保人。开拓准保户的方法一般有陌生拜访法、缘故开拓法、推荐介绍法等。

3. 接近客户

通过寻求客户确定目标,下一步就是如何接近这些准保户。接近客户是营销成功的第一步,营销员经过一定的专业培训,掌握了一定的专业知识及技巧以后,就要跨入市场接触客户了。接近客户的主要目的是让客户接受你,激发起客户的兴趣,寻找机会与客户约定进一步的正式面谈。

4. 销售晤谈

销售晤谈是与准保户进行面对面的商谈,这种晤谈是销售过程中非常重要且异常艰辛的阶段,而且可能要反复多次。通过销售晤谈营销员可以向客户详细介绍寿险产品,帮助客户全面而正确地分析其寿险需求点,与客户建立良好的关系,激发客户的寿险需求和购买欲望,并最终取得客户的信赖,为其做出销售建议与计划。

5. 促成签约

经过一系列的营销努力之后,营销员在条件成熟的情况下可以建议和引导客户投保,即促成签约。促成签约是最紧张、最刺激、最关键的环节,也是最令人兴奋的时刻。这表明营销员通过有效的面谈使客户接受了销售建议与计划,做出了购买的决定,销售工作获得了圆满的成功。

6. 售后服务

人身保险是一种长期的服务性商品,它为客户提供的是长久的生活保障,因此,销售签约完成之后并非意味着营销工作的结束,而是营销服务的真正开始,接下来的售后服务环节则更为重要。营销员通过各种售后服务工作可以使客户真切地感受到购买保险的好处与实惠,使寿险公司树立起良好的企业形象。

(二) 团体寿险营销流程

团体寿险营销与个人寿险营销有很大的不同,但其营销流程与个人寿险的营销流程差别并不是很大,也需要从寻求客户开始到促成签约,并提供售后服务的全过程。因为团体寿险营销对象不同于个人寿险营销,它面对的不是个人而是各种企事业团体,所以在寻求到准客户之后,必须找准客户关键决策人员,结合客户需求和客户团体的特征开展专业化营销。

三、寿险营销队伍的管理与考核

(一) 招聘和挑选营销人员

1. 招聘原则

保险公司在招聘保险营销员时,必须遵循以下三个原则。

(1) 能力优先的原则。在众多的应试者中,应首先考虑和选拔那些在开拓能力、交际能力、理解能力、沟通能力、表达能力等方面表现较为突出的人员。

(2) 人品至上的原则。在各种能力突出的前提下,应对应试者的价值观、道德修养、对事物的认识及态度等进行考察,以保证所招聘的人员品行正、作风好、工作踏实。

(3) 量才适用的原则。按实际工作的需要,选择不同类型的人,用其专长,充分发挥每个人的能力。

2. 招聘方法

一般来说,保险公司在招聘人员方面所采用的方法大致有公开招聘、相关人员推荐、上级安排和自荐等。

3. 招聘及选拔步骤

保险公司在招聘保险营销员时,大致分为八个步骤:①产生人员需求;②人事部门根据需求组织实施招聘工作;③发布招聘信息及广告或推荐方法;④筛选测试与面谈;⑤对录用人员进行岗前培训;⑥进行试用期考察;⑦试用期满进行任职考察;⑧人员考察合格,正式聘用。

4. 选择营销队伍应考虑的因素

保险公司在选择营销队伍时,应主要考虑以下四个方面的因素。

(1) 市场需求的类型与特点。这决定了保险公司所要选择营销队伍的规模和结构。如果在一定时期内,投保人的需求具有同质性,则可以将营销队伍控制在一定的规模内;反之,则应适当扩大规模。

(2) 业务性质与范围。如果保险经营者的业务性质较为明确,且经营范围较为集中,则可选择少而精的营销队伍。

(3) 企业经营实力。能否对营销队伍的规模进行合理控制,并实施有效的监督与管理,主要取决于保险经营者的经营实力。

(4) 竞争状况。保险企业应根据市场竞争状况选择规模适中的营销队伍。

(二) 培训营销人员

从一定意义上说,保险营销员是保险公司的"形象大使",是保险公司服务与形象的体现。因此,加强对营销员的培训,提高其素质和修养关系着保险企业的发展。

1. 培训类型

保险公司对营销员的培训类型基本有两种:保险企业内部培训与外部培训。内部培训主要包括对保险公司的基本概况、经营理念、组织结构、业务流程、营销技巧以及企业文化等项目的培训。外部培训主要包括对营销员的知识结构、道德修养、综合能力等的培训。

2. 培训方式

保险公司对营销员的培训的方式可以采用在职培训、在岗培训和脱产培训等。在职培训可以通过到相关学校、国家进修学习、考察等方式进行。在岗培训可以通过邀请保险及相关方面的专家举办各种讲座、短期培训班或相关人士座谈会等形式提高营销人员的业务水平与实战能力。脱产培训主要是对那些需要系统学习和掌握相关知识、技能的人员进行全脱产或半脱产式的培训,使他们能在一个较为完整和充裕的时间内掌握相关知识和技能。

3. 建立健全培训机制

保险公司建立健全培训机制关键要做到以下四点。

(1) 提高培训的规划性和系统性,将培训目标从提高实际操作转移到提高整体素质上。

(2) 在培训体系中要体现出专业性和灵活性的特点,既要在培训中导入专业和规范要求,又要面对市场,注重实际效果。

(3) 培训机制应引进效果评价体系,及时发现问题并采取纠正措施。

(4) 强化职业道德教育,将行业观念、事业观念贯穿于培训之中。

(三) 激励营销人员

激励制度是保险公司为拓展业务所经常使用的挖掘、刺激营销员潜力的一种制度,主要有两种方式:一种是物质刺激,即通过开展业务竞赛、建立晋升制度、给予物质奖励等方法来实现业务目标;另一种是精神激励,即通过关怀激励法、榜样激励法、荣誉激励法等方法来达到目标。

(四) 考评营销人员

寿险公司通常要建立起一套较为系统的考核办法来评价每个营销员和不同层次的营销队伍。

考核营销员的具体指标包括新增保费件数达成率、新增保费金额达成率、增员率、客户拜访率、客户回访率、续期保费达成率、客户投诉率等。

考核营销队伍的具体指标包括:人员定着率、举绩率、实动率、团队增员率、团队保费达成率等。其计算公式如下:

人员定着率＝实际人数÷[(月初人数＋月末人数)÷2]

举绩率＝实际出单人数÷营销团队总人数

实动率＝保费在某标准金额以上的出单人数÷营销团队总人数

本 章 小 结

(1) 人身保险市场营销是经营人身保险业务的保险公司为实现其经营目标,满足人们对人身风险保障的需求,依据市场环境、利用各种营销技术和策略与保险营销对象进行沟通并达到说服保险营销对象投保保险的目的的运作过程。

(2) 人身保险市场营销活动离不开其所处的环境。人身保险市场营销环境是由宏观环境和微观环境构成,它们相互作用、相互制约。从本质上来说,宏观环境是不可控的,而企业内部因素则可以控制。

(3) 人身保险营销渠道随着经济社会的发展、科学技术的进步而不断发展创新,传统渠道日益丰富,互联网保险等新型渠道潜力巨大,创造了许多新的业务增长点,也为广大的消费者带来更多的服务和选择。传统渠道与新型渠道的协同发展适应了保险公司在不同阶段、针对不同目标市场开拓的实际需要。

(4) 寿险营销体制对保险供给主体和人身保险的市场营销活动以及整个保险业的稳健发展都有着重大而深远的影响。自1992年友邦保险公司把个人代理制引入中国以来,个人营销员已成为国内寿险营销的主要渠道。目前的寿险营销已经形成个人保险业务以个人代理人为主导,团体保险业务以业务员直销和兼业代理为主导的营销体制。但随着我国寿险市场的发展,现有营销体制也暴露出一定的问题,需要不断改革创新。

关键概念索引

市场营销　人身保险市场营销　人身保险市场营销环境　直销渠道　门店销售
电话营销　保险代理人　专业代理人　兼业代理人　个人代理人　保险营销员
保险经纪人　银行保险　互联网保险　寿险营销体制

复 习 思 考 题

1. 请分析说明人身保险市场营销的定义和特征。

2. 试分析人身保险市场营销环境的构成。

3. 举例说明人身保险传统营销渠道的特点。

4. 请根据我国互联网保险发展的历程，试分析未来互联网保险的发展趋势。

5. 试分析如何对我国现行的寿险营销体制进行改革。

第十一章　人身保险业务管理

本章要点

- 人身保险核保、承保、理赔的概念
- 人身保险核保、承保、理赔的程序和内容
- 人身保险欺诈的形式
- 人身保险保全的内容

思政目标

(1) 教育学生在核保、理赔时坚持实事求是、公正合理的原则。

(2) 教育学生严格按照法律和合同的规定确定承保条件和理赔金额，坚持法治观念和精神。

(3) 介绍当前保险科技的最新发展趋势，剖析保险科技的典型案例，以开阔学生的视野，培养学生的创新思维。

> 在保险公司的人身保险业务管理过程中，核保、理赔和保全是核心环节。核保的本质是保险公司依据一定的标准对保险标的进行评估和筛选的过程，是一个风险选择的过程，是保险公司控制业务风险的第一关。核保工作直接影响保险公司业务质量的高低和盈利的多少，是保险企业防范经营风险的第一关，也是最重要的一关。理赔是登记立案、单证审核、现场勘察、责任审核和赔付计算的过程，具体体现为保险合同的履行。保全是保险公司根据投保人或被保险人的要求对保险合同的有关内容进行变更或补全的过程，其目的就是在未来保证保险合同的完整性和有效性。从风险控制角度来讲，保全是对承保后保险标的的风险在理赔前进行管理的过程。

第一节 人身保险核保与承保

在人身保险经营过程中，为了实现收益安全，维护公平、合理的原则，保险公司不仅需要拥有大量的被保险人群体，同时还需要对被保险人群体存在的风险种类、程度有相当的认识，对风险所在及风险大小做出正确的评估和分类，以符合风险被最佳分散的需要，并收取合理的费率。

一、人身保险核保概述

（一）人身保险核保的概念

核保又称风险选择或风险评估，是指保险公司对被保险人风险的性质、程度进行分类和评估，并根据核保原则，做出接受或者拒绝承保的决定。核保是保险公司在承保前，根据被保险人的死亡、伤残概率决定其风险程度，并据此确认公平保费的过程。若被保险人的风险程度超过保险公司的承保条件范围，则风险程度过高，保险公司予以拒保。

人身保险核保的目的在于有效地控制承保合同质量，使公司承保合同中保险事故实际发生率维持在精算预定的范围内。人身保险经营的原理是根据以往被保险人死亡、伤残程度等数据编制费率表来确定费率，是互助共济制度的体现。如果有身体健康状况不良，或者从事危险职业的人以相同的保险费率投保，那么对多数健康状况良好的被保险人来说就有失公平，同时也增加了保险公司的赔款，影响了保险公司的经济效益。所以，保险公司必须对这些死亡率和残疾率比预期高的被保险人收取较高的保费或拒保，而不能按照正常的标准件承保。

（二）人身保险核保的基本原理

人身保险核保产生的理论基础来源于风险的同质性和公平合理经营的原则。不同的保险公司都有其自己的核保原则，但基本原理都是一致的。这些原理之间有时是不一致甚至相互排斥的，很难在各个方面获得完全一致的做法。保险公司通过考虑这些基本原理，综合分析各方面的因素，权衡得失，最终形成一套完整的核保标准。

常见的承保危险分为两大类别，即标准身体组和次健体组。标准身体组就是那些被称为正常的，可以按照标准费率核保的人群，应达到投保人的绝大部分，这是核保最一般的原理。过多的危险选择和烦琐的手续往往导致过多的拒保和单独厘定费率的情况，必然影响营销队伍的行销积极性，加大经营成本，甚至损害公司形象。实践中虽然无法做到预期死亡率与实际情况完全相同，但总体来说，标准危险的基础越广泛，标准身体组的死亡率或伤残率越稳定。当然这要受到公平性、竞争性等因素一定程度的限制。对于次健体的归类和相应费率的制定是保险公司的一项重要工作，其目的首先是尽量减少死亡率和伤残率的过度分类，达到与公司经营管理成本之间的平衡，其次是避免竞争中的劣势并保持客户之间的公平。显然，公司的业务量、市场的营销目标、保单形式、经营策略以及同业的其他做法都是决定是否核保次健体和进行费率分类时所必须考虑的因素。同时，以往的经营经验是关键之所在。

（三）人身保险核保的意义

核保最主要的出发点就是使投保的客户能享有公平、合理的保险费率。在日益激烈的市场竞争中，人身保险的核保显得尤为重要。

首先，它有利于维护公平、合理的保险经营原则，具体体现在依危险程度的大小交付相应的保费。由于被保险人的身体状况、生活环境及职业不同，他们的寿命、患病率及意外事故的发生率亦不相同，即表现为他们获得理赔的概率不同，对于保险公司来说，其所承担的风险大小不同。故保险人必须将被保险人按危险程度加以分类，依据风险大小收取相应的保费，使得风险高的被保险人多交纳保费，风险低的被保险人按较低的标准交纳保费，风险太高者则予以拒保。如果风险大小不同的被保险人交纳相同的保费，而获得的理赔不同，也就是同等的保费没得到同等的风险保障，这样做的结果显然违反公平、合理的保险经营原则。

其次，它有利于维护保险公司经营的安全性。保费的收取是保险公司的资金来源，保险金的给付是保险公司支出的主要内容之一，如果没有良好的核保，不良的理赔案件就会频频发生。保险公司的支出大增，势必给公司的稳定经营带来困难。因此，对保险申请进行核保是必不可少的。

二、人身保险核保的风险因素

人身保险的风险因素，其实就是指有可能对死亡率和健康状况造成影响的因素。由于寿险是以死亡率为基础，健康险以健康状况为基础，所以诸多能影响死亡率和健康状况的因素在核保中就不能不予以考虑。只有在确定各种因素并综合权衡后才能最终决定承保条件，这些因素包括政治、社会、经济、环境、医学、自然以及个人因素等，可以归纳为健康风险因素、非健康风险因素和财务风险因素三大类。

（一）健康风险因素

1. 年龄

年龄是影响死亡率的首要因素，也是最重要的因素，因此，年龄段的设定，是寿险是否承保及适用何种费率的重要参考。一般情况下，人在 5 岁之前和 50 岁以后的死亡率相对要高，在这年龄段之间的死亡率则相对要低些。但即便是处于这一年龄段之间，由于年龄的不同，其死亡率仍有很大的差异。在医学上，年龄对于判断疾病的发生率、病种及预后都有一定的价值。这是因为不同的年龄段，一些常见病的发生率是截然不同的。一般来说，年幼者急性病的患病率较高，治疗效果较好；而人到中年以后则是以慢性病的患病率为高，而且治疗效果不是太理想。所以，针对不同年龄段，其险种、保额等相应地都有所不同。

2. 性别

性别是仅次于年龄需要考虑的因素。一般情况下，女性的平均预期寿命除在妊娠期间外总是要高于男性。而且，男性社会交往频繁，从事的危险性行业较女性要多，也更具冒险性，不良嗜好也多，因此，男性的意外发生率较女性要高得多。所以，在相同条件下，很多国家都采取女性低于同龄男性一定费率来计算保费。此外,不同性别对于寿险的需求也是不一样的,这主要取决于男性和女性在家庭经济来源和保障中的贡献与作用。

3. 健康状况

寿险的费率是根据人群死亡率而制定的,而一个人的健康状况对死亡率的影响是至关重要的。因此,保险公司在核保时必须考虑以下因素。首先是既往病史,即被保险人过去曾患过某种疾病或外伤。疾病的出现使死亡率可能增加,但一般而言,急性疾病在治愈以后对人的寿命基本上是没什么影响的,某些慢性疾病由于不容易治愈,其对死亡率的影响相对较大,所以在核保时这一点是不能不考虑的;其次是现有病症,即被保险人在参加保险时仍有的未被治愈的病症。在这一环节上,保险公司也要依据不同性质的病症做出不同的承保决定;最后则是被保险人的体格是否适度,血压值、心跳频率等是否正常。因为这些指标正常与否预示着种种疾病的有无或将来疾病发生的可能性等。此外,健康不仅局限于身体无病的物理状态,同时还包括健康的行为、良好的心理状态和健全的性格等,因为不健康的行为、不好的心理状态、扭曲的性格同样会导致疾病,乃至死亡。

4. 家族史

这里的家族史除了包括家族病史所涉及的家族遗传和某些疾病遗传倾向外,还包括家族平均寿命、家族背景、家族习俗的因素。由于人的生理、病理的生命现象通常受到基因的影响,尤其是家族遗传基因的影响,尽管基因对寿命长短的控制并未完全被解释清楚,但基因在其中的作用则是显而易见的,所以上一辈的平均寿命也会影响到下一代的寿命预期。但这并不表明就可以完全忽视其他诸如社会、自然等因素对疾病的影响。另外,家族的一些传统习俗,总是会导致一些特定的疾病患病率增加或减少。因此,在核保时必须区别对待,对于其中的增加或减少的疾病患病率必须综合考虑,才能做出适当的承保。

(二) 非健康风险因素

1. 职业

职业的不同,其所具有的风险程度不同,对死亡率的影响也不同。职业按其危险度可分为事故危险职业、健康危险职业、工作环境危险职业。在寿险核保时,这也是一个非常重要的因素。在了解被保险人职业时,必须清除其所从事职业的具体工作岗位、工种及工作性质,以确定其所属哪一类职业,然后再确定是否承保和费率的高低。一般的保险公司都有危险职业的最高保险金额及附加风险保费明细表,以作为核保的依据。当职业变更时,应予以重新划分职业类别,并审定新的费率。特别注意的是,某些曾长期从事危险职业的人尽管变更职业但仍需慎重考虑。

2. 习惯嗜好

在这里,嗜好主要是指一些不良的生活习惯,如吸烟、酗酒,尤其是毒品的滥用等。这些都严重危害人的身心健康,甚至增加突发死亡的可能。在现代生活中,嗜好的存在与否对死亡率的影响越来越大,这已成为核保时不能不关注的因素。

3. 环境

环境包括自然环境和社会环境。自然环境主要是指居住环境、工作环境等。社会环境则包括人际关系、周边社会状况等。环境对人的影响已是众所周知,好的环境对人的生存与发展无疑起着良好的促进作用,对降低死亡率的作用也是明显的。而恶劣的环境势必对人的身心健康造成不利影响,从而增加死亡率。所以环境也就不可避免地成为寿险核保必须考虑的因素之一。

(三) 财务风险因素

1. 经济状况

一方面从投保人来看,看他是否有足够的收入来承担保费;另一方面从受益人来看,其现有收入与将来可能的收益是否相差过于悬殊,以避免出现道德风险。核保人员在接到投保申请时,应根据其所投险种和保险金额判断是否与其年龄、职业、婚姻等尤其是经济收入相符。

2. 投保动机

投保动机顾名思义就是投保者参加保险的目的。投保动机可以从投保人、被保险人、受益人之间的保险利益关系中发现,主要考虑是否存在道德风险问题,这主要可以结合被保险人的年龄、职业、健康状况、经济状况、嗜好、以往纪录、有否隐瞒重要信息以及交费方式等方面予以考察。

3. 保费交纳方式

一般而言,保费的交纳方式是采取自愿的方式,它一般不影响保险合同的实质内容。但在实务中,保费的交纳方式仍是作为是否存在道德风险的判断依据之一。如果投保申请选择趸交的,其道德风险相对要小些,以年交的风险次之,若投保人坚持以月交方式投保高额保险,特别是在有保费豁免和意外事故加倍给付的险种中,则核保人须进一步增加调查,以弄清真实原因,再作决断,必要时甚至可以考虑拒绝该项投保申请。

三、人身保险核保程序

(一) 信息收集

为了充分考虑各项风险因素,核保人员就必须要有足够的信息资料,并从中进行筛选、分析、判断,去粗取精,去伪存真,最终得出详实、准确、可靠的评估结果,为核保的顺利完成奠定良好的基础。核保所需信息,基于上述必须考虑的风险因素,一般从以下几方面来获取。

1. 投保单

投保单是核保的第一手资料,也是最原始的风险选择记录。投保单是保险合同的重要组成部分之一,其实只是投保人向保险公司提出需要提供风险保障的申请书,是投保人及被保险人的投保意愿的书面报告。其内容涉及投保人和被保险人的基本情况,从投保单的各项填写内容可以了解投保人和被保险人一般情况,投保人、被保险人、受益人之间的关系等。核保就是要从这些信息当中来判定被保险人的风险等级,以及适用何种险种和保险费率。投保单还是保险契约的一部分,是整个核保过程中重要的法律依据。

2. 调查问卷

调查问卷主要是获得补充告知和具体的健康状况。尽管投保单上的内容涉及很广,但涉及具体的情况还不是很详细,所以必须借助调查问卷来对情况进行更深入的了解,否则将无法进行正确的危险评估。这种形式尤其适用于那些保险金额不高,保费也不多,而体检费用却又较大的情况。调查问卷一般含有疾病起病时间、病情发展情况、治疗情况、目前身体状况等内容,甚至还有些是专门为某类病例所设计的问题。调查问卷形式更能提高危险判断的准确率。

3. 体检报告

体检报告主要适用于那些保险金额巨大的投保申请,相比其他形式具有更高的科学性、客观性、准确度和直接性,在信息搜集当中也是非常重要的。被保险人一般被要求到指定的医院、医疗机构或人寿保险公司的专门体检机构进行相关项目的严格体检,以获得足够的健康资料。另外,体检还得非常注意被体检人与被保险人是否相符,谨防冒名顶替。最后,体检医师必须做出体检结论及健康状况的评价。

4. 既往病历

疾病由于某些特性,即便在一定时期内被治愈仍有可能复发,或给人留下后遗症等,因此增加了危险因素,但能彻底治愈而又不会复发或无后遗症的疾病,则对寿险评估无任何影响。对于前者,由于在当前可能无法觉察,就得靠查阅以往病历来进行了解,确定其风险程度。查阅被保险人的以往病历一般必须征得本人的同意,通过查阅病历有可能了解投保客户更多的客观情况,可以帮助核保人员提高对被保险人的健康状况和危险程度评估的准确度,尤其是那些投保人无法详尽告知的情况,更加适用这种方式。

5. 客户调查

客户调查是通过对被保险人的直接与间接的调查来获取相关资料,是获取核保资料的又一重要途径,同时也是核保的一个重要步骤。由于存在逆选择的问题,所以在承保前后对被保险人深入细致地调查仍是十分重要的。客户调查有利于保险公司控制风险,稳健经营,同时有助于提高服务质量,维护广大保户利益,提高保险公司信誉,还有助于查缺补漏,及时补救,杜绝逆选择。客户调查一般分为直接调查和间接调查,直接调查就是面对面地对客户进行查问;间接调查则是对被保险人周边的人进行查问。查问内容主要是被保险人的健康状况、经济状况等是否符合投保要求,但无论是直接调查还是间接调查,由于存在一些主观的东西,所以这一点在实践当中是必须注意的。如果在客户调查中发现问题,必须再做认真的核查,并视具体情况做出反应。

6. 财务报告

财务报告主要是针对高额保件而进行的。在我国,一般情况下,20万元以上为高额,100万元以上为巨额,最高限额为1 000万元。由于高额保件的存在势必增加潜在的公司经营风险,所以一般公司都对之采取审慎的态度。一旦有高额保件,公司必须对被保险人做出其财务报告,以切实了解其投保目的,有无续保能力,保费是否与其收入相称等。财务报告主要包括被保险人的职业、投保人和被保险人的收入主要来源、资产状况以及以往保险状况等。

(二) 人身保险核保的流程

人身保险的核保是一个非常复杂的过程,自投保人填写投保单开始到签约出单为止,一般经过下述四个阶段。

1. 销售人员核保

销售人员在整个核保过程中占最重要的地位,肩负着重要使命。因为在业务拓展过程中,销售人员直接与投保人和被保险人接触,对其情况最了解,尤其是在免体检业务中,销售人员扮演着尤为重要的角色。

在进行第一次核保时,销售人员要特别注意以下几个方面:第一,要亲自见被保险人,了解投保动机及被保险人的职业与经济能力、生活习惯与环境因素等,以排除道德风险;第二,了解被保险人的健康状况,如体形、脸色、精神状态、步态等,对不正常的状况都应注意;第三,需如实向客户解说条款,履行如实告知义务,并要求投保人、被保险人亲笔签名,不得相互代签;第四,销售人员要亲笔、完整、及时地完成报告书,如实说明风险选择的结果,为专职核保人员进行书面审核提供准确的依据;第五,检视整个投保书、投保单内容有无遗漏,投保人、被保险人、法定代理人、销售人员有无签章等。注意有无不实告知情况,声明栏是否签名等。

2. 体检医师核保

销售人员核保之后,必须对保额较高或有潜在风险因素的被保险人进行身体检查,即由体检医师对客户进行健康状况方面的检查。

体检医师在这一阶段,一是听取被保险人的告知,即被保险人对自己的年龄、职业、生活状况、病史、现有疾病等问题的介绍。在听取告知的同时,体检医师还要适当地进行询问,以加深对信息的了解程度。二是进行身体检查,即通过对被保险人的身体状况进行检查,准确掌握被保险人的健康状况。在检查当中,必须确定被检查者是否为被保险人本人,必须客观地填写体检结果,不能敷衍了事。此外,还要注意保守被保险人的秘密等。三是完成体检报告,提出核保建议。

3. 生存调查核保

由于部分被保险人对重大的告知事项有可能予以隐瞒,保险公司应对被保险人所提供的情况,如既往病史、职业、经济状况等进行核实,其主要功能是辅助核保,防止逆选择和道德风险。

核保调查首先是检查保单填写情况,看是否真实、准确、完整,以及是否签名,其次是了解被保险人的基本情况,主要包括被保险人的年龄、性别、职业、健康等状况,最后是收集被保险人的有关投保资料,看是否有拒保、骗保等情况。

4. 核保人员核保

核保人员核保是由保险公司的核保人员根据前面的各种报告书,判断是否可以承保及以何种条件承保。核保人员进行判断的资料来源于以下途径:①投保书,里面包含投保人、被保险人的基本资料,被保险人的健康、财务告知,业务员报告等;②体检报告书、被保险人告知及健康声明、医师健康检查的结果及体检医师的评估建议;③病历;④特别问卷。通过各种核保资料,核保人员主要从两大方面进行核保,即医务核保和财务核保。医务核保主要考虑的是被保险人的不健康因素对于死亡率的影响,如一般肥胖症,医生可能认为客户是健康的,无须治疗,而保险公司却要加费。又如一般的胃炎,医院要进行治疗,而保险公司却因为对死亡率不产生影响,所以正常承保。财务核保是指对投保人、被保险人的财务状况进行核实。保险的最终目的是经济补偿,即在保险事故发生时,避免投保人、受益人因为被保险人的死亡导致生活水平下降,所以核保人员会注意投保人、被保险人年收入与保险金额的倍数关系,以及所交保费与年收入的比例等。然后,核保人员会根据各种情况,将被保险人进行分类,按不同条件将其划分为标准体、次标准体、延期承保体、拒保体等。

在保险公司核保过程中,一般先由计算机系统筛选出符合条件的投保单予以承保,生成保单,再对不符合条件的保单进行人工核保,做出拒保、加费、限制保额等决定。

四、人身保险承保

(一) 人身保险承保的含义

人身保险承保是指保险人在投保人提出投保请求后,经审核认为符合承保条件,即同意接受投保人申请,承担保单规定的保险责任的行为。从严格意义上来讲,保险业务中的接洽、协商、投保、审核、配证、收取保费、建卡都属于承保工作。可见,承保是保险经营的重要环节,承保工作的好坏直接关系到保险合同能否顺利履行,关系到保险企业财务的稳定性,是衡量保险企业经营管理水平高低的一个重要标志,其基本目标是为保险公司安排一个安全和盈利的业务分布与组合。承保工作中最主要的环节为核保,核保的目的是避免风险的逆选择,实现企业有效益地发展。

(二) 人身保险承保的程序

保险公司的承保工作主要包括业务争取、承保选择、承保控制、核保结论和承保管理五方面的内容。

1. 业务争取

开展业务、扩大承保范围、增加市场份额、获得更多的盈利是商业保险公司经营的客观要求,也是发挥保险保障作用、提供社会服务的必要条件。保险费率制定的依据之一就是大数法则,其表明承保范围越大,风险就越小,保险公司的经营就越稳定。

保险公司为了获得更多的保险业务,一方面要积极开展保险宣传,另一方面要开拓广泛的营销渠道,扩大保险的影响,从而扩大投保范围,争取更多的保险业务。

2. 承保选择

承保选择是保险人在业务选择的基础上,对可承保的保险标的进一步分析、审核,确定接受承保的条件。保险人为了避免逆选择,保证保险业务的质量,必须进行相应的承保选择。

承保选择包括对人的选择和对物的选择两个方面。对人的选择是指对投保人或被保险人的选择。在人身保险业务中,投保人或被保险人的年龄、职业、体格、生活习惯、经济状况等都可能影响费率的确定,保险人必须对这些情况进行全面的了解。对物的选择是指对保险标的及保险利益的选择。人身保险标的是人的身体和生命,保险标的的风险状况、保险利益等都可能会影响承保选择。

3. 承保控制

保险人在承保选择的基础上,要加强承保控制。承保控制主要是指运用保险技术手段控制保险人的责任和风险。在实际的承保业务中,情况非常复杂,保险合同的成立可能诱发道德风险和心理风险。道德风险是指投保人或受益人故意制造保险事故,谋取赔款。心理风险是指投保人或被保险人在参加保险后产生麻痹、疏忽、松懈心理,不再小心防范所面临的风险,或发生保险事故时,不积极采取施救措施,导致损失扩大。

保险人控制道德风险的主要措施是控制保险金额、避免高额保险,规定按照实际损失赔偿、控制补偿程度。控制心理风险的主要措施包括责任控制、规定免赔额、续保优惠等。此外,保险人还在保险条款中明确规定了投保人和被保险人的权利和义务,以加强承保控制。

4. 核保结论

保险核保人员通过收集有关信息资料,并对这些信息进行风险衡量和选择之后,做出核保结论。核保结论包括正常承保、条件承保和拒绝承保三种。保险公司对风险状况符合标准的保险标的按正常费率加以承保,并出具保单;对风险状况不符合标准的,存在超额风险的保险标的,按照其超额风险的具体情况,分别采取限制责任、限制保额、加收保费等方式加以承保,并出具保单;对风险程度非常高、明显低于承保标准的,应拒绝承保。

5. 承保管理

承保管理是保险人对保险合同订立过程中的管理。投保单是保险合同的重要组成部分,也是必不可少的原始单证,保险人必须对投保单进行审核,审核后出具保单,再由复核人员进行复核、登记,并把投保单、保单、批单等装订成册,由专人保管,以备日后查找。

第二节 人身保险理赔

人身保险是以人的生命与身体为保险标的的,如果被保险人在保险期限内死亡、伤残或发生其他约定保险事故,则可通过理赔领取保险金。保户购买保险的目的在于风险发生以后能及时获得补偿,得到迅速理赔的服务,因此,保险理赔成为人们所关心的保险公司诚信服务的关键,对理赔环节进行得当的处理对保险公司继续保险经营有积极的意义。

一、人身保险理赔概述

(一) 人身保险理赔的概念

人身保险理赔是指应投保方给付保险金的请求,保险人以法律规定和人身保险合同为依据,审核认定保险责任并进行保险金给付的行为。按照实务惯例,满期给付和生存给付属于"寿险保全"的范畴,因此,通常意义上人身保险理赔包括身故、残疾、意外伤害医疗、疾病住院医疗及重大疾病等保险金的给付,不包括满期给付和生存给付。承担保险金给付责任是人身保险合同中规定的保险人的最基本的义务,也是投保人实现实际的保险保障和自身保险权益的途径。

在人身保险理赔过程中,由于保险标的是人的身体和生命,如果被保险人在保险有效期内发生保险事故而受到伤害,保险公司就要承担理赔责任。寿险主要是以被保险人的生存或死亡为给付条件的险种,该类险种的保险责任一般较为简单,只需被保险人或受益人提供相应的索赔单证,保险公司便可以将给付金给予受益人。在健康险的理赔过程中,保险公司与医院的合作最为关键。由于各保险公司的健康险有一定的差别,不同的医院对疾病或意外的认定不同,以及保险公司与投保人保险知识的不对称,因而容易导致责任认定纠纷,故健康险是理赔纠纷发生最频繁的一类险种。一般情况下,医疗保险报销因意外或疾病治疗而产生的医疗费用适用损失补偿原则,而大多数人身保险采用保险金给付方式,不适用损失补偿原则。

同时,理赔是上一个保险经营活动的终点,又是下一个保险经营活动的起点,是检验承保质量的重要环节,是保险公司形象的具体体现,人身保险理赔质量的高低关系到人身保险公司的声誉和今后公司业务的发展。人身保险理赔充分体现了人身保险的作用,是人身保险补偿功能的具体体现。只有人身保险理赔工作做得好,人身保险的作用才能有效发挥。

(二) 人身保险理赔的原则

人身保险公司在理赔工作中,为确保理赔质量,防止和控制理赔工作的错赔、乱赔、滥赔的现象,提高人身保险公司的信誉,应严格遵循以下几项理赔基本原则。

1. 重合同、守信用

重合同、守信用是人身保险理赔的总则。任何经济合同本身都要求合同当事人双方重合同、守信用。人身保险合同作为一种建立在最大诚信原则基础上的特殊的民事合同,是保险人履行义务、承担给付责任的重要依据,对合同双方都具有法律的约束力,因此人身保险合同理赔尤其要严格遵守重合同、守信用的原则。在人身保险营销活动中,保险人履行保险金给付义务相对滞后,也就是作为人身保险公司来说是先享受收取保费权利,在保险事故发生时才履行给付保险金的义务,这样对于人身保险的销售来说,购买保险产品的投保人实质上只是获取了保险人的商业信用。因此,保险人信用直接关系着未来保险拓展的空间。维护人身保险公司的信用是保险活动的重要环节,如果保险人未能重合同、守信用地进行理赔给付,人身保险公司的信誉必然受到损害。所以在人身保险理赔中,保险人一定要遵守重合同、守信用的原则,努力提高社会对保险人的信赖程度,维护保险人的声誉和市场竞争地位,为保险公司的长远发展拓展空间。

2. 实事求是

由于人身保险所承保的责任涵盖了人生历程中几乎所能遭遇的各种风险,从疾病到死亡,这也带来了承保客观风险的多样性和复杂性,使得被保险人的索赔请求也各不相同。即使对同一保险标的发生的同一风险事故,由于人们所处立场不同,也难免有不同的理解。对保险条款的理解,保险双方也会经常发生分歧。被保险人索赔时可能夸大或忽视了自己索赔权利的运用。保险人作为专职风险事故处理专家,必然对损失原因的辨明以及保险条款的理解存在一定的信息优势。为了维护公平的保险保障制度,要求保险人按照实事求是的原则,耐心做好理赔工作,对保险事故造成的损失,严格按照承保条款办事,针对不同的风险事故具体问题具体分析,灵活合理地对保险事故进行理赔。

3. 主动、迅速、准确、合理

这是人身保险理赔工作应遵循的"八字方针",也是衡量理赔质量的重要标准。"主动、迅速",要求理赔人员在处理理赔案件时要积极主动,及时出现在事故现场,主动了解事故情况,及时进行保险金的给付,减少拖延理赔案件的发生,提高保险公司声誉。"准确、合理",要求理赔人员在审核理赔案件的时候要分清责任,合理评估,准确地计算核定理赔金额,减少错赔、滥赔现象的发生,严格公正地处理每一起理赔案件。

(三) 人身保险理赔的内容

人身保险理赔主要包括以下内容。

(1) 通常意义上的身故、残疾、重大疾病、意外伤害医疗、住院医疗及重大疾病保险等的保险金给付。

(2) 因发生保险事故而返还保费。

(3) 因适用责任免除条款而退还保单现金价值。

(4) 因解除保险合同而退还保费。

(5) 豁免保费。

三、人身保险理赔程序

从人身保险事故发生到保险人做出理赔决策,需要经过一系列的工作处理过程,为了保证人身保险理赔工作的质量,必须遵循一定的理赔程序。人身保险的理赔工作根据不同险种和保险事故的不同而存在一定的差异,通常包括登记立案、单证审核、现场勘察、责任审核和赔付计算等环节。

(一) 登记立案

当被保险人发生保险事故时,被保险人或受益人有义务将事故发生的时间、地点、原因、出险人姓名、身份信息、保险合同号、险种类型、联系方式等相关情况及时地通知人身保险公司。《保险法》明确规定,投保人、被保险人或者受益人知道保险事故发生后,应当及时通知保险人。可见,当发生人身保险的保险事故时尽快发出出险通知是被保险人一项应尽的义务。

被保险人应该按照所投险种的具体规定在限定的时间内报案,及时到指定的理赔部门或机构填写《人身保险保险金给付申请书》。《保险法》明确规定,人寿保险以外的其他保险的被保险人或者受益人,对保险人请求赔偿或者给付保险金的权利,自其知道或者应当知道保险事故发生之日起 2 年不行使而消灭;人寿保险的被保险人或者受益人对保险人请求给付保险金的权利,自其知道或者应当知道保险事故发生之日起 5 年不行使而消灭。

作为人身保险的理赔部门,在收到客户的索赔请求后,应该按照固定的程序对索赔事故进行登记,及时填写《出险登记簿》,对相关事件进行记录。记录的内容主要包括:报案时间、被保险人姓名、保单名称及号码,事故发生时间、地点等情况,及时抄录相关保单、批单副本,并在抄录单上注明抄单日期,确认签名,以确保保险事故能顺利地进入理赔处理过程,实现保险事故的登记立案。

能够进入理赔程序的保险事故,其在登记立案的时候就要符合一定的条件。首先,出险人必须是人身保险合同承保的被保险人;其次,申请理赔所发生的风险事故必须是在人身保险承保责任范围内的风险事故,同时也要在限定的时限内提出理赔请求,而且要提供完备的理赔请求材料才能得以登记立案。

人身保险的理赔部门在登记立案的过程中,要对索赔人提出的索赔请求,按照相应的保险合同号码编制理赔序号,并受理索赔申请人提交的《人身保险理赔申请书》,以及确认《理赔资料交接凭证》材料,确保申请理赔的资料的完整。

在实际业务中,被保险人一般先以口头或电话形式向保险人发出通知,然后再补以书面通知。被保险人发出出险通知标志着保险人理赔活动的开始,它是理赔活动的第一个环节。

(二) 单证审核

单证审核是指人身保险公司理赔人员审核人身保险事故及保险责任的行为过程。在理赔申请人向人身保险公司提起理赔请求时,有义务提供与理赔相关的单证材料。这些材料主要包括:保单或者批单以及其他的保险凭证,附加险要提供主险的保单,团体保险要提供所在团体的投保证明;交纳保费的证明材料;保险事故的相关材料,如当被保险人由保险事故导致死亡的,由保险公司认可机构提供的死亡证明及户口注销证明;当造成被保险人健康损害的,提供保险公司认可的医疗机构的伤残证明、医疗诊治证明、医疗费用收据;被保险人及受益人、继承人的身份证明材料以及相应的委托证明材料等。

出于风险防范的目的,人身保险公司在接到被保险人或受益人的索赔申请单证以后,保险内勤人员要立即进行单证的审核,以决定是否理赔。理赔部门的审核通常也分几个等级,每个等级的理赔审核人员具有不同的审核权限,在其相应的审核范围内对理赔事故进行核赔。

 专栏 11-1

理赔单证审核内容

单证审核主要审理的内容包括以下四点。

1. 审核申请人所提交的保险合同、申请书等单证资料的真实性和有效性,即审核损失发生的日期是否在保险合同的有效期内,以及保险事故发生的时候人身保险合同是否在保险合同的中止期。

2. 审核申请人所提交的相关材料是否完整,检查提交的材料是否为理赔需要的材料,所出具的死亡、伤残、疾病等证明是否真实,以及提交的材料是否具有理赔认可的法律效力,是否是定点或认可的医院证明,是否具有相应的印章等内容。

3. 审核申请人在索赔时与被保险人的关系,受到损害的是否为被保险人,以及投保时是否对保险标的具有保险利益,被保险人的年龄、身体状况等内容。

　　4. 审核申请人提交的材料以及理赔事故是否有现场勘查的必要,即人身保险理赔人员根据申请的单证判断是否需要现场勘查。在初步确定赔偿责任后,保险公司根据损失核对保单副本与出险通知单,并编制理赔调查通知书,提出调查内容及要点,为现场勘查做准备。

(三) 现场勘查

　　现场勘查是理赔人员根据理赔调查书的相关内容,提前做好准备,并与被保险人取得联系,采取包括走访、现场调查、委托调查等方法在内的一系列手段进行现场调查,客观、合理、公正地给出现场勘查结果。现场勘查是掌握保险事故出险情况和正确处理理赔案件的有效手段,能够有效地保证理赔工作的真实、准确,减少骗赔、误赔、错赔事件发生的可能。

 专栏 11-2

现场勘查的主要内容

　　现场勘查的主要内容包括以下四点。

　　1. 现场勘查确认保险事故发生的时间和地点。对于保险事故发生时间的调查确认,可以有效地保证事故发生在保险责任期限之内;对于保险事故发生地点的调查确认,包括对出险地点的拍照、对现场概况的考察以及具体的人员伤亡核实,有利于确认保险事故的责任范围。

　　2. 现场勘查和核实保险事故发生的原因,也是对于保险事故责任的进一步确认。

　　3. 现场勘查被保险人的年龄、姓名、受到伤害的程度和进行医学治疗的过程,核实被保险人的损害程度和范围以及支出的相关费用情况。

　　4. 为了获得保险事故的举证材料,保险理赔人员在现场勘查过程中还要取得有关行政部门如公安局出具的事故证明材料。

　　现场勘查是明确理赔责任的重要方法,但对于人身保险来说,并不是每个人身保险理赔案件都需要进行现场调查。对于单证完备、保险责任明确且给付金额较少的理赔申请,大多不需要进行现场勘查就可以进入责任审核程序,这也提高了人身保险公司的理赔效率。但对于较为特殊的人身理赔请求,则要进行现场勘查,以减少保险欺诈行为的发生。根据现场勘查和现场记录,保险理赔人员要及时地做出保险事故的勘查报告或检验报告。现场勘查的报告要保证真实、准确,有据可循,并应该附加相关的证明材料,注明详细的立案编号、被保险人相关信息、现场勘查的时间、勘查地点、保险事故的原因、费用的支出以及其他通过现场勘查获取的材料,同时及时提交报告,从而为进一步责任审核提供第一手资料和理赔依据。

（四）责任审核

责任审核是保险人在现场勘查后,根据单证的审核以及对现场的勘查报告,最终审核保险事故的性质,以确定保险赔偿责任的行为过程。如果损失属于保险责任范围内的,就要确定保险人的保险赔偿责任和赔偿范围;如果损失不属于保险责任,保险人必须向被保险人或受益人发出拒绝赔偿或给付保险金的书面通知。如果涉及第三者责任,还必须分清责任大小。

保险人承担赔偿责任是以保险合同规定的被保险人的义务为前提条件的。如果被保险人没有履行保单规定的义务,保险人可以拒绝赔付。

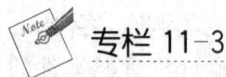 专栏 11-3

理赔责任审核内容

责任审核内容主要包括以下三点。

1. 审核人身保险合同是否是合法的和有效的。在签订人身保险合同的时候,要秉持最大诚信原则,保证合同的合法有效。在进行责任审核的时候,主要审核是否存在违反最大诚信原则的不实告知,是否存在保险欺诈的事实。如果发现违反保险合同最大诚信原则行为的,且足以影响投保人做出承保决策的,保险人有权撤销对保险事故的责任负担,但对于存在不可抗辩条款的保险事故例外,一般的可抗辩期为两年。

2. 审核投保人或被保险人是否遵循保险合同的要求行事。审核人身保险理赔请求是否遵循了合同的要求,也就是审核投保人或被保险人是否存在违背保险合同的欺诈行为。对于保险合同中规定投保人或被保险人应当遵循的事项遭到违背时,保险公司可以拒赔。

3. 审核申请人提请的理赔事故是否是由保险责任范围内的风险造成的事故。在人身保险中,在审核导致人的生命或身体遭受损害是否是所承保风险引起时,需要审核保险合同的具体条款以及批单的内容,从而区分保险责任和除外责任,确定造成伤害的风险是否属于承保范围内的风险。

经过了责任的审核以及各方面的核查、勘查和论证后,对于不属于保险责任的理赔申请,理赔部门最终作出拒赔的决定,并由相关理赔人员填写并提交拒赔报告书,报上级主管部门审批后,向申请人发出拒赔通知书。

（五）赔付计算

人身保险公司理赔人员通过责任审定确定保险赔偿责任和赔偿范围,并根据被保险人的保险金额和保险人的承保条件决定赔偿方式,然后按照确定的赔偿方式履行保险金的给付义务。

由于人的生命或身体是无价的,不能简单地用金钱衡量,在通常情况下,人身保险的给付金额是合同事前约定好的数额,一旦发生保险事故,就按照事前约定好的保险金额进行给付。但是针对一些特殊情况(见专栏 11-4),要扣除或退还相应的保险费用。

 专栏 11-4

理赔中特殊情况的处理

在人身保险理赔中,其特殊情况及处理规定如下。

1. 如果存在自动垫交保费的情况,给付的人身保险金的数额应该是扣除了垫交保费的本金和利息的金额。

2. 如果是在人身保险合同的宽限期内发生保险事故,给付的人身保险金的数额应该是扣除了应交保费后的金额。

3. 当发生保险事故的时候,保单存在质押贷款的情形时,保险金的给付金额应该是扣除了贷款本利和后的金额。

4. 当发生保险事故时,存在预付的理赔款项时,保险金的给付金额应该是扣除了预付赔款后的金额。

5. 当发生保险事故时,发现被保险人年龄存在误报,从而导致实交保费少于应交保费数额的,理赔只能调整给付金额,按照一定的比率给付保险金;对于超过应交保费的部分,也应该按照实际情况计算,给予退还。

6. 对于存在多次保险事故发生的情况,其实际的保险金给付金额可以分次予以给付,但合计总额不能超过保险金额。

在相应的赔付计算完成以后应该及时编制报告书,以此作为理赔金额的依据,并保证相应理赔工作及时进行,对符合条件的理赔事故,应该在与被保险人或受益人达成协议后的十日内履行保险金的给付义务。一些保险责任复杂一时难以判定的赔案,在《保险法》中也给予了规定:"保险人自收到赔偿或者给付保险金的请求和有关证明、资料之日起六十日内,对其赔偿或者给付保险金的数额不能确定的,应当根据已有证明和资料可以确定的最低数额先予支付;保险人最终确定赔偿或者给付保险金的数额后,应当支付相应的差额。"倘若双方各持己见,经保险公估行调解无效的,需要通过法律程序递交法院或仲裁机构,仲裁结果对于双方都有约束力,最后依照判决或裁决的结果进行理赔。

四、人身保险的欺诈及防范

保险欺诈,是指投保人、被保险人或受益人以骗取保险金为目的,以虚构保险标的、编造保险事故或保险事故发生原因、夸大损失程度、故意制造保险事故等手段,致使保险人陷于错误认识而向其支付保险金的行为。保险欺诈不仅有悖于保险的经营原则——最大诚信原则,威胁保险事业的生存和发展,同时也损害了保险企业和广大被保险人的利益,有的恶性欺诈犯罪行为直接威胁着人民群众生命的安全。

(一) 人身保险欺诈的表现形式

目前,人身保险欺诈的主要表现为六种形式:①违反告知义务,投保人没有如实告知被保险人投保前的身体状况,在已经患病的情况下购买保险,在合同生效后进行理赔,要求给付保险金。这是人寿保险欺诈最常见的表现形式,多发于健康险中。②未发生保险事故,谎称发生保险事故,骗取保险金。例如,被保险人购买保险以后,没有生病住院,却跟医生合作办理住院手续,提供虚假材料。③先出险后投保,出伪证故意骗取保险金,常见于人身意外伤害保险中。这种欺诈活动实际上是利用时间差,将投保前发生的伤害事故伪造成投保后发生的保险事故,达到骗取保险金的目的。④冒名顶替骗取保险金,我国目前的医疗体系不够健全,医院方面的管理不够规范,有时还很难发现冒名者。因此,这类欺诈在医疗险中较常见。⑤病故冒充意外事故致死。因为意外险有高保额、低保费的特性,意外给付责任也相对较高,一些被保险人病故或者自杀后,受益人通过获得证明文件,将其伪造成意外死亡骗取意外保险金的赔偿。⑥故意造成被保险人死亡、伤残或者疾病等保险事故,骗取保险金。

此外,人身保险欺诈的另一表现形式是针对保险公司工作人员(保险代理人、保险经纪人等保险中介人)而言的,其欺诈行为表现为欺骗投保人、被保险人或者受益人,或者拒不履行保险合同约定的赔偿及给付保险金的义务,或者阻碍投保人履行如实告知义务、不履行自己的告知义务,或者承诺给予投保人、被保险人或受益人非法的保费回扣等。

(二) 人身保险欺诈的防范

针对人身保险欺诈的表现形式,保险监管部门以及相关的行政部门修改了一些政策法规,以防范保险欺诈。

(1) 对保险工作人员加强管理。银保监会及各地银保监局要求各个公司业务人员在展业过程中要出示投保提示,把投保人事先要了解的事情写进投保单中并让投保人签字。同时,要求保险公司对保险代理人的每一笔展业行为进行回访,并且录音,确认投保人是否了解了投保时应该了解的相关内容。银保监会及各地银保监局还依法加大了检查和处罚的力度,对处罚的情况定期对外进行信息披露,对检查出来的问题,第二年会继续追踪检查。此外,银保监会还出台了相关的管理规定,着力于提高保险代理人业务水平,加强对保险代理人员的诚信以及职业道德等方面的培训,要求他们必须持证展业。

(2) 建立信息平台,防范投保人、被保险人以及保险合同受益人的欺诈行为。银保监会要求各个保险机构建立信息平台,加大保险机构之间信息交流的力度,从中发现欺诈的蛛丝马迹,及时防范发生保险欺诈的风险。

(3) 加强监管合作。公安部以及各地公安局内部已经设立了反保险欺诈部门,专职从事反保险欺诈工作。

在防范代理人销售误导方面,投保人要注意以下几方面问题:第一,要详细阅读保险产品说明书;第二,要注意阅读产品宣传材料中的注释说明部分;第三,要注意阅读投保提示;第四,要认真阅读保险合同。如果消费者有不明白的地方要及时询问营销员,或者拨打保险公司的客服电话。

第三节　人身保险客户服务

一、人身保险客户服务概述

保险属于特殊服务行业,它较一般的商品服务性更强。保险客户服务是指保险人在与现有客户及潜在客户接触的过程中,通过畅通、有效的服务渠道,为客户提供产品信息、品质保证、合同义务履行、客户保全、纠纷处理等项目的服务及基于客户的特殊要求和对客户的特别关注而提供的附加服务。这是一种现代服务观念,它与传统服务的最大区别在于其呈现出明显的外延扩张性。传统观念认为,保险公司的服务集中体现为经济赔偿与给付,只要对客户履行了赔付的保险责任,也就意味着为其提供了良好的服务。现代服务观念则认为,保险服务远不局限于此,围绕经济赔偿与给付这一核心所进行的扩散性服务,均在保险公司的服务范畴之内。

人身客户服务可归结为三类,即售前服务、售中服务和售后服务。售前服务包括为潜在的消费者提供各种有关保险产品的信息、资讯及咨询服务,免费举办讲座,协助客户进行风险规划,为客户量身设计保险等服务。售中服务即在保险买卖过程中为客户提供的服务,包括协助投保人填投保单、准确解释保险条款、带客户体检、送达保单、为客户办理自动交费手续等。售后服务即客户签单后为客户提供的一系列服务,包括免费咨询热线、客户回访、生存金给付、保险赔付、投诉处理、保全服务等。本节主要介绍保全服务。

二、保全服务

保险公司为了满足客户不断变化的需求,以维持人身保险保单的持续有效,就必须提供各种服务,即通常所说的售后服务。客户购买保险之后,身体情况的变化、经济状况的变化等许多因素都会导致客户投保意愿的改变,或客观上需要更改保单内容。因此,保险公司的保全服务是基于合同条款约定及客户的申请提供的服务。广义保全服务的内容是前提服务、核心服务、基本服务、附加服务等保险公司为已经生效的人身保险保单提供的所有服务内容。狭义保全服务的内容仅包括非理赔核心服务(给付)和基本服务。

前提服务是指保险公司提供的续期收费服务;核心服务是指保险公司提供的理赔和给付服务;基本服务是指保险公司对保单提供的变更类、退保类、管理服务类服务;附加服务是指保险公司提供的咨询申诉、热线电话、电子商务等服务。

(一) 保全服务产生的必然性

1. 人寿保险长期性的特点是契约保全存在的前提

由于人寿保险大部分期限很长,在保险有效期限内,投保人可能由于种种原因,需要变更或修改保单等方面的内容,因此必然需要保全服务的存在。

2. 人寿保险的储蓄性是保全存在的另一重要原因

寿险业的储蓄性,一方面是由险种本身的特征决定的,另一方面也是由长期业务性质决定的。保户分期交纳保费,保险人按复利计算,体现了储蓄性,分期交费也是保全服务的重要内容。

3. 人寿保险的定额给付性也导致保全的必然存在

人身保险是以人的身体和生命为保险标的的一种保险,其保障对象是不能用货币衡量的,属于定额给付。其中涉及的内容包括理赔给付、咨询、变更等多项保全服务。

(二) 保全服务的途径

保全服务的途径主要有以下三种。

(1) 客户直接到客户服务中心或其他服务机构办理。保险公司为保障客户利益,防范可能出现的风险而规定的必须由客户本人亲自办理的情况,客户应直接到客户服务中心或其他服务机构办理。

(2) 委托营销人员、收费人员或其他人员到保险公司申请办理。这种情况需受托人身份证明原件、投保人亲笔签字的授权委托书。

(3) 通过客户服务电话、信函、邮件、网络提交资料等方式提出申请。此类申请一般限于通讯地址变更、住所变更、电话变更等保险公司认可的保全项目。

(三) 保全服务的内容

1. 客户资料变更

当投保人的联系地址、邮编、电话发生变化,或者被保险人、受益人的姓名、证件号码需要更正(不涉及年龄、性别变化)时,可以提出变更申请。一般应备材料包括保单、保全作业申请书、投保人及被变更人的身份证件、足以证明所更正事项的材料。若非投保人办理,则须提供投保人签名的授权委托书和代办人身份证原件。

2. 受益人变更

在合同有效期内,投保人可随时申请变更受益人,但此项变更需被保险人签名同意,被保险人也可以单独提出变更申请。一般应备材料包括保全作业申请书、投保人的身份证件(被保险人提出申请的,只需被保险人的身份证件)、被保险人及受益人的身份证件复印件。

3. 保额变更

投保人可以根据自己的交费能力和保障需求变化申请变更保额,目前开办的项目主要有主险减保、短期附加险减保、新增短期附加险、新增长期附加险。一般应备材料包括保单、保全作业申请书、投保人的身份证件。新增附加险还须由被保险人同时填写《健康及财务告知》并提供身份证件。

4. 被保险人职业变更

被保险人职业变更须经投保人与被保险人共同签字后,在合同有效期内提出申请。然后,由核保人员审核决定是否需要职业加费或取消加费等。一般应备材料包括保单、保全作业申请书、投保人的身份证件。若非投保人办理,则须提供投保人签名的授权委托书和代办人身份证原件。

5. 补发保单

在合同有效期内,若保险合同丢失或毁损,投保人可随时申请补发。一般应备材料包括保全作业申请书(投保人亲笔签名)、投保人身份证复印件。

6. 保单迁移

如果投保人搬迁到其他城市或地区,可以提出保单迁移申请。一般需要提供准确的联系地址、邮编和电话。保费应交日后办理迁移的,需先交当期保费;有借款、垫交保费的保单,迁移前应先办理还款。一般应备材料包括保单、保全作业申请书、投保人的身份证件。

7. 更换投保人

在合同有效期内,当投保人发生变动,不能继续履行交纳续期保费或其他相关义务时,可以由原投保人申请变更。此项变更需被保险人签名同意,变更后的新投保人应与被保险人具有保险利益,同时需要原投保人、被保险人及变更后的投保人共同签字确认。一般应备材料包括保单、保全作业申请书(原投保人、新投保人和被保险人须在申请书上亲笔签名)、原投保人的身份证件、新投保人和被保险人的身份证件。

8. 满期/生存保险金给付

在保险合同有效期内,被保险人生存至合同约定领取年龄后的保单周年日,生存保险金受益人可以提出满期/生存保险金给付要求。一般应备材料包括保单、保全作业申请书、被保险人户籍证明、生存保险金受益人身份证件。

9. 保单复效

在保险合同有效期内,因欠交保费而导致保单效力中止时,投保人可自效力中止后两年内提出保单复效,但需要投保人及被保险人共同签名同意。一般应备材料包括保单、保全作业申请书、投保人的身份证件,投保人须填写《健康及财务告知》。投保人发生保险事故享受保费豁免的险种,投保人也须填写《健康及财务告知》。

10. 部分领取

在保险合同有效期内,投保人可以提出个人账户价值的部分领取申请,经保险公司核准后予以给付。一般应备材料包括保单、保全作业申请书、投保人的身份证件,部分领取可在保险合同有效期内(犹豫期除外)申请。

11. 续期交费方式变更

在保险合同有效期内,投保人可以变更续期交费方式。变更为银行转账方式的,须提供以投保人姓名为户名的银行个人结算账户。一般应备材料包括保单、保全作业申请书、投保人的身份证件。

12. 保单借款

在保险合同有效期内,条款有约定的,可以凭保单申请借款。借款金额不得超过保险合同现金价值扣除各项欠款后的余额,每次借款期限也有相应规定。一般应备材料包括保单、保单借款协议书、投保人及被保险人的身份证件。

13. 犹豫期退保

在犹豫期内,投保人可以书面要求撤销本保险合同,保险人将无息退还已交全部保费。一般应备材料包括保单、解除合同申请表、投保人身份证件复印件、代收保费凭证(银行销售的一站式产品)。

14. 正常退保

投保人可在保险合同效力终止前随时申请退保,一般应备材料包括保单、投保人身份证复印件、投保人填写的退保申请表、投保人开立的银行个人结算账户的复印件。

本 章 小 结

(1) 在保险公司人身保险业务经营管理中,核保和承保、理赔和保全是一个有机联系的过程。

(2) 人身保险核保产生的理论基础来源于风险的同质性和公平合理经营的原则。核保的风险要素有健康风险因素、非健康风险因素和财务风险因素三大类,包括年龄、性别、体格、现症和既往症、家族病史、职业、生活习惯、爱好、道德品质、现行收入等。核保一般经过销售人员核保、体检医师核保、生存调查核保、核保人员核保四个阶段。

(3) 保险公司在接到人身保险理赔申请后,一般要经过登记立案、单证审核、现场勘察、责任审核和赔付计算等环节,并需要通过一定技术和手段防止欺诈。

(4) 保险公司人身保险客户服务可归结为三类,即售前服务、售中服务和售后服务。保险公司为了满足客户不断变化的需求,以维持人身保险保单的持续有效,必然提供以保全服务为主要内容的售后服务。

关键概念索引

核保 承保 理赔 保全 生存调查 拒保 欺诈 承保选择 承保控制 现场勘察客户服务 保全

复习思考题

1. 请阐述人身保险核保的主要风险因素。
2. 请说明人身保险核保需要审核的健康风险因素有哪些?
3. 请分析人身保险承保的主要流程。
4. 请阐述人身保险理赔的原则和内容。
5. 请分析目前人身保险欺诈的主要表现形式及防范措施。
6. 请分析主要的人身保险保全服务的内容。

第十二章 寿险公司资金运用

本章要点

- 寿险公司资金的含义、来源和特征
- 寿险公司资金运用管理模式
- 寿险公司资金运用形式
- 我国寿险公司资金运用实践

思政目标

引导学生正确认识保险企业需承担社会责任。寿险资金的运用不仅关系到寿险公司是否盈利,更关系到广大人民群众的人身风险保障和养老健康安全。

人寿保险业务由于具有长期性和储蓄投资性质,人寿保险行业积聚保险基金的功能非常突出。我国人寿保险行业经过长期的发展,形成了相当规模的保险基金,这些资金的运用和管理对于寿险公司和我国社会经济的发展都具有重要意义。寿险公司通过资金运用提高资产收益率,从而增强自身的市场竞争能力,同时也转变为既有补偿职能又有金融职能的综合性企业,为金融市场增添了活力。但人寿保险资金主要为负债性资金,而且保险金赔偿与给付存在不确定性和期限性,因为,人寿保险资金的运用应遵循安全性、收益性、流动性和分散性原则,同时也要满足资产负债相匹配和社会效益最大化的要求。

第一节 寿险公司资金运用概述

一、寿险公司资金来源和特征

(一) 寿险公司资金的含义

有关寿险公司资金的内涵理解有广义和狭义两种,狭义的寿险公司资金仅指寿险基金,即人寿保险公司销售人身保险合同所收取的保险资金,主要包含未决赔款准备金、未到期责任准备金、寿险责任准备金、长期健康保险责任准备金等各类准备金;广义的寿险公司资金则被定义为寿险公司在经营过程中拥有、管理和控制的各种资金,不仅包括寿险公司销售人身保险合同所收取的保险资金,还包括寿险公司的所有者权益和其他资金,包括资本金、保证金、营运资金、公积金、未分配利润及国家规定的其他资金等。本书对寿险公司资金的介绍采取广义定义。

(二) 寿险公司资金的来源

按照来源,寿险公司资金可以分为寿险公司股东所有资金(即权益资本)、投保人所有资金(负债)和其他资金三个部分。其中,前两者是寿险公司资金的主体,权益资本主要包括资本金及资本保证金和留存收益部分;投保人所有资金主要由各类责任准备金构成,是寿险公司的主要负债。

1. 权益资本

1) 资本金及资本保证金

资本金是寿险公司成立时股东认交的资金,是公司所有者对于公司的投资,它既是寿险公司从事经营活动的基本保障,也是其偿付能力的重要指标。根据寿险公司经营收支平衡的原则,寿险产品定价是建立于精算公平基础上的,即保费的收取与赔款、费用和利润列支持平,因此正常情况下寿险公司的资本金处于闲置状态。但是,在寿险公司经营初期和经营过程中,会由于各种原因导致出现支出增加等不稳定的经营状况,这时按照历史数据测算的均衡保费以及提取的各种准备金不足以支付各项保险金,就需要动用资本金进行支付。可见,资本金是寿险公司经营的必要前提条件,能保证保险公司开业之初的正常运营,同时用于偿付能力不足的特殊状况。没有一定数额资本金的存在,投保人的利益和保险公司经营的稳定性就难以保证。

各国政府一般都对寿险公司的开业资本金规定一定的最低额。《保险法》规定我国设立保险公司注册资本的最低限额为 2 亿元人民币。保险公司注册资本必须为实交货币资本,并且保险公司应当按照其注册资本总额的 20% 提取保证金,存入国务院保险监督管理机构指定的银行,除保险公司清算时用于清偿债务外,不得动用。正常状况下,保险公司的资本金除按规定上交部分保证金外,绝大部分处于闲置状态,从而可以成为保险资金投资的重要来源。

2) 留存收益

留存收益部分包括寿险公司的公积金、总准备金以及未分配利润。

寿险公司的公积金包括资本公积金和盈余公积金。资本公积金主要来源于资本溢价、资产重估增值以及捐赠所得等。资本公积金用于弥补公司亏损、扩大公司业务经营规模或转增为公司资本金。盈余公积金是寿险公司按公司法的规定从税后利润中提取的资金,包括法定盈余公积金、法定公益金和任意盈余公积金等。公积金在未使用前或分配前,一直处于闲置状态,因而是一种可运用资金。

总准备金归属于所有者权益的一部分,主要来自公司税后利润中的提取,它的作用主要是预防巨额损失的赔付。当寿险公司当年承保业务发生经营亏损并且投资收益也不足以弥补时,才可从总准备金中支出。在一般情况下,总准备金是不断积累的,其规模不断扩大,是寿险资金来源中不断增加并且非常稳定的一部分。

未分配利润是指保险公司每年用于积累的资金,属于股东权益的一部分。这部分资金通常随着保险公司经营规模的扩大而逐步增长,除某些年份因保费不抵偿付而用于弥补外,一般可以长期运用。

2. 责任准备金

责任准备金是指保险公司为履行其赔偿或给付责任而从收取的保费中提存的资金。与权益资本不同,责任准备金是保险公司的负债,是在将来某一时期需要偿付的资金。因保险业务种类不同,责任准备金的期限及特点也各不相同,在实务中,人身保险业务提存的责任准备金主要包括以下四种。

1) 寿险责任准备金

寿险责任准备金是寿险公司对人寿保险业务为承担未到期的保险责任而按规定从寿险保费中提取的专项资金,是为确保人寿保险公司有足够偿付能力来履行其赔偿与给付责任而设立的。此类准备金的提取是针对1年期以上的长期寿险的。一般而言,寿险责任准备金会占寿险公司负债方总额的绝大部分,是寿险公司的一项长期、稳定的资金来源。

2) 长期健康保险责任准备金

长期健康保险责任准备金是指寿险公司对长期性健康保险业务为承担未来保险责任而按相关规定提存的准备金,其原理与寿险责任准备金相同。

3) 未到期责任准备金

人身保险中有类似产险的短期性产品需要提取未到期责任准备金,如1年期定期寿险、健康保险和人身意外伤害保险等,由于保险公司的会计年度与保单有效期不一致,按照权责匹配的原则,保险公司不能把当年的保费收入全部计入损益,而应将保费在各保险责任期内进行分摊。因此,保险公司在年终会计结算时,把属于未到期责任部分的保费提存出来,用作将来赔偿准备的基金,这部分基金称作未到期责任准备金。

4) 未决赔款准备金

未决赔款准备金是指已经发生赔案但尚未赔付的准备金,它是根据会计年度决算以前发生赔案估算提取的。提取未决赔款准备金的赔案包括已经发生但尚未通知寿险公司的赔案、已经报案但尚未提出索赔的赔案、已经提出索赔但尚未进行核实或者已经核实尚未给付的赔案。

3. 其他资金

在保险经营过程中,还存在着其他可用于投资的资金来源。其他可投资资金主要是寿险公司经营过程中产生的短期负债,即资产负债表中流动负债项下的应付账款、拟派股息等。这些资金数额不大,且需要在短期内归还,因此只适合作为补充资金使用。此外,还有企业债券、借入资金、信托资金和其他融入资金等,这些资金都是寿险公司在经营中为某些目的有偿借入作为补充资金使用的,寿险公司可根据其期限的不同作相应的短期投资。

(三) 寿险公司资金的特征

1. 负债性

寿险公司通过出售保单获取资金,其产品特征决定了公司的负债特征。寿险公司的准备金通常要占到寿险公司总资产的80%～90%,而负债是需要公司在未来的某一时刻予以清偿的,因此寿险公司资金投资时必须注意负债的到期期限。

2. 长期性

一般人寿保险合同多为10年以上,甚至30年至终身的长期合同,较之银行等其他金融机构的资金,寿险资金是极为长期性的。由于寿险产品占寿险公司业务的主体,所以长期性是寿险资金的总体特点之一。同时,人寿保险采用均衡保费制度,又几乎没有像财产保险那样突发性给付高额保险金的例子,所以责任准备金锁定期限很长,年年稳定积累增加,整个寿险行业资金存量水平也不断提高。

3. 稳定性

稳定性是指保险公司的可投资资金来源增减比较平稳,不会大幅波动。原因之一是保险资金的长期性,原因之二是附加费用所占比例在前期较高,因此前几年退保的费用损失很大,投保人除非有特殊情况,否则不会轻易退保。从长期来看,保险公司每年所收取的续保保费总体具有可预测性,从而增强了保费收入的稳定性。

4. 规模性

寿险经营的数理基础是大数法则。也就是说,寿险公司经营维持稳定的一个必要条件是要销售出去足够多的保单,而这也意味着寿险公司积累的可运用的保险基金会越来越多。正因为如此,寿险公司往往是资本市场上重要的机构投资者。

5. 公共性

寿险资金是社会公众累积起来的资金,直接影响到国民的养老和健康保障,对社会生活的稳定和安全有重要影响。同时,其运用范围又涉及国民经济的各个领域,因此寿险资金还具有高度的公共性,其负债性、长期稳定性和增值性最终都体现为寿险资金的公共性。

二、寿险公司资金运用概述

(一) 寿险公司资金运用的含义

寿险公司资金运用又称寿险公司资金投资,是指寿险公司对所有资产的类型、数量、比例及组合同时做出决策的一种综合性资金管理的方法。其实质是对寿险公司资产负债表中各资产项目的总量结构进行计划、安排和控制,在保证资金使用安全性和流动性的前提下,以最小的成本获取最高的收益。

对于寿险公司来说,寿险资金运用不仅是必要的,而且是可能的。这是因为寿险收入与支出之间存在时间差和数量差两个因素。时间差是指寿险公司收取保费与赔偿或给付之间存在着时间间隔,形成了一部分暂时的闲置资金。数量差是指寿险公司收入的保费与赔付或给付之间存在数量上的不同,形成了一部分闲置资金。这两种因素形成的寿险闲置资金,为寿险资金投资提供了可能。

寿险业务和寿险资金的特性决定了寿险公司具有组织经济补偿、掌管保险基金、防灾防损、融资和吸收储蓄五大职能。从这五大职能我们可以看出,寿险资金运用活动是伴随着寿险公司的产生而产生的。1762 年,人寿及遗嘱公平保险社在英国成立,这是世界上第一家根据生命表计算保费并采用均衡保费的收取方式来进行寿险经营的寿险公司。该公司的创立被公认为现代寿险业的开端,同时也意味着寿险资金运用的正式出现。正是由于生命表和均衡保费收取方式的采用,人寿及遗嘱公平保险社积累了大量的责任准备金,为寿险资金的运用创造了条件。1798 年,人寿及遗嘱公平保险社抵押贷款投资总额就已超过 40 万英镑。

(二) 寿险公司资金运用的意义

随着寿险业的发展,现代寿险公司的业务大体分为承保业务和投资业务两大类。寿险公司投资业务的重要性日益凸显,已经成为寿险公司生存和发展的重要因素。

1. 寿险资金运用是寿险公司提高市场竞争力的需要

寿险公司要使寿险资金价值最大化,必须对寿险资金加以合理、有效地运用。从国际寿险业发展经验来看,寿险公司承保业务利润空间很小,甚至长期处于亏损状态,主要是靠投资收益来弥补承保业务的亏损。在保险市场多元化、市场竞争日益激烈的形势下,只有加强寿险资金的投资运用,寿险公司才能以寿险资金投资收益弥补由于费率下降而造成的承保损失,并以之为后盾,降低费率,提高产品竞争力,不断拓展理财性质创新业务,在市场竞争中立于不败之地,同时推动保险业发展。

2. 寿险资金运用有利于促进国民经济健康稳定发展

寿险公司通过投资将分散闲置的资金集中起来,根据社会需求进行投资运用,有利于加快资金流通,支持国民经济建设,促进市场经济发展,从而充分体现寿险资金的社会效益。

3. 有利于促进资本市场的发展

寿险资金投资业务的开展实际上是在提高储蓄向投资转化的规模与效率。寿险投资活动使寿险公司成为资本市场的重要参与者和最具实力的机构投资者,在促进资本市场长期稳定发展方面发挥着重要作用。

(三) 寿险公司资金运用的原则

1. 安全性原则

安全性原则是寿险资金运用的首要原则,因为寿险公司运用的资金主要是保险人对全体投保人的负债。从数量上看,寿险资金总量应与未来赔偿和保险金给付的总量一致,若投资不安全,必将影响寿险公司的偿付能力,也会损害投保方的利益。因此,寿险资金运用要注意投资方式的选择和投资结构的合理化,保证其安全性。

2. 收益性原则

收益性原则是指寿险资金运用在满足安全性的前提下,要最大限度地获取投资收益。

寿险资金运用的主要目的就是盈利,盈利能给保险人带来企业效益,增强寿险公司的偿付能力,同时也可使寿险公司提供更加优惠的费率,提高对被保险人的经济保障程度,实现寿险经营的良性循环。这就要求寿险资金运用中选择高效益的投资项目,在一定风险限度内力求实现收益最大化。

3. 流动性原则

流动性原则是指寿险公司要在任何时期都能以合理的价格条件获得现金以保证保单责任支付的能力。寿险业务具有经济补偿的功能,保险事故的发生又具有随机性特点,这就要求寿险资金运用保持足够的流动性,以便随时满足保险赔偿和给付的需要。保险人应根据不同业务对资金流动性的要求,选择恰当的投资项目,相对而言,人寿保险多为长期性产品,所以寿险资金运用对流动性的要求相对于财产险公司来讲要低一些。

4. 分散性原则

分散性原则是避免寿险公司投资风险的重要措施。它包括两重含义:一是寿险公司所运用的资金投向的分散性,即寿险资金集中在一个行业、一个地区、一个部门或一个项目中的比例不应过高;二是寿险公司资金运用要有效利用多种金融工具来展开。

5. 匹配性原则

寿险投资资金从总体上说绝大部分来自寿险准备金,不同形式的寿险准备金影响着寿险投资的结构和形式。如长期闲置的资金可以用于长期投资,以获得尽可能高的投资收益,而短期的资金来源所形成的短期负债最多只能进行短期投资。针对具有不同负债性质的保险基金,采取与之相适应的投资形式与渠道,实现寿险投资资金与投资项目相匹配,这就是寿险资金运用的匹配性原则。

6. 社会性原则

寿险公司在运用保险资金追求效益的同时也应考虑社会性影响。人身保险资金的长期性特征决定了投资于某些公共事业是可能的,即投资于发挥社会或经济最大效用的各项事业,比如交通事业、全民卫生保健等。贯彻这一原则,可以增进公众的福利,扩大保险的社会影响,提高保险业的声誉。

寿险资金运用的安全性、收益性、流动性、分散性、匹配性、社会性这六者之间既存在着矛盾,又相互关联。从总体上来看,流动性、分散性和安全性是成正比的,流动性较强也就是说变现能力较强的资产,通常有安全保障、风险较小,而投资分散有利于规避非系统风险,相对来说安全性也就较好;流动性、安全性与盈利性成反比,一般流动性强、安全性好的资产,盈利较低,反之则盈利较高。匹配性会限制寿险资金运用的灵活性,从而影响流动性和盈利性。保险资金运用的社会性原则则是保险行业的社会责任在资金运用领域内的体现,承担更大的社会责任,对保险行业的行业声誉和长期发展有重大影响。可见,收益性是寿险资金运用的目的,安全性是出发点,流动性和匹配性是基础,而分散性是手段。寿险资金运用应在保证安全性和流动性的前提下,根据资产和负债的匹配,通过分散化的投资策略追求最大限度的利润。

第二节 寿险公司资金运用模式

一、寿险公司资金运用管理模式

不同寿险公司的规模实力、业务结构、资金运用能力和经验都不相同,其保险资金运用的管理模式即保险投资的执行系统也不相同。总的来说,保险资金运用的管理模式主要可以分为公司内设投资部门的投资模式、专业化控股投资模式、集中统一投资模式、外部委托专业化投资机构投资模式四种。

(一) 公司内设投资部门投资模式

公司内设投资部门的人身保险投资模式,是指在人寿保险公司内部设立专门的投资部、财务部或资金运用部,具体从事投资方面的选择、投资计划的出台以及具体投资工作的开展。在人寿保险公司,投资部是十分重要的部门,经常办理巨额投资事务,全部公司业务是否顺利进行与投资是否适当密切相关。该模式的最大优点在于,投资部门仅仅是公司内设的一个部门,因此保险公司可以直接掌握并控制着保险投资活动,易于监控,能够较好地贯彻执行公司的投资战略,有利于成本控制且可保证投资资金的安全性。

(二) 专业化控股投资模式

专业化控股投资模式是目前大型寿险公司普遍采用的模式。这种模式是在一个保险集团或控股公司之下设产险子公司、寿险子公司和投资子公司等。在这种模式下,集团或控股公司只负责日常资金安全与正常运作的计划、协调和风险控制,而投资子公司除接受产险子公司和寿险子公司委托进行保险资金投资活动外,还可以受托经营管理其他公司的资产。许多规模庞大的保险集团公司不仅拥有一家全资的资产管理公司,还收购或控股了其他的基金管理公司,以满足其不同的投资需求。专业化控股投资更加凸显投资专业性,可以期待更高的投资收益。

一般来说,在专业化控股投资模式中,投资子公司与各保险子公司在业务上相互独立、各司其职,在财务上独立核算、自负盈亏。两者就保险资金的投向、投量、收益及双方的权利和义务等达成协议后,由投资公司根据协议规定自主运用保险资金,并定期向保险公司报告有关资金投资状况。保险公司可根据自身业务需要向投资公司提出要求,调整资金的投资方向和金额。

该模式的优点在于能够有效防范投资风险,较好地贯彻执行公司投资战略,有利于建立集团或控股公司总部的双重双层风险监控体系;在投资经营方面的透明度较高,对市场变化的反应快,资金进出速度高,子公司之间独立核算、独立运作也可以防止内部暗箱操作和关联交易,保证其工作效率和投资收益率。但其缺点是对集团或控股公司总部的控制力度有较高的要求。在这种模式下,保险公司与投资公司之间的关系相对于集中统一投资模式而言,显得较为松散。

（三）集中统一投资模式

集中统一投资模式是指在一个保险集团或控股公司下设产险子公司、寿险子公司和投资子公司。其中产险子公司和寿险子公司均将保险资金统一上划到集团或控股公司,再由集团或控股公司将保险资金下拨到专业投资子公司,专业投资子公司将产险子公司、寿险子公司的资金分别设立账户,独立进行投资。

该模式的优点与专业化控股投资模式有相似之处,且有利于形成较大的投资规模,利于稳健经营,提高规模效益,更重要的还在于对不可控制风险的防范;其不足是对技能、人才等的要求最高,还要求有优秀的电脑资讯系统等。

（四）外部委托专业化投资机构投资模式

外部委托专业化投资机构投资模式也即第三方资产管理公司运作模式。除自行管理其资产外,还有一些保险公司将全部或部分资产委托给其他专业化投资机构管理,保险公司则按照保险资金的规模向受委托的投资公司支付管理费用等。实行委托管理较多的是再保险公司、财险公司和一些小型寿险公司,部分大型保险公司也将个别投资品种（如投资连结保险）交给基金管理公司运作。提供委托管理的机构主要是一些独立的基金管理公司和部分综合性资产管理公司,主要是为保险资金、基金、养老金以及其他机构投资者提供服务,其中有的机构专门管理特定保险产品的资金,如养老金、年金、投资连结产品,有的兼营管理保险公司的一般账户资金。一般而言,保险公司与专业投资公司必须签订一个详尽的投资管理协议,其中包括保险公司的投资目标、资产分配和风险控制要求,资产管理公司进行投资决策和操作的权利,信息披露、收费以及托管机构等条款。

该模式的优点是可以将保险资金交给专业的投资公司进行有偿运作,使保险公司能够集中力量开拓保险业务,同时还可以节约投资成本,享受专家理财的好处;其缺点是外部委托制投资模式的风险很大,因为保险人选择外部委托制将无法控制这些金融投资机构的经营活动,保险人不仅要承担投资失败的风险,而且还要承担第三者即外部投资公司的操作风险。这种投资组织模式容易使其他行业、其他性质的风险波及保险公司。

从保险投资活动的发展进程来看,上述四种投资组织模式各有其优缺点,是保险投资活动中较常见的模式。只是由公司内部设立投资部门来负责保险投资和委托外部机构进行投资管理属于比较初级的投资组织模式,而专业化控股投资模式和集中统一投资模式则属于较为高级的投资管理模式。保险投资组织模式的多样化以及各自具有的优缺点,决定了人寿保险公司在确定自己的投资组织模式时,需要根据资本市场的情形和公司的自身情况进行选择。

二、寿险公司资金运用的形式和投资组合

（一）寿险公司资金运用的形式

从理论上来说,寿险公司在运用人身保险资金时可以选择资本市场上的任何投资工具,但综观世界各国寿险公司的投资发展情况,选择的往往是那些收益性、风险水平及流动性与寿险公司本身要求最符合的投资工具。同时,人身保险的投资并不是完全由寿险公司

自由决定。通常为保护保单持有人的利益,避免资金运用的集中,以及鼓励资金运用配合社会需要与经济发展,各国保险法规对资金运用都有限制,寿险公司要在符合法律法规的前提下才能运用保险资金。一般而言,寿险公司的资金运用投资对象主要包括银行存款、有价证券、贷款、不动产投资、产业投资等形式。

1. 银行存款

银行存款是最简单的投资方式,保险公司将保险资金存放在银行并获取利息收入,一般以定期存款形式出现。这种资金运用形式以银行为保险资金的投资中介,其特点是安全性较高。现阶段,银行存款仍是我国寿险资金运用的重要形式,尤其是协议存款,收益相当不错。但根据国外保险公司资金运用的实践,银行存款往往不是保险资金运用的主要形式,各保险公司的银行存款只是留作必要的、临时性的机动资金,一般不会保留太多的数量。

2. 有价证券

有价证券是指具有一定券面金额、代表股东所有权或债权的凭证。它作为资本证券属于金融资产,持有人具有收益的请求权。有价证券投资作为各国保险公司资金运用的主要形式,可以分为债券、股票、证券投资基金三大类。

1) 债券

债券这种具有返还性且有固定收益的投资工具具有较高的安全性,流动性也比较强,同时具有一定收益性,比较适合寿险资金的投资。因此,债券是保险公司投资有价证券的一条重要途径。依据债券发行主体不同可以将债券划分为政府债券、金融债券和公司债券。其中,政府债券是国家和地方政府发行的公债,定期偿还本金和支付预定利息,其信用高,税收上有优惠;金融债券是由银行或非银行金融机构发行的债券,信用较高,利率也不低,一般为中长期债券;公司债券是企业为筹集资金而发行的借债凭证,其利息一般固定,由于风险比政府债券和金融债券高,因此,其利率往往高于其他债券。投资等级高的公司债券在西方寿险公司投资组合中一般占有较大的比率。

2) 股票

股票与债券不同,是一种浮动收益的投资工具,股息的多少、有无是与发行公司的经营状况、股利政策密切相关的。股票分为普通股和优先股。普通股股票是股息随上市公司的利润大小和公司派送政策的松紧而变化的股票,其特点是价格波动幅度大、投资风险大于优先股,但能享受公司利润增长的利益。优先股股票是由股份公司发行的在分配公司收益和剩余资产方面比普通股股票具有优先权的股票,其特点是风险较小,在发行时即已确定了固定的股息且不受公司经营状况和盈利水平的影响,但不能分享公司利润增长的利益。因此,优先股的投资风险比公司债券大,比普通股小,优先股的预期收益比公司债券高,比普通股低。

股票有较好的流动性,只能转让,不能退股。虽然股票的预期收益率可能高于债券,但投资风险比较高。这主要是由股票的不返还、发行企业经营情况的不确定以及二级市场上影响因素多而价格波动大决定的。由此可见,寿险资金投资股票要谨慎,应着眼长线,不宜短线追求暴利。一般国家对寿险公司股票投资的比例都有所限制。不过,对股票投资的重视程度一直在持续增强,股票投资占西方国家保险资金运用中的比重也在不断加大。随着寿险公司负债的变化,特别是利率敏感型产品的开发和金融机构间竞争的加剧,寿险公司对流动性强和收益性高的资产需求增加,所以寿险公司对股票的投资比例不断上升。

3) 证券投资基金

证券投资基金是指通过发行基金证券,集中投资者的资金交由专家从事股票、债券等金融工具投资,投资者按投资比例分享收益并承担风险的一种投资方式,它属于有价证券投资范畴。与前述各种投资方式均由保险公司的投资子公司或内设投资部门直接投资相比,保险公司购买证券投资基金实际上是一种委托投资行为,即保险公司通过购买专门的投资管理公司的基金完成投资行为,由投资基金管理公司专门负责资金的营运,保险公司凭所购基金分享证券投资基金的投资收益,同时承担证券投资基金的投资风险。

按照基金单位是否可增加或赎回,证券投资基金可分为开放式基金和封闭式基金。开放式基金是指基金设立后,投资者可以随时申购或赎回基金单位,是基金规模不固定的投资基金;封闭式基金是指基金规模在发行前已确定,在发行完毕后的规定期限内,基金规模固定不变的投资基金。

3. 贷款

贷款是指保险公司作为信用机构以一定利率和必须归还等为条件,直接将保险资金提供给需要者的一种放款或信用活动。贷款作为保险公司资金运用的主要形式之一,按其形式又可以分为以下四种。

1) 抵押贷款

由于保险公司调查借款企业的资信比较困难,大多数保险公司发放的贷款采用抵押贷款方式,即财产担保贷款。它分为动产或有价证券抵押、不动产抵押、银团担保、银行保付等,贷款利率高于银行存款,是期限较长而又比较稳定的投资业务。谨慎选择的抵押贷款通常有较高的安全性和收益率,特别适用于寿险公司保险资金的长期性运用。

2) 流动资金贷款

流动资金贷款是指以需要流动资金的企业为对象而发放的贷款。它属于短期性投资,要求申请贷款的企业必须具有法人资格并接受保险公司的调查,以确保资金按期回流。

3) 技术改造项目贷款

技术改造项目贷款是指保险公司为支持企业进行技术改造、技术引进并为此而获取收益的固定资产投资性贷款。它以申请者的科学立项和切实可行的计划为依据,由保险公司投资部门审慎把握,并保证贷款的专款专用。

4) 保单质押贷款

保单质押贷款是指在寿险保单具有现金价值的基础上,根据保险合同的规定,寿险公司应保单持有人的申请而发放的贷款。其贷款以寿险保单为质押,到期归还本金并附带利息。它实际上是在保险给付金请求权上设立质押权,一般按保单现金价值的一定比例发放贷款。这种贷款十分安全,风险小,既可以作为一种竞争手段,加强保险人的竞争能力,又可以用活资金,增加收益,从而是寿险公司资金运用的常见形式。在人身保险业较发达的国家,这种形式十分普遍。

需要注意的是,我国保险业目前发放的贷款仅限于保单质押贷款,随着人身保险事业的发展,保单质押贷款在我国也有较大发展。

4. 不动产投资

不动产投资即房地产投资,是指保险公司投资购买土地、房产,并从中获取收益的投资形式。这种投资的特点是保值程度高,往往成为抵御通胀的手段之一。不动产投资的特点是投资期限一般较长,一旦投资项目选择准确则可能获得长期的、稳定的较高收益回报,但流动性弱,单项投资占用资金也较大,且因投资期限太长而存在难以预知的潜在风险。因此,各国保险法对保险人的不动产投资尤其是纯粹为收益而进行的不动产投资往往加以严格的限制。我国《保险法》已规定我国保险业可投资于不动产,但目前监管机关对此项投资有严格的限制。

5. 产业投资

产业投资属于保险公司的直接投资,是保险公司利用所拥有的保险资金直接投资到生产、经营中去,或建立独资的非保险企业,或与其他公司合伙建立企业,并通过其获取投资收益。我国保险资金运用规定可以投资与保险业务相关的产业,如风险咨询、医疗救护、养老护理等产业。不过,通过产业投资建立的独立企业具有独立于保险公司之外的法人资格,其经济效益要受到市场的检验。同时,由于产业投资的专业性强,人才要求较高,且投资期限长,资产变现能力差,因而风险较大。产业投资作为保险公司的一种投资形式,在保险资金运用中占有一定的地位。

除了以上资金运用方式,寿险资金的投资方向还包括期货、期权等金融衍生工具,参与融资租赁业务以及海外投资等。

专栏 12-1

国寿股权投资获得"2017 年医疗健康行业最佳投资机构奖"

2016 年 6 月,国寿投资之全资子公司——国寿股权投资有限公司在上海自贸区正式发起设立,是中国人寿旗下从事私募股权投资的专业化平台,也是中国保监会相关政策颁布后首家获得保险资金私募基金管理人资质的投资机构。2016 年 11 月,国寿股权公司发起设立的总规模 500 亿元的国寿大健康基金,是国内迄今为止规模最大的旗舰型健康产业股权投资基金。截至 2017 年年底,公司累计签约项目 12 个、规模 51.3 亿元,成为中国大健康产业股权投资领域重要的领军力量。

国寿大健康基金专注于医疗健康产业投资,涵盖医疗服务和技术、医疗信息化、医药生产和流通、医疗器械生产和流通以及大健康延伸产业等多个领域,秉承价值投资理念,已经基本实现在大健康产业的全产业链布局:在生物医药领域投资了全球领先、国内最大的医药研发外包企业——药明康德和国内领先的生物医药企业——信达生物;在医疗器械领域投资了中国最大的医疗器械提供商——迈瑞医疗和国产化高端大型医疗设备提供商——

联影医疗；在医疗服务领域先后与各地顶级医疗资源合作，成功投资固生堂医疗、首颐医疗、太钢医疗等；在医疗科技信息化领域投资了社保信息化领域优质企业——山大地纬。

（二）寿险公司的投资组合

由于保险业自身的特殊性，世界各国对保险业一般都实行严格的监管，其中对保险业投资的监管是国家对保险业管理的一个重要组成部分。受人寿保险负债的特点、资本市场的发展程度和政府对人身保险资金运用等因素的制约，人寿保险资金的运用一贯以稳健著称。传统的人寿保险资金运用形式以期限长、风险低的固定收益债券和抵押贷款为主。随着寿险产品的创新、新型寿险和年金产品的开发、来自其他寿险公司和金融机构竞争的加剧以及金融市场的发展，现代人寿保险资金运用的形式越来越多样化。同时，寿险资金运用的证券化趋势也日益明显，风险高、收益大的股权投资比重不断上升。

1. 寿险资金投资原则与运用结构

投资风险和收益之间存在正向的替换关系，因此，投资者在进行投资时必须考虑自身所能承受的风险水平，或者所要获得的收益水平。一般来说，由于保险的特点和国家监管当局对人身保险资金运用的限制，寿险公司在资本市场上应当属于风险厌恶程度相对较高的投资者。寿险公司一般都将安全性列为保险资金投资的首要要求。同时，由于保险资金运用直接关系到公司的偿付能力和投保人的利益，因此各国保险监管当局对人身保险资金运用都进行了一定程度的干预，主要体现在对人身保险资金运用形式和投资数量的限制上。但对寿险公司而言，在保证保险金到期支付的同时还希望进一步提高投资收益，从而提高公司利润，以便降低保费，提高市场竞争力。因此，寿险资金运用的原则是在安全第一的基础上追逐高收益。寿险公司在选择投资形式时，除了选择风险较小、收益较稳定的固定收益投资工具外，还会适当选择一些风险较大、收益较高的投资工具。

在人寿保险资金运用组合中，各种投资形式投资额所占比重的不同，形成了不同的保险资金运用结构。在实务中，寿险公司往往通过计算各种运用形式的投资额占资产总额的比例来反映保险资金运用结构。管理部门通过查阅资产负债表中各项资产的比例便可对寿险公司的资金运用结构有所了解，再加以分析就能够对当前该公司的经营业绩做出评价或提出建议。保险资金运用结构的确定和调整除受国家保险监督管理机关和有关法律法规的制约外，还取决于社会经济发展、资金市场情况、保险基金结构等诸多因素的影响。

2. 寿险资金投资组合的发展趋势

在寿险业发展的早期，股票、债券等可转让证券投资与抵押贷款、短期贷款等构成了寿险公司的早期投资结构，各保险公司几乎均不考虑不动产投资。到19世纪，寿险资金运用的重要性进一步被寿险公司所认识，寿险资金运用的规模随着人寿保险业务的增长而有所扩大，而且在投资种类上，寿险公司更加重视抵押贷款，同时开始了不动产投资。1848年，美国出现了保单贷款，这个创新对于寿险资金运用有重大意义，除了它本身是一个新的投资渠道外，主要是因为进行保单贷款的选择权在投保人一方，因而提高了对寿险资金的流动性要求。

进入20世纪70年代，尤其是80年代以后，人身保险业的经营环境已发生了很大的变化,利率自由化使得利率不断上扬、通货膨胀不断加剧,金融自由化使得寿险公司和其他金融机构竞争激烈。为此,寿险公司为了提高竞争力,不断进行产品创新,推出了如万能寿险、变额寿险等创新型产品,传统的、简单的"债券贡献策略"已不能再满足寿险公司资产和负债的匹配要求。寿险公司的投资组合也发生了较大的变化。

(1)各国寿险公司对保险资金运用收益的要求提高,投资组合战略也更为积极。为了提高人身保险产品与其他金融产品的竞争力和吸引力,寿险公司从灵活性和收益性出发纷纷进行产品创新,为使这些新产品能提供和其他金融产品一样乃至更高的实质性收益,寿险公司就必须采取更为积极的投资组合战略。与此同时,这些新险种的购买者更多追求的是短期投资收益,与此相关的本金和利息支付期限的缩短都要求寿险公司在制定投资组合战略时更要注重资产的流动性和短期收益性。

(2)寿险公司的投资组合出现了证券化趋势,一些高风险投资工具,如非投资级的证券和衍生金融产品,包括期货、期权、货币和利率交换等,也经常出现在人身保险资金运用组合中。一方面,由于创新型产品对寿险公司投资组合的流动性和收益性要求提高,而各种形式的证券流动性强,收益也不错,因此高风险高收益的债券、各种抵押贷款支持的证券、股票等均已成为寿险公司的主要投资方式。人身保险资金运用组合中增加了收益高、流动性强的投资工具,使得寿险公司的投资组合普遍出现了明显的证券化趋势。另一方面,一些垃圾股票和垃圾债券因其可能的高收益也开始成为一些寿险公司的投资组合;而衍生金融产品的风险虽大,但因其可以缓冲某些内在金融风险的作用也使得许多寿险公司将其作为人身保险资金运用的风险管理手段。

(3)寿险资金投资组合出现国际化趋势。保险业的国际化、寿险公司资金来源的国际化要求寿险资金投资组合要国际化。寿险公司海外投资比重的上升,既可以分享国际金融市场的收益,也可增加投资组合在地域上的分散程度。

 专栏 12-2

表 12-1　2010—2014 年美国寿险和健康险投资结构

类别	2010 年	2011 年	2012 年	2013 年	2014 年
债券	75.79%	75.34%	74.73%	74.70%	73.93%
优先股	0.29%	0.24%	0.23%	0.24%	0.25%
普通股	2.15%	2.09%	2.07%	2.07%	2.11%
抵押贷款	9.62%	9.61%	9.86%	10.14%	10.27%
不动产	0.62%	0.61%	0.63%	0.64%	0.60%
合同贷款	3.86%	3.75%	3.75%	3.69%	3.58%
金融衍生品	0.68%	1.32%	1.22%	1.09%	1.56%
现金和短期投资	2.97%	2.87%	3.13%	2.72%	2.76%
其他投资	4.03%	4.16%	4.39%	4.71%	4.93%

资料来源:朱瑜,刘燮.美国险资的"买买经"[J].金融博览,2016(4).

三、寿险资金运用与非寿险资金运用的区别

寿险业务和非寿险业务的资金来源不同,它们对于流动性、盈利性和风险承受能力的要求不同,投资结构也不相同。显然,非寿险资金要求较高的流动性,而寿险资金的盈利性和安全性优于非寿险资金。寿险资金由于具有长期性的特点,一般可用于安全性和盈利性高但流动性较弱的投资品种,如把债券、不动产、贷款作为主要的投资领域;非寿险资金因其较高的流动性要求,则不宜过多投资于不动产,而应该以投资于货币市场、股票市场和债券市场为主。

 专栏 12-3

表 12-2 2010—2014 年美国财险和意外险投资结构

类别	2010 年	2011 年	2012 年	2013 年	2014 年
债券	66.39%	67.26%	85.32%	62.56%	61.52%
优先股	1.34%	0.87%	0.86%	0.78%	0.95%
普通股	15.84%	16.94%	18.32%	21.34%	21.55%
抵押贷款	0.32%	0.37%	0.41%	0.54%	0.65%
不动产	0.74%	0.77%	0.75%	0.67%	0.66%
金融衍生品	0.05%	0.06%	0.04%	0.04%	0.04%
现金和短期投资	6.53%	5.41%	5.95%	5.65%	5.93%
其他投资	8.79%	8.34%	8.36%	8.42%	8.70%

资料来源:朱瑜,刘燮.美国险资的"买买经"[J].金融博览,2016(4).

第三节 我国寿险公司资金运用实践

一、我国寿险公司资金运用的发展历程

在我国,各个时期管理当局对保险资金运用及管理认识上的差异,导致不同时期保险资金运用和管理的差异很大。根据不同发展时期的不同特征,我国保险资金运用的历史大致分为以下四个阶段。[①]

---

① 寿险资金是保险资金的组成部分,各类保险资金运用的发展历程具有共性。

（一）初步探索阶段：20 世纪 80 年代中期

20 世纪 80 年代初，我国恢复办理国内保险业务时，明确了保险企业属于金融业，保险资金纳入国家统一信贷计划，存入银行，作为信贷资金使用，保险公司无权将资金用于其他项目。1984 年 11 月，国务院批准并转发中国人民保险公司的《关于加快发展我国保险事业的报告》，同意保险公司、分公司收入的保费在扣除赔款、赔款准备金、费用开支和各自交纳的税金后，余下的资金由公司自己运用。至此，中国的保险企业才真正拥有自主运用保险资金的权利。1985 年 3 月，国务院颁布的《保险企业管理暂行条例》从法规的角度明确了保险企业可自主运用保险资金。当时，保险企业自主运用资金的业务范围主要是企业投资和技术改造贷款。

（二）无序扩张阶段：20 世纪 80 年代末至 90 年代初

伴随着 1988 年和 1989 年我国出现的经济过热，保险资金运用也出现了一系列问题。据统计，截至 1989 年，全国保险系统累计运用保险资金 37 亿元（不含委托银行贷款），其中固定资产投资占 21%，流动资金贷款及其他贷款占 76%，购买债券及拆借资金仅占 3%。大量资金用于贷款（主要是信用放款和短期放款），风险很高，收益水平也相对较低。1989 年，中国人民银行开始整顿金融秩序，撤销了全国各省级保险公司资金运用，保险资金运用走入低谷。

伴随着三年治理整顿的完成和宏观金融形势的好转，从 1991 年起，中国保险资金运用又开始快速发展。同年，中国人民保险总公司下发了关于各分公司设立资金运用部的通知，在经营范围有所调整的基础上恢复了保险资金运用业务。除了中国人民保险公司，当时新成立的太平洋保险公司和平安保险公司也先后开展了保险资金运用业务。保险资金运用的范围进一步拓宽，运用的方式和手段趋于多样化，如银行贷款、信托贷款、同业拆借、项目投资、不动产及各种有价证券投资等。保险资金运用的规模也不断扩大，1992 年年底，中国人民保险公司、太平洋保险公司和平安保险公司这三家全国性保险公司的资金运用余额合计达到 100 多亿元。但由于受当时金融市场环境的影响，以及对保险资金管理的经验不足和监管缺位，保险资金运用出现了很多问题，保险公司资产质量出现了不同程度的恶化。据不完全统计，仅 1992 年和 1993 年这两年形成的不良资产就达 200 多亿元，占当时保险公司总资产的 1/3。

（三）规范阶段：1995—2002 年

1995 年，以《保险法》的颁布实施为标志，保险资金运用进入规范发展阶段。该年颁布的《保险法》对保险资金运用的范围和形式等做了严格的规定，保险公司的资金运用限于银行存款、政府债券、金融债券和国务院规定的其他资金运用形式，其后《保险管理暂行规定》等有关保险法律法规颁布。由于限制过紧，加之 1996 年 5 月 1 日以来的 7 次利率调整，保险业发展遇到新的问题，尤其寿险业的利差损进一步扩大，政府开始多次调整保险投资方式，1998 年先后允许同业拆借、购买信用评级为 AA 级以上的中央企业债券，但仍未解决利率下调对保险公司带来的压力，尤其难于解决寿险公司日益扩大的利差损。基于此，1999 年 10 月 28 日，国务院批准保险基金通过证券投资基金间接进入证券市场，这是完善我国保险投资监管的一项重大举措,也是进一步发展我国保险业的重要步骤。

(四) 发展阶段: 2003—2016 年

2003—2012 年,保险业以建立集中化、专业化、规范化的保险资金运用体制和拓展投资渠道为标志,形成新的发展格局。2003 年开始,允许保险资金投资中央银行票据,保险资金运用进入了新的历程。2004 年是我国保险资金运用政策开始突破的一年。2004 年 3 月,允许保险公司投资银行次级定期债务,6 月允许投资银行次级债券,7 月允许投资可转换公司债,8 月允许保险外汇资金境外使用,10 月允许保险公司直接投资股市。

2006 年 3 月,保监会发布允许保险资金间接投资基础设施建设的有关规定,投资方式包括债权、股权和物权投资。2006 年 10 月,保监会又进一步放开和允许保险公司股权投资非上市银行业务,甚至投资资金不仅包括资本金,也可以包括保险资金。保监会还发布了《保险资金间接投资基础设施项目试点管理办法》,规定具有投资资格的保险机构通过受托人可以间接投资于交通、通讯、能源、市政、环境保护等国家级重点基础设施项目。

2009 年 2 月 28 日,中共第十一届全国人大常委会第七次会议表决通过了修订的《保险法》。这部《保险法》又进一步放宽保险资金直接投资不动产,它规定,保险公司的资金运用限于下列形式:银行存款;买卖债券、股票、证券投资基金份额等有价证券;投资不动产;国务院规定的其他资金运用形式。

2010 年 8 月,保监会出台《保险资金运用管理暂行办法》和《关于调整保险资金投资政策有关问题的通知》,允许保险资金投资无担保债、不动产、未上市股权等新投资领域后,业界便翘首期待相关规定的配套实施细则的颁布。

2012 年下半年开始,多项保险投资新政密集出台,保险资金投资渠道大幅扩宽,可投资金融产品的范围不断扩大。保险资产管理公司基础设施债权投资计划、不动产投资计划、项目资产支持计划、非上市股权投资银行理财产品、集合资金信托计划、券商专项资产管理计划、股指期货金融衍生品等金融产品均纳入其投资范围,大幅增加了险资的投资运作空间。随着新投资渠道的开闸,以非标资产为代表的其他投资在保险投资资产中的占比显著提升。同时,保监会为顺应宏观经济发展形势,进一步拓宽保险资金运用范围,陆续修订和发布了多项投资新规则。这些举措极大地促进了保险资金运用的规范发展。

2014 年以来,保险资金运用监管体系也不断改进。保监会发布了《关于加强和改进保险资金运用比例监管的通知》,明确将保险资金各种运用形式整合为流动性资产、固定收益类资产、权益类资产、不动产类资产和其他金融资产五个大类,并进行大类资产比例监管;同时,在创业板股票、蓝筹股、优先股、创投基金等投资领域进一步放开限制。

2015 年,中国第二代偿付能力监管制度体系正式发布,有效地提高了保险资本使用效率,防范金融风险,并且规范保险资金设立私募基金,进一步为保险资金运用设立了更为安全、创新的渠道。

2016 年,中国保监会对《保险资金间接投资基础设施项目试点管理办法》进行了修订,进一步增强了基础设施投资计划的生命力,激发了保险资产管理机构的积极性,加强风险管控,更好地参与资产管理行业竞争;缓解了保险公司资产配置压力,增加了保险业长期资产的有效供给,满足了保险资金配置需求。

(五)资管新规发展新阶段：2017年至今

2017年以来,金融监管把防控金融风险放到更加重要的位置,以金融企业回归本源为要求。保险行业监管也着力引导行业专注主业,坚持风险管理的主攻方向,改变不顾风险、片面追求规模和利润的趋向,不断提高服务经济社会大局的质量和水平。在此背景下,2018年1月24日,保监会对保险资金运用管理的基础性制度《保险资金运用管理暂行办法》进行了修订,发布了《保险资金运用管理办法》。该办法自2018年4月1日起实施,其实施目的是贯彻落实政府相关会议精神,进一步防范风险和深化改革,完善保险资金运用管理和监管机制,提升保险业服务实体经济能力。在新规下,保险资本运用以服务保险业为主要目标,必须坚持稳健审慎和安全性原则,符合偿付能力监管要求,应根据保险资金性质实行资产负债管理和全面风险管理,实现集约化、专业化、规范化和市场化运作。保险资金运用应当坚持独立运作,保险集团(控股)公司、保险公司的股东不得违法违规干预保险资金运用工作。

在新规下,保险资金可投资类别包括银行存款、买卖债券、股票、证券投资基金份额等有价证券,投资不动产,投资股权以及国务院规定的其他资金运用形式。保险资金从事境外投资的,应当符合中国银保监会、中国人民银行和国家外汇管理局的相关规定。此外,新保险资金运用办法也明确允许了保险资金投资资产证券化产品和创业投资基金等私募基金。保险资金可以投资设立不动产、基础设施、养老等专业保险资产管理机构,专业保险资产管理机构可以设立符合条件的保险私募基金。这些举措将切实加强保险资金直接投资实体经济,有助于缩短中间环节和降低实体经济成本。新险资运用办法下保险资金运用的形式主要是将近年已经渐次放开的投资领域和拟进一步扩展的试点领域(如资产证券化产品)结合实践经验和规范性文件纳入新规框架,每个投资类别都需要依据监管机构就该投资类别作出的相关规定进行投资(包括各种资质、条件、限制、比例等)。

新规同时对保险资金的运用进行了必要限制。新规规定的保险资金禁止投资行为包括：保险集团(控股)公司、保险公司不得使用各项准备金购置自用不动产或者从事对其他企业实现控股的股权投资。同时规定,保险集团(控股)公司、保险公司从事保险资金运用不得有下列行为：①存款于非银行金融机构；②买入被交易所实行"特别处理""警示存在终止上市风险的特别处理"的股票；③投资不符合国家产业政策的企业股权和不动产；④直接从事房地产开发建设；⑤将保险资金运用形成的投资资产用于向他人提供担保或者发放贷款,个人保单质押贷款除外；⑥中国保监会禁止的其他投资行为。

二、我国寿险资金运用的现状

(一)保险资产管理专业主体逐渐壮大

2003年,我国首批保险资产管理公司设立,这标志着中国保险资产管理业的正式起航。截至2021年年底,经保监会批准,我国已经设立了33家保险资产管理公司。各保险公司都设立了保险资产管理中心或资产管理部门,保险资产管理的专业化水平大幅提高。经过多年发展,我国保险资产管理公司已经发展成为包括研究、投资、配置、运营、风控、创新等平台在内的多部门协同工作的统一整体。伴随保险资产管理机构群体的扩大、部门设置的健全以及投资管理功能的提升,保险资产管理团队逐步壮大,保险资产管理专业人员队伍扩大;保险资产管理机构的资产管理能力、风险防控能力、专业服务能力以及市场竞争能力稳步提升。保险资产管理业不仅成为中国保险市场的重要组成部分,也成为中国资本市场成熟的机构投资者和促进中国实体经济发展的重要力量。

(二)保险业资产规模高速增长,占金融总资产的比例偏低

改革开放以来,我国保险业获得了长足发展,保费收入和保险总资产迅速扩大。2004 年 4 月,中国保险业总资产首次突破 1 万亿元大关;2014 年年末,中国保险行业总资产突破 10 万亿元大关。据我国银保监会公布的数据显示,截至 2021 年四季度末,保险公司总资产 24.6 万亿元,较年初增加 2.6 万亿元,增长率为 11.5%。其中,财产保险公司总资产 2.5 万亿元,较年初增长 6.0%;人身险公司总资产 21.4 万亿元,较年初增长 12.4%;再保险公司总资产 6 057 亿元,较年初增长 22.2%;保险资产管理公司总资产 1 030 亿元,较年初增长 35.4%。截至 2021 年年末,保险资金运用金额 23.23 万亿元,其中,银行存款 2.62 万亿元,债券 9.07 万亿元,股票和证券投资基金 2.95 万亿元,其他投资 8.59 万亿元。[①]

(三)投资渠道不断拓宽,资产结构日益优化

近年来,我国保险资金的投资渠道不断拓宽,尤其是较高风险较高收益类品种不断丰富,经历了从传统的银行存款、债券向股票、基金,再向基础设施、不动产直至另类投资品种的逐步拓展。保险资金配置空间和弹性不断扩大,涵盖从公募到私募、从传统产品到另类工具、从境内市场到境外市场、从实体经济到虚拟经济的广阔领域,实现了对主要金融资产类型的全覆盖。我国保险资金投资渠道已基本与国际接轨。

我国保险资金投资渠道的拓宽,一方面有利于缓解保险公司资产负债失配问题,化解历史形成的利差损,增强保险公司的偿付能力;另一方面也有利于提高投资收益率,分散资产组合风险,提高业务创新能力,增强保险资产管理业的市场竞争力,进一步促进保险业更好更快的发展。

随着投资渠道的不断拓宽,我国保险资产配置结构发生了显著变化。银行存款占比总体下降,债券占比先升后降但是总体稳定,股票和证券投资基金占比具有一定的起伏,其他投资占比增长较快。图 12-1 清晰显示了在投资新政送出的形势下,我国 2008—2021 年保险资金运用结构的变化趋势。

(四)投资收益逐步改善,资产风险基本可控

2003 年以来,保险资金运用总体收益逐步改善。在 2008 年国际金融危机爆发前,得益于资本市场的繁荣,保险资金投资收益率从 2003 年的 2.7% 大幅提高到 2007 年的 12.2%。2008 年以来,虽然受到国际金融危机的负面冲击,但是我国保险资金运用始终保持正收益。截至 2020 年年末,我国保险业总资产为 23.30 万亿,同比增长 13.29%。资金运用金额为 21.68 万亿元,同比增长 17.02%。从保险资金的资产配置结构来看,债券、股票基金以及银

---

① 此处数据均未包括我国港、澳、台地区相关数据。

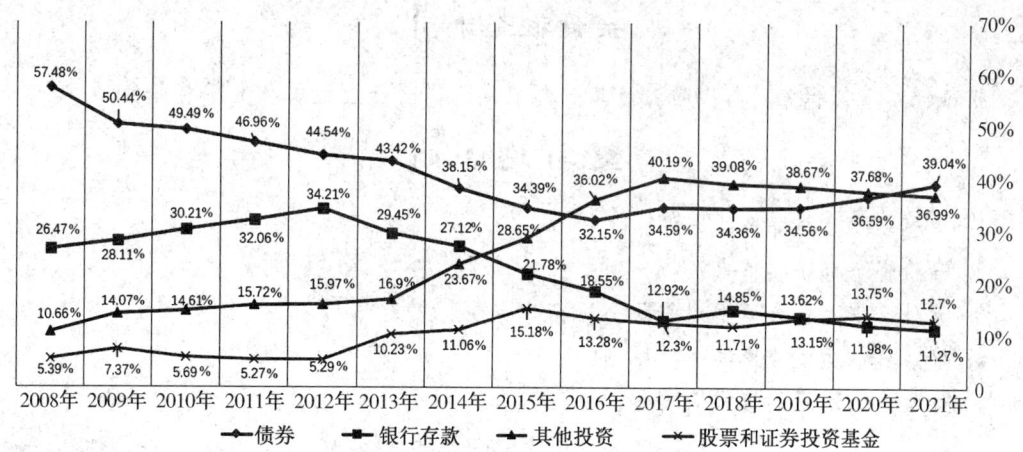

图 12-1　我国国内保险资金运用结构分布(2008—2021 年)

资料来源：根据保监会官网数据整理。

行存款占据险资配置比例最高。其中,债券 7.98 万亿元,占比 36.59％;银行存款 2.6 万亿元,占比 11.98％;股票1.88 万亿元, 占比 8.66％;证券投资基金 1.1 万亿元,占比 5.09％;投资性房地产 2 101.06 亿元,占比 0.97％。2020 年,保险资金运用收益共计 1.1 万亿元,资金运用平均收益率达到 5.41％,股票与证券投资基金的投资收益合计 3 101 亿元。其中,证券投资基金收益率为 12.2％,股票收益率为 10.87％。

综上所述,保险资金运用是保险经营的重要内容之一,是保险公司维持其偿付能力、提高其市场竞争力的重要保障。现代保险业的发展使保险服务的内容不再局限于可保风险的咨询与管理领域,而是与资产管理的咨询、运作紧密地结合在一起,保险市场与资本市场的结合日益紧密。

本 章 小 结

(1) 寿险资金包括寿险基金、寿险公司的所有者权益和其他资金,包括资本金、保证金、营运资金、公积金、未分配利润及国家规定的其他资金等。寿险资金的特点是负债性、长期性、稳定性、规模性和公共性。

(2) 寿险收入与支出之间存在时间差和数量差两个因素,这使寿险资金运用有可能性。随着寿险业的发展,现代寿险公司的业务大体分为承保业务和投资业务两大类。寿险公司投资业务的重要性日益凸显,已经成为寿险公司生存和发展的重要因素。寿险资金运用需要遵循安全性、收益性、流动性、分散性、匹配性和社会性。

(3) 寿险公司资金运用的管理模式主要可以分为公司内设投资部门的投资模式、专业化控股投资模式、集中统一投资模式、外部委托专业化投资机构投资模式四种。寿险公司的资金运用投资对象主要包括银行存款、有价证券、贷款、不动产投资、产业投资等形式。

关键概念索引

权益资本　公积金　总准备金　未分配利润　保险资金运用　责任准备金

复习思考题

1. 简述寿险公司资金的来源。
2. 寿险资金有哪些特点？
3. 为什么寿险资金运用对寿险公司经营有重要意义？
4. 寿险资金运用应遵循哪些原则？
5. 寿险资金运用的形式有哪些？

参 考 文 献

［1］杜鹃.郑祎华.人身保险[M].3 版.北京:中国人民大学出版社,2017.

［2］陈文辉.新常态下的中国保险资金运用研究[M].北京:中国金融出版社,2016.

［3］刘冬娇.人身保险[M]. 北京:中国金融出版社,2010.

［4］余杰.寿险核保原理与实务[M].深圳:中国平安保险公司,1997.

［5］中国保险行业协会.人身保险核保[M].北京:中国财政经济出版社,2015.

［6］卓志.健康保险学[M].北京:中国财政经济出版社,2017.

［7］卓志,万晴瑶.健康保险营销管理[M].北京:中国财政经济出版社,2018.

［8］魏巧琴.新编人身保险学[M].3 版.上海:同济大学出版社,2015.

［9］熊福生,沈治中.寿险精算学[M].武汉:武汉大学出版社,2006.

［10］中国精算师协会.寿险精算[M].北京:中国财政经济出版社,2010.

［11］李艳荣.人身保险[M].杭州:浙江大学出版社,2010.

［12］张奇林,韩瑞峰.长期护理保险:化解社会老龄化危机的重要路径[J].河北学刊,2016(7).

［13］翟绍果,马妮娜.国外重大疾病保险概览[J].中国医疗保险,2012(10).

［14］杨学成,陈章旺.网络营销[M].北京:高等教育出版社,2014.

［15］卓志.人寿保险的经济分析引论[M].北京:中国金融出版社,2001.

［16］赵猛.人寿保险个人理财新工具[M].北京:中国金融出版社,2006.

［17］魏华林,等.保险学[M].北京:高等教育出版社,1999.

［18］魏巧琴.新编人身保险学[M].上海:同济大学出版社,2005.

［19］Kenneth Black.人寿与健康保险[M].孙祁祥,等,译.北京:经济科学出版社,2003.

附　录　1

中国人身保险业经验生命表(2010—2013 年)

年龄	非养老类业务一表		非养老类业务二表		养老类业务表	
	男(CL1)	女(CL2)	男(CL3)	女(CL4)	男(CL5)	女(CL6)
0	0.000 867	0.000 620	0.000 620	0.000 455	0.000 566	0.000 453
1	0.000 615	0.000 456	0.000 465	0.000 324	0.000 386	0.000 289
2	0.000 445	0.000 337	0.000 353	0.000 236	0.000 268	0.000 184
3	0.000 339	0.000 256	0.000 278	0.000 180	0.000 196	0.000 124
4	0.000 280	0.000 203	0.000 229	0.000 149	0.000 158	0.000 095
5	0.000 251	0.000 170	0.000 200	0.000 131	0.000 141	0.000 084
6	0.000 237	0.000 149	0.000 182	0.000 119	0.000 132	0.000 078
7	0.000 233	0.000 137	0.000 172	0.000 110	0.000 129	0.000 074
8	0.000 238	0.000 133	0.000 171	0.000 105	0.000 131	0.000 072
9	0.000 250	0.000 136	0.000 177	0.000 103	0.000 137	0.000 072
10	0.000 269	0.000 145	0.000 187	0.000 103	0.000 146	0.000 074
11	0.000 293	0.000 157	0.000 202	0.000 105	0.000 157	0.000 077
12	0.000 319	0.000 172	0.000 220	0.000 109	0.000 170	0.000 080
13	0.000 347	0.000 189	0.000 240	0.000 115	0.000 184	0.000 085
14	0.000 375	0.000 206	0.000 261	0.000 121	0.000 197	0.000 090
15	0.000 402	0.000 221	0.000 280	0.000 128	0.000 208	0.000 095
16	0.000 427	0.000 234	0.000 298	0.000 135	0.000 219	0.000 100
17	0.000 449	0.000 245	0.000 315	0.000 141	0.000 227	0.000 105
18	0.000 469	0.000 255	0.000 331	0.000 149	0.000 235	0.000 110
19	0.000 489	0.000 262	0.000 346	0.000 156	0.000 241	0.000 115
20	0.000 508	0.000 269	0.000 361	0.000 163	0.000 248	0.000 120
21	0.000 527	0.000 274	0.000 376	0.000 170	0.000 256	0.000 125
22	0.000 547	0.000 279	0.000 392	0.000 178	0.000 264	0.000 129
23	0.000 568	0.000 284	0.000 409	0.000 185	0.000 273	0.000 134

年龄	非养老类业务一表		非养老类业务二表		养老类业务表	
	男（CL1）	女（CL2）	男（CL3）	女（CL4）	男（CL5）	女（CL6）
24	0.000 591	0.000 289	0.000 428	0.000 192	0.000 284	0.000 139
25	0.000 615	0.000 294	0.000 448	0.000 200	0.000 297	0.000 144
26	0.000 644	0.000 300	0.000 471	0.000 208	0.000 314	0.000 149
27	0.000 675	0.000 307	0.000 497	0.000 216	0.000 333	0.000 154
28	0.000 711	0.000 316	0.000 526	0.000 225	0.000 354	0.000 160
29	0.000 751	0.000 327	0.000 558	0.000 235	0.000 379	0.000 167
30	0.000 797	0.000 340	0.000 595	0.000 247	0.000 407	0.000 175
31	0.000 847	0.000 356	0.000 635	0.000 261	0.000 438	0.000 186
32	0.000 903	0.000 374	0.000 681	0.000 277	0.000 472	0.000 198
33	0.000 966	0.000 397	0.000 732	0.000 297	0.000 509	0.000 213
34	0.001 035	0.000 423	0.000 788	0.000 319	0.000 549	0.000 231
35	0.001 111	0.000 454	0.000 850	0.000 346	0.000 592	0.000 253
36	0.001 196	0.000 489	0.000 919	0.000 376	0.000 639	0.000 277
37	0.001 290	0.000 530	0.000 995	0.000 411	0.000 690	0.000 305
38	0.001 395	0.000 577	0.001 078	0.000 450	0.000 746	0.000 337
39	0.001 515	0.000 631	0.001 170	0.000 494	0.000 808	0.000 372
40	0.001 651	0.000 692	0.001 270	0.000 542	0.000 878	0.000 410
41	0.001 804	0.000 762	0.001 380	0.000 595	0.000 955	0.000 450
42	0.001 978	0.000 841	0.001 500	0.000 653	0.001 041	0.000 494
43	0.002 173	0.000 929	0.001 631	0.000 715	0.001 138	0.000 540
44	0.002 393	0.001 028	0.001 774	0.000 783	0.001 245	0.000 589
45	0.002 639	0.001 137	0.001 929	0.000 857	0.001 364	0.000 640
46	0.002 913	0.001 259	0.002 096	0.000 935	0.001 496	0.000 693
47	0.003 213	0.001 392	0.002 277	0.001 020	0.001 641	0.000 750
48	0.003 538	0.001 537	0.002 472	0.001 112	0.001 798	0.000 811
49	0.003 884	0.001 692	0.002 682	0.001 212	0.001 967	0.000 877
50	0.004 249	0.001 859	0.002 908	0.001 321	0.002 148	0.000 950
51	0.004 633	0.002 037	0.003 150	0.001 439	0.002 340	0.001 031
52	0.005 032	0.002 226	0.003 409	0.001 568	0.002 544	0.001 120
53	0.005 445	0.002 424	0.003 686	0.001 709	0.002 759	0.001 219
54	0.005 869	0.002 634	0.003 982	0.001 861	0.002 985	0.001 329

（续表）

年龄	非养老类业务一表		非养老类业务二表		养老类业务表	
	男（CL1）	女（CL2）	男（CL3）	女（CL4）	男（CL5）	女（CL6）
55	0.006 302	0.002 853	0.004 297	0.002 027	0.003 221	0.001 450
56	0.006 747	0.003 085	0.004 636	0.002 208	0.003 469	0.001 585
57	0.007 227	0.003 342	0.004 999	0.002 403	0.003 731	0.001 736
58	0.007 770	0.003 638	0.005 389	0.002 613	0.004 014	0.001 905
59	0.008 403	0.003 990	0.005 807	0.002 840	0.004 323	0.002 097
60	0.009 161	0.004 414	0.006 258	0.003 088	0.004 660	0.002 315
61	0.010 065	0.004 923	0.006 742	0.003 366	0.005 034	0.002 561
62	0.011 129	0.005 529	0.007 261	0.003 684	0.005 448	0.002 836
63	0.012 360	0.006 244	0.007 815	0.004 055	0.005 909	0.003 137
64	0.013 771	0.007 078	0.008 405	0.004 495	0.006 422	0.003 468
65	0.015 379	0.008 045	0.009 039	0.005 016	0.006 988	0.003 835
66	0.017 212	0.009 165	0.009 738	0.005 626	0.007 610	0.004 254
67	0.019 304	0.010 460	0.010 538	0.006 326	0.008 292	0.004 740
68	0.021 691	0.011 955	0.011 496	0.007 115	0.009 046	0.005 302
69	0.024 411	0.013 674	0.012 686	0.008 000	0.009 897	0.005 943
70	0.027 495	0.015 643	0.014 192	0.009 007	0.010 888	0.006 660
71	0.030 965	0.017 887	0.016 106	0.010 185	0.012 080	0.007 460
72	0.034 832	0.020 432	0.018 517	0.011 606	0.013 550	0.008 369
73	0.039 105	0.023 303	0.021 510	0.013 353	0.015 387	0.009 436
74	0.043 796	0.026 528	0.025 151	0.015 508	0.017 686	0.010 730
75	0.048 921	0.030 137	0.029 490	0.018 134	0.020 539	0.012 332
76	0.054 506	0.034 165	0.034 545	0.021 268	0.024 017	0.014 315
77	0.060 586	0.038 653	0.040 310	0.024 916	0.028 162	0.016 734
78	0.067 202	0.043 648	0.046 747	0.029 062	0.032 978	0.019 619
79	0.074 400	0.049 205	0.053 801	0.033 674	0.038 437	0.022 971
80	0.082 220	0.055 385	0.061 403	0.038 718	0.044 492	0.026 770
81	0.090 700	0.062 254	0.069 485	0.044 160	0.051 086	0.030 989
82	0.099 868	0.069 880	0.077 987	0.049 977	0.058 173	0.035 598
83	0.109 754	0.078 320	0.086 872	0.056 157	0.065 722	0.040 576
84	0.120 388	0.087 611	0.096 130	0.062 695	0.073 729	0.045 915

（续表）

年龄	非养老类业务一表		非养老类业务二表		养老类业务表	
	男（CL1）	女（CL2）	男（CL3）	女（CL4）	男（CL5）	女（CL6）
85	0.131 817	0.097 754	0.105 786	0.069 596	0.082 223	0.051 616
86	0.144 105	0.108 704	0.115 900	0.076 863	0.091 239	0.057 646
87	0.157 334	0.120 371	0.126 569	0.084 501	0.100 900	0.064 084
88	0.171 609	0.132 638	0.137 917	0.092 504	0.111 321	0.070 942
89	0.187 046	0.145 395	0.150 089	0.100 864	0.122 608	0.078 241
90	0.203 765	0.158 572	0.163 239	0.109 567	0.134 870	0.086 003
91	0.221 873	0.172 172	0.177 519	0.118 605	0.148 212	0.094 249
92	0.241 451	0.186 294	0.193 067	0.127 985	0.162 742	0.103 002
93	0.262 539	0.201 129	0.209 999	0.137 743	0.178 566	0.112 281
94	0.285 129	0.216 940	0.228 394	0.147 962	0.195 793	0.122 109
95	0.309 160	0.234 026	0.248 299	0.158 777	0.214 499	0.132 540
96	0.334 529	0.252 673	0.269 718	0.170 380	0.234 650	0.143 757
97	0.361 101	0.273 112	0.292 621	0.183 020	0.256 180	0.155 979
98	0.388 727	0.295 478	0.316 951	0.196 986	0.279 025	0.169 421
99	0.417 257	0.319 794	0.342 628	0.212 604	0.303 120	0.184 301
100	0.446 544	0.345 975	0.369 561	0.230 215	0.328 401	0.200 836
101	0.476 447	0.373 856	0.397 652	0.250 172	0.354 803	0.219 242
102	0.506 830	0.403 221	0.426 801	0.272 831	0.382 261	0.239 737
103	0.537 558	0.433 833	0.456 906	0.298 551	0.410 710	0.262 537
104	0.568 497	0.465 447	0.487 867	0.327 687	0.440 086	0.287 859
105	1.000 000	1.000 000	1.000 000	1.000 000	1.000 000	1.000 000

附　录　2

中国人身保险业经验生命表(2010—2013年)(男)(CL1)

年龄	死亡概率	生存人数	死亡人数	生存人年数	累积生存人年数	期望寿命
0	0.000 867	1 000 000	867	999 567	76 420 142	76.42
1	0.000 615	999 133	614	998 826	75 420 575	75.49
2	0.000 445	998 519	444	998 296	74 421 750	74.53
3	0.000 339	998 074	338	997 905	73 423 453	73.57
4	0.000 280	997 736	279	997 596	72 425 548	72.59
5	0.000 251	997 456	250	997 331	71 427 952	71.61
6	0.000 237	997 206	236	997 088	70 430 621	70.63
7	0.000 233	996 970	232	996 854	69 433 533	69.64
8	0.000 238	996 737	237	996 619	68 436 679	68.66
9	0.000 250	996 500	249	996 376	67 440 060	67.68
10	0.000 269	996 251	268	996 117	66 443 685	66.69
11	0.000 293	995 983	292	995 837	65 447 567	65.71
12	0.000 319	995 691	318	995 533	64 451 730	64.73
13	0.000 347	995 374	345	995 201	63 456 198	63.75
14	0.000 375	995 028	373	994 842	62 460 997	62.77
15	0.000 402	994 655	400	994 455	61 466 155	61.80
16	0.000 427	994 255	425	994 043	60 471 700	60.82
17	0.000 449	993 831	446	993 608	59 477 657	59.85
18	0.000 469	993 385	466	993 152	58 484 049	58.87
19	0.000 489	992 919	486	992 676	57 490 897	57.90
20	0.000 508	992 433	504	992 181	56 498 222	56.93
21	0.000 527	991 929	523	991 668	55 506 041	55.96
22	0.000 547	991 406	542	991 135	54 514 373	54.99
23	0.000 568	990 864	563	990 582	53 523 238	54.02
24	0.000 591	990 301	585	990 008	52 532 655	53.05

（续表）

年龄	死亡概率	生存人数	死亡人数	生存人年数	累积生存人年数	期望寿命
25	0.000 615	989 716	609	989 411	51 542 647	52.08
26	0.000 644	989 107	637	988 789	50 553 235	51.11
27	0.000 675	988 470	667	988 137	49 564 447	50.14
28	0.000 711	987 803	702	987 452	48 576 310	49.18
29	0.000 751	987 101	741	986 730	47 588 859	48.21
30	0.000 797	986 359	786	985 966	46 602 129	47.25
31	0.000 847	985 573	835	985 156	45 616 162	46.28
32	0.000 903	984 738	889	984 294	44 631 007	45.32
33	0.000 966	983 849	950	983 374	43 646 713	44.36
34	0.001 035	982 899	1 017	982 390	42 663 339	43.41
35	0.001 111	981 881	1 091	981 336	41 680 949	42.45
36	0.001 196	980 791	1 173	980 204	40 699 613	41.50
37	0.001 290	979 618	1 264	978 986	39 719 408	40.55
38	0.001 395	978 354	1 365	977 671	38 740 423	39.60
39	0.001 515	976 989	1 480	976 249	37 762 751	38.65
40	0.001 651	975 509	1 611	974 704	36 786 502	37.71
41	0.001 804	973 898	1 757	973 020	35 811 799	36.77
42	0.001 978	972 141	1 923	971 180	34 838 779	35.84
43	0.002 173	970 219	2 108	969 164	33 867 599	34.91
44	0.002 393	968 110	2 317	966 952	32 898 434	33.98
45	0.002 639	965 794	2 549	964 519	31 931 482	33.06
46	0.002 913	963 245	2 806	961 842	30 966 963	32.15
47	0.003 213	960 439	3 086	958 896	30 005 121	31.24
48	0.003 538	957 353	3 387	955 659	29 046 225	30.34
49	0.003 884	953 966	3 705	952 113	28 090 566	29.45
50	0.004 249	950 261	4 038	948 242	27 138 452	28.56
51	0.004 633	946 223	4 384	944 031	26 190 211	27.68
52	0.005 032	941 839	4 739	939 470	25 246 179	26.81
53	0.005 445	937 100	5 103	934 549	24 306 710	25.94
54	0.005 869	931 997	5 470	929 262	23 372 161	25.08
55	0.006 302	926 527	5 839	923 608	22 442 899	24.22

（续表）

年龄	死亡概率	生存人数	死亡人数	生存人年数	累积生存人年数	期望寿命
56	0.006 747	920 688	6 212	917 583	21 519 291	23.37
57	0.007 227	914 477	6 609	911 172	20 601 708	22.53
58	0.007 770	907 868	7 054	904 341	19 690 536	21.69
59	0.008 403	900 814	7 570	897 029	18 786 196	20.85
60	0.009 161	893 244	8 183	889 153	17 889 167	20.03
61	0.010 065	885 061	8 908	880 607	17 000 014	19.21
62	0.011 129	876 153	9 751	871 278	16 119 407	18.40
63	0.012 360	866 402	10 709	861 048	15 248 130	17.60
64	0.013 771	855 693	11 784	849 802	14 387 082	16.81
65	0.015 379	843 910	12 978	837 420	13 537 280	16.04
66	0.017 212	830 931	14 302	823 780	12 699 860	15.28
67	0.019 304	816 629	15 764	808 747	11 876 080	14.54
68	0.021 691	800 865	17 372	792 179	11 067 333	13.82
69	0.024 411	783 493	19 126	773 931	10 275 153	13.11
70	0.027 495	764 368	21 016	753 859	9 501 223	12.43
71	0.030 965	743 351	23 018	731 842	8 747 364	11.77
72	0.034 832	720 333	25 091	707 788	8 015 521	11.13
73	0.039 105	695 243	27 187	681 649	7 307 733	10.51
74	0.043 796	668 055	29 258	653 426	6 626 084	9.92
75	0.048 921	638 797	31 251	623 172	5 972 658	9.35
76	0.054 506	607 547	33 115	590 989	5 349 486	8.81
77	0.060 586	574 432	34 803	557 030	4 758 497	8.28
78	0.067 202	539 629	36 264	521 497	4 201 467	7.79
79	0.074 400	503 365	37 450	484 640	3 679 970	7.31
80	0.082 220	465 915	38 307	446 761	3 195 330	6.86
81	0.090 700	427 607	38 784	408 215	2 748 569	6.43
82	0.099 868	388 823	38 831	369 408	2 340 354	6.02
83	0.109 754	349 992	38 413	330 786	1 970 946	5.63
84	0.120 388	311 579	37 510	292 824	1 640 160	5.26
85	0.131 817	274 069	36 127	256 005	1 347 337	4.92
86	0.144 105	237 942	34 289	220 798	1 091 331	4.59

（续表）

年龄	死亡概率	生存人数	死亡人数	生存人年数	累积生存人年数	期望寿命
87	0.157 334	203 653	32 042	187 632	870 534	4.27
88	0.171 609	171 612	29 450	156 887	682 901	3.98
89	0.187 046	142 162	26 591	128 866	526 015	3.70
90	0.203 765	115 571	23 549	103 796	397 149	3.44
91	0.221 873	92 022	20 417	81 813	293 353	3.19
92	0.241 451	71 604	17 289	62 960	211 540	2.95
93	0.262 539	54 315	14 260	47 185	148 580	2.74
94	0.285 129	40 056	11 421	34 345	101 394	2.53
95	0.309 160	28 635	8 853	24 208	67 049	2.34
96	0.334 529	19 782	6 618	16 473	42 841	2.17
97	0.361 101	13 164	4 754	10 787	26 368	2.00
98	0.388 727	8 411	3 269	6 776	15 580	1.85
99	0.417 257	5 141	2 145	4 069	8 804	1.71
100	0.446 544	2 996	1 338	2 327	4 736	1.58
101	0.476 447	1 658	790	1 263	2 409	1.45
102	0.506 830	868	440	648	1 146	1.32
103	0.537 558	428	230	313	497	1.16
104	0.568 497	198	113	142	184	0.93
105	1.000 000	85	85	43	43	0.50

附 录 3

中国人身保险业经验生命表(2010—2013年)换算函数表

生命表:男 CL1;年利率:3.5%

x	C_x	D_x	M_x	N_x	R_x	S_x
0	837.7	1 000 000.0	83 171.1	27 111 941.3	5 486 979.9	639 481 000.6
1	573.6	965 345.9	82 333.4	26 111 941.3	5 403 808.9	612 369 059.3
2	400.8	932 127.7	81 759.8	25 146 595.4	5 321 475.5	586 257 118.0
3	294.8	900 205.7	81 359.0	24 214 467.7	5 239 715.7	561 110 522.5
4	235.2	869 469.1	81 064.2	23 314 262.0	5 158 356.7	536 896 054.9
5	203.7	839 831.6	80 828.9	22 444 792.8	5 077 292.6	513 581 792.9
6	185.8	811 227.8	80 625.3	21 604 961.2	4 996 463.6	491 137 000.1
7	176.4	783 609.2	80 439.5	20 793 733.4	4 915 838.4	469 532 038.9
8	174.1	756 934.0	80 263.1	20 010 124.2	4 835 398.9	448 738 305.5
9	176.6	731 163.1	80 089.0	19 253 190.2	4 755 135.8	428 728 181.3
10	183.6	706 261.2	79 912.4	18 522 027.1	4 675 046.7	409 474 991.1
11	193.1	682 194.4	79 728.9	17 815 765.9	4 595 134.3	390 952 964.0
12	203.1	658 931.9	79 535.7	17 133 571.5	4 515 405.4	373 137 198.1
13	213.4	636 446.1	79 332.7	16 474 639.6	4 435 869.7	356 003 626.6
14	222.7	614 710.4	79 119.3	15 838 193.6	4 356 537.0	339 528 986.9
15	230.6	593 700.3	78 896.6	15 223 483.2	4 277 417.7	323 690 793.4
16	236.6	573 392.9	78 666.0	14 629 782.9	4 198 521.2	308 467 310.1
17	240.2	553 766.3	78 429.4	14 056 389.9	4 119 855.2	293 837 527.3
18	242.3	534 799.6	78 189.2	13 502 623.7	4 041 425.8	279 781 137.3
19	244.0	516 472.3	77 946.8	12 967 824.1	3 963 236.6	266 278 513.7
20	244.8	498 763.0	77 702.8	12 451 351.8	3 885 289.8	253 310 689.6
21	245.2	481 651.8	77 458.0	11 952 588.8	3 807 587.0	240 859 337.8
22	245.8	465 118.8	77 212.8	11 470 936.9	3 730 129.0	228 906 749.1
23	246.5	449 144.4	76 966.9	11 005 818.1	3 652 916.2	217 435 812.2

（续表）

x	C_x	D_x	M_x	N_x	R_x	S_x
24	247.7	433 709.4	76 720.5	10 556 673.7	3 575 949.3	206 429 994.1
25	248.8	418 795.3	76 472.8	10 122 964.3	3 499 228.8	195 873 320.4
26	251.6	404 384.3	76 224.0	9 704 169.0	3 422 756.0	185 750 356.1
27	254.6	390 457.8	75 972.3	9 299 784.7	3 346 532.0	176 046 187.1
28	259.0	376 999.3	75 717.7	8 909 326.9	3 270 559.7	166 746 402.4
29	264.1	363 991.5	75 458.7	8 532 327.6	3 194 842.0	157 837 075.4
30	270.6	351 418.5	75 194.6	8 168 336.1	3 119 383.3	149 304 747.8
31	277.6	339 264.2	74 924.0	7 816 917.6	3 044 188.7	141 136 411.7
32	285.7	327 513.9	74 646.4	7 477 653.4	2 969 264.7	133 319 494.1
33	295.1	316 152.8	74 360.6	7 150 139.5	2 894 618.3	125 841 840.7
34	305.2	305 166.5	74 065.5	6 833 986.8	2 820 257.7	118 691 701.2
35	316.2	294 541.7	73 760.4	6 528 820.2	2 746 192.2	111 857 714.4
36	328.5	284 265.2	73 444.2	6 234 278.5	2 672 431.8	105 328 894.2
37	341.9	274 323.9	73 115.7	5 950 013.3	2 598 987.7	99 094 615.7
38	356.8	264 705.3	72 773.8	5 675 689.4	2 525 871.9	93 144 602.4
39	373.8	255 397.2	72 417.0	5 410 984.1	2 453 098.1	87 468 913.0
40	393.0	246 386.7	72 043.2	5 155 586.9	2 380 681.1	82 057 928.9
41	414.2	237 661.8	71 650.2	4 909 200.2	2 308 637.9	76 902 342.0
42	438.0	229 210.6	71 235.9	4 671 538.5	2 236 987.8	71 993 141.7
43	464.0	221 021.5	70 797.9	4 442 327.8	2 165 751.9	67 321 603.3
44	492.7	213 083.3	70 333.8	4 221 306.3	2 094 954.0	62 879 275.4
45	523.7	205 384.9	69 841.2	4 008 223.0	2 024 620.2	58 657 969.1
46	557.0	197 915.9	69 317.5	3 802 838.1	1 954 779.0	54 649 746.1
47	591.9	190 666.0	68 760.4	3 604 922.2	1 885 461.6	50 846 908.0
48	627.7	183 626.5	68 168.5	3 414 256.2	1 816 701.1	47 241 985.8
49	663.4	176 789.2	67 540.8	3 230 629.7	1 748 532.6	43 827 729.6
50	698.5	170 147.4	66 877.4	3 053 840.5	1 680 991.7	40 597 099.9
51	732.8	163 695.1	66 178.9	2 883 693.1	1 614 114.3	37 543 259.4
52	765.4	157 426.8	65 446.2	2 719 998.0	1 547 935.4	34 659 566.2
53	796.2	151 337.8	64 680.8	2 562 571.3	1 482 489.2	31 939 568.2
54	824.6	145 423.9	63 884.6	2 411 233.5	1 417 808.5	29 376 997.0

（续表）

x	C_x	D_x	M_x	N_x	R_x	S_x
55	850.5	139 681.6	63 060.0	2 265 809.6	1 353 923.9	26 965 763.5
56	874.2	134 107.5	62 209.5	2 126 128.0	1 290 863.9	24 699 953.9
57	898.6	128 698.3	61 335.2	1 992 020.5	1 228 654.4	22 573 825.9
58	926.8	123 447.5	60 436.6	1 863 322.2	1 167 319.2	20 581 805.4
59	960.8	118 346.2	59 509.8	1 739 874.8	1 106 882.6	18 718 483.2
60	1 003.6	113 383.3	58 549.0	1 621 528.6	1 047 372.7	16 978 608.4
61	1 055.6	108 545.5	57 545.4	1 508 145.3	988 823.7	15 357 079.9
62	1 116.3	103 819.3	56 489.9	1 399 599.7	931 278.3	13 848 934.6
63	1 184.6	99 192.2	55 373.5	1 295 780.4	874 788.4	12 449 334.9
64	1 259.4	94 653.3	54 189.0	1 196 588.2	819 414.9	11 153 554.4
65	1 340.2	90 193.1	52 929.6	1 101 934.9	765 225.9	9 956 966.2
66	1 426.9	85 802.9	51 589.4	1 011 741.8	712 296.3	8 855 031.3
67	1 519.6	81 474.5	50 162.5	925 938.9	660 706.9	7 843 289.5
68	1 617.9	77 199.7	48 642.9	844 464.5	610 544.4	6 917 350.6
69	1 721.1	72 971.2	47 025.0	767 264.8	561 901.5	6 072 886.1
70	1 827.2	68 782.5	45 303.9	694 293.6	514 876.5	5 305 621.3
71	1 933.6	64 629.3	43 476.7	625 511.2	469 572.5	4 611 327.7
72	2 036.4	60 510.2	41 543.2	560 881.9	426 095.8	3 985 816.5
73	2 132.0	56 427.5	39 506.7	500 371.7	384 552.7	3 424 934.6
74	2 216.8	52 387.4	37 374.8	443 944.2	345 045.9	2 924 562.9
75	2 287.7	48 399.0	35 158.0	391 556.8	307 671.2	2 480 618.7
76	2 342.2	44 474.7	32 870.3	343 157.8	272 513.2	2 089 061.9
77	2 378.3	40 628.6	30 528.2	298 683.1	239 642.9	1 745 904.1
78	2 394.4	36 876.4	28 149.9	258 054.5	209 114.7	1 447 221.0
79	2 389.1	33 235.0	25 755.5	221 178.2	180 964.8	1 189 166.4
80	2 361.1	29 722.0	23 366.5	187 943.2	155 209.3	967 988.3
81	2 309.6	26 355.8	21 005.3	158 221.2	131 842.9	780 045.1
82	2 234.2	23 154.9	18 695.7	131 865.4	110 837.5	621 823.9
83	2 135.4	20 137.7	16 461.5	108 710.4	92 141.8	489 958.5
84	2 014.8	17 321.2	14 326.0	88 572.8	75 680.3	381 248.1
85	1 874.8	14 720.7	12 311.3	71 251.5	61 354.3	292 675.3

x	C_x	D_x	M_x	N_x	R_x	S_x
86	1 719.3	12 348.1	10 436.4	56 530.8	49 043.0	221 423.8
87	1 552.3	10 211.3	8 717.2	44 182.7	38 606.6	164 893.0
88	1 378.5	8 313.7	7 164.9	33 971.4	29 889.4	120 710.3
89	1 202.5	6 654.1	5 786.5	25 657.6	22 724.4	86 738.9
90	1 029.0	5 226.6	4 583.9	19 003.5	16 938.0	61 081.3
91	861.9	4 020.8	3 555.0	13 777.0	12 354.0	42 077.8
92	705.2	3 022.9	2 693.0	9 756.1	8 799.1	28 300.8
93	562.0	2 215.5	1 987.8	6 733.2	6 106.1	18 544.7
94	434.9	1 578.6	1 425.8	4 517.7	4 118.3	11 811.5
95	325.7	1 090.3	990.9	2 939.1	2 692.4	7 293.9
96	235.2	727.8	665.3	1 848.8	1 701.5	4 354.8
97	163.3	467.9	430.0	1 121.0	1 036.3	2 506.0
98	108.5	288.9	266.8	653.1	606.2	1 385.0
99	68.8	170.6	158.3	364.2	339.5	731.9
100	41.4	96.1	89.5	193.6	181.2	367.7
101	23.6	51.4	48.1	97.6	91.7	174.1
102	12.7	26.0	24.4	46.2	43.6	76.6
103	6.4	12.4	11.7	20.2	19.2	30.4
104	3.0	5.5	5.3	7.8	7.5	10.1
105	2.2	2.3	2.2	2.3	2.2	2.3